비행기 모형 제작의 교과서
— 최신 제트 전투기 편 —

비행기 모형 제작의 교과서
— 최신 제트 전투기 편 —

본서는 현용 최신예 전투기 모형 제작을 강좌하는 책입니다. 최신예를 키트화한 비행기 모형 중에서도, 특히 제트 전투기의 기본적인 제작법이나 디테일업 작업 등에 관해 매우 상세하고도 세심하게 소개합니다. 이 책에서는 F-22A 랩터, F-35, 수호이 T-50(PAK-FA)을 메인으로 현용 최신예 전투기 모형을 다루며, 아울러 4.5세대로 일컬어지고 있는 수호이 Su-33이나 유로파이터 타이푼 등의 기종도 소개합니다. 또한, 지난 몇 년 간 발매된 최신예 전투기 모형도 후반에 작례로 소개하였습니다.

▲요코타 기지 축제에 전시된 F-22A 랩터. 최신예 전투기라 경계병을 세우는 등 삼엄한 분위기를 자아내고 있다.

▼오키나와 카데나 기지에 어프로치하는 제1전투항공단의 F-22A 랩터. 기체 사이즈에 비해 거대한 수직꼬리날개가 두드러지는 앵글.

CONTENTS

최신 전투기 해설 ……………………………… 4	
- 5세대 전투기란 -	

"이것"만큼은 알아둬야 할 현용 비행기 모형 용어 ……… 6

비행기 모형 제작의 필수 공구 ……………………… 8
   에어브러시의 셋업과 도색 요령 ………………… 11

제1장 F-22 랩터를 만든다
간단 피니시로 키트를 정성껏 마무리한다
   F-22 랩터 (하세가와 1/48) ……………………… 12
   F-22 랩터의 실기 디테일을 본다! ………………… 30
가장 알맞은 1/72 랩터의 기본적인 제작법이란?
   F-22 랩터 엔진 포함 모델 (후지미모형 1/72) ……… 34

제2장 F-35를 만든다
멀티 컬러 부품과 데칼을 활용한 이지 모델링
   F-35B 라이트닝 II 항공자위대 사양 (후지미모형 1/72) …… 56
신예 메이커가 내놓은 1/48 STOVL 스텔스 전투기
   F-35B 라이트닝 II (키티호크 1/48) ………………… 60

제3장 비행기 모형 테크닉 강좌 ………………… 64
   베트남 위장색 칠하기
   노즐의 변색을 재현한다
   캐노피 손보기
   패널 라인의 부활
   체크 무늬의 도색과 마스킹

마스킹을 활용한 체크 무늬 도색
복잡한 마킹의 도색과 마스킹

제4장 러시아 최신 제트 전투기를 만든다
2016년 배치를 목표로 개발 중인 최신예 5세대 제트 전투기
   수호이 T-50 (독일레벨 1/72) ……………………… 68
랩터, 라이트닝에 대항하는 러시아의 자객
   수호이 T-50 PAK-FA (하비보스 1/72) ……………… 76
21년만의 뉴 키트, 함재전투기형 플랭커
   Su-33 플랭커 D (하세가와 1/72) …………………… 80

제5장 최신 제트 전투기 작례 모음
   유로파이터 타이푼 (독일레벨 1/32) ………………… 86
   유로파이터 타이푼 단좌형 (하세가와 1/72) ………… 88
   중국 공군 J-20 전투기 "블랙 리본" (트럼페터 1/72) …… 90
   F-22A 랩터 (아카데미 1/48) ……………………… 92
   F-22A 랩터 (독일레벨 1/72) ……………………… 94
   야코블레프 Yak-141 프리스타일 (아트모델 1/72) …… 96
   EA-18G 그라울러 (하세가와 1/48) ………………… 98
   미 해군 무인 폭격기 X-47B (플라츠 1/72) ………… 100
   RQ-4B 글로벌호크 Block 20 (공군형) (플라츠 1/72) …… 101
   RQ-1 무인 정찰기 프레데터 &
   무인 공격기 MQ-1B(L) 무장 프레데터 (플라츠 1/72) …… 102

최신 현용 전투기 모형 카탈로그 2013년판 ……… 103

판권 ……………………………………………… 112

최신 전투기 해설
─5세대 전투기란─

글 / 고토 히토시
Text : Hitoshi GOTO

전 세계 5세대 전투기의 기수라고도 할 수 있는 기종이 바로 F-22A로, 현재 이미 배치되어 있는 상태다. 한편, 러시아나 중국도 개발을 진행하고 있지만 실용화까지는 좀 더 시간을 필요로 한다. 또한 유럽에서는 개발 시간 관계상 4.5세대 전투기가 주류를 이루고 있으며, 현재 생산 및 배치까지 진행되고 있기 때문에, 굳이 5세대 전투기 개발에 몰두할 상황은 아니다. 그러나 가까운 장래에는 미국과 더불어 뒤를 이을 전투기 개발에 착수할 것은 필연적이므로, 그렇게 되면 6세대 전투기, 또는 5.5세대 전투기로 부르게 될지도 모르겠다.

▼현재 서방 각국의 신세대 차기 주력 전투기 자리를 노리고 개발이 진행 중인 F-35. 사진은 미 해병대와 영국 해군용인 STOVL형 F-35B다.

제트 전투기는 제2차 대전 말기에 전장에 모습을 드러낸 이후, 현재에 이르기까지 대공의 패자로서 군림하고 있다. 그렇기에 각국에서 수많은 기종을 개발하고 실전 배치했는데, 편의상 각각의 등장 시기별로 그룹화해서 분류하는 것이 일반적이다. 즉 최초의 제트 전투기인 독일의 Me262나 영국의 미티어, 미국의 P-80이나 F-86 등을 1세대로 자리매김하고 그 이후로 최신예인 5세대 전투기까지 존재하는 것이다.

라이트 형제가 처음으로 하늘을 날았던 때부터 헤아려도 그 역사는 110년, 그중에서도 제트 전투기만 한정하면 70년도 채 안 되는데 성능은 비약적으로 증대했다. 단, 속도 면에서는 현재로선 마하 2를 넘는 수준이 한계로 보이며, 앞으로도 대폭적인 향상은 기대하기 어렵다. 어째서일까. 이는 실제로 공중전을 벌이는 속도 영역이 음속을 넘지 않기에 무턱대고 속도를 올릴 필요성이 전혀 없기 때문이다.

이 때문에 일부 예외, 예를 들면 시제기 YF-12A 등을 제외하면 종합 성능 향상에 주안을 두고 마하 2를 넘지 않는 기종도 수없이 실전 배치되어 있다. 아니, 오히려 그런 기종들이 주류가 되어 있을 정도다.

속도를 좇다가 발생하는 여러 가지 문제. 기체 온도 상승이나 코스트 증대 같은 장해를 피하기 위해 일부러 속도를 낮추고 있다고도 볼 수 있다. 물론 이런 경향은 최신 기종 그룹인 5세대 전투기에선 더욱 현저해서 어느 기종이든 다들 마하 2를 밑돌고 있다. 역사 속에서 제트 전투기가 도달한 일종의 해답이라고도 할 수 있을 것이다.

이미 기체 자체의 성능 향상에 관해서는 베트남 전쟁이나 중동 전쟁의 수많은 교훈 덕택에 전투기는 각종 무장의 플랫폼이라는 생각이 주류가 된 지 오래이며, 탑재 무장을 목표에 정확히 보내는 것이 전투기의 주 임무가 되었고, 5세대 전투기는 이전 세대보다도 훨씬 폭 넓은 다용도성이 요구되고 있다. 그러나 현대의 전투기에서 빠질 수 없는 요소 중 하나인 스텔스성과 다용도성은 상반된 능력이며, 각국이 모두 그 배분에 고심하고 있다는 사실은 기체의 스타일에서도 그대로 반영되는 것 같다.

어쨌건 당대의 다양한 정황을 배경으로 각국마

▲영국이 중심이 되어 개발하고 독일이나 스페인, 이탈리아, 스페인이 채택하고 있는 유로파이터 타이푼. 현재도 생산 중이다.

◀5세대 전투기를 대표하는 존재가 이 F-22A이지만, 비싼 가격 탓에 미 공군 도입 대수는 당초 예정보다 크게 축소되고 말았다.

다 개발을 진행해 온 제트 전투기이지만, 실제로 이루어지는 전투기 개발은 선을 긋듯이 각국에서 일제히 착수하는 식이 아니다. 새로운 기종이 등장하면 필연적으로 대항마가 될 기종을 개발하기 때문에 각 그룹의 중간에 위치하는 기종도 많다. 그 때문에 여기서는 4.5세대나 4세대+로 분류되고 있는 기종에 관해서도 언급하기로 하겠다.

최신예인 5세대 전투기는, 크게 구분하자면 2000년대 말부터 실용화되어 현재 시험 및 계획이 진행되고 있는 기종군을 가리킨다. 즉, 미국의 F-22A나 F-35를 필두로 러시아의 PAK-FA나 중국의 J-20/31, 한국의 KFX나 인도의 MCA 계획 등이 그렇다. 이 기종들은 미국의 F-117A가 선취한 스텔스성을 포함하고 초음속 순항이나 추력편향 노즐, 전자식 레이더, 선진형 전자기기, 플라이바이와이어, 쏘고 도망가는(Fire and Forget) 식의 중거리 공대공 미사일 등을 표준으로 장비하고 있는데, 사실 이런 기능은 이미 4.5세대 전투기에서도 실용화되어 있는 것이 많아 정확히는 그 발전형이라고 해야 할 것이다.

이런 4.5세대 전투기에는 미국의 F-15E나 F/A-18E/F, 러시아의 Su-33/34/40, 영국의 유로파이터, 프랑스의 라팔, 스웨덴의 그리펜, 그리고 일본의 F-2A 등이 해당된다. 그리고 현 시점에서는 이들 4.5세대 전투기가 주력 자리를 차지하고 있으며, 5세대 전투기로 대체하려면 아직은 조금 더 시간을 요한다. 하지만 5세대 전투기로는 대폭적인 코스트 상승으로 인해 완전히 대체하기가 불가능하며, 5세대 전투기의 전력화 이후에도 4.5세대와 병행하여 운용할 것은 틀림없다. 그리고 그때쯤이면 6세대 전투기가 등장할 것이 확실하며, 이러한 세대별 병용은 계속 이어지게 될 것이다.

이 6세대 전투기가 어떠한 기체가 될 것인지 예측할 수는 없지만 어찌 되었건 5세대 전투기 스타일에서 크게 벗어나리라고는 생각할 수 없고, 스텔스성과 다용도성, 그리고 더욱 고성능화된 애비오닉스 향상을 꾀하리라는 점은 틀림없을 것이다.

"이것"만큼은 알아둬야 할 현용 비행기 모형 용어

하세가와 1/48 스케일 플라스틱 키트
F-22 랩터
제작 / 타케우치 키쿠오

현용 비행기 모형 제작에 들어가기 전에 최소한 알아야 할 비행기 각 부분의 명칭을 소개.
이 명칭을 머리 속에 넣어두면 이후의 내용도 술술 이해할 수 있으므로 확실히 숙지하길 바란다.

13. 고정 무장
현용 비행기 경우에는 주요 무장은 미사일이지만 고정 무장으로 기관포를 장착하고 있는 경우도 많다. F-22 랩터의 20mm 벌컨포는 분당 6,000발을 발사할 수 있다.

14. 스트레이크
주날개 앞전을 앞쪽으로 늘인 부분으로 LEX나 LERX(리딩 에지 루트 익스텐션)로 부르기도 한다. 최근의 현용 비행기는 주날개와 동체를 일체화한 「블렌디드 윙 보디」 방식이 도입되어 동체와 날개의 경계가 애매해지고 있다.

15. 에어 인테이크
「공기 흡입구」라고도 한다. 동체 전반부에 설치된 대형 흡입구는 엔진용으로, 내부의 덕트를 통해 엔진까지 이어져 있다. 모형 중에는 이 덕트 내부까지 재현된 것도 있다.

1. 기수
기체의 앞끝 부분. 현용 비행기는 레이더를 탑재하므로 「레이돔」이라고도 부른다. 전파를 투과하는 재질로 만들어졌으며 도장도 기체의 다른 부분과는 다른 경우가 많다.

2. HUD
「헤드 업 디스플레이」의 약칭. 파일럿 정면의 유리판에 비행 중의 정보를 투영하는 장비로, 계기판을 내려다보지 않고도 조종에 집중할 수 있다.

3. 콕피트
이른바 「조종석」으로, 비행기 모형의 볼거리 중 하나. 파일럿이 긴급 시에 좌석 채로 탈출할 수 있는 「사출 좌석(이젝션 시트)」이나 비행에 필요한 계기가 배치된 「계기판」, 기체의 자세를 제어하는 「조종간」, 엔진 출력을 조절하는 「스로틀」 등이 배치되어 있다.

4. 캐노피
「바람막이」라고도 부른다. 양호한 시계를 얻기 위해 창살이 없는 원피스 성형이 많아지고 있다. 모형에서도 콕피트 안을 관찰하기 쉬워졌다고 할 수 있겠다.

5. 주날개
높은 속도를 낼 수 있도록 40도~60도로 후퇴각이 주어져 있다. F-22 랩터는 42도. 이착륙 등의 저속 시에 양력을 발생시키기 위해 앞전과 뒷전에 「플랩」을 설치하는 경우가 많다.

6. 국적 표식
소속 국가를 표시하는 마킹. 대개는 주날개 상면, 주날개 하면, 동체 측면에 각기 표시한다. 미군의 경우에는 상면과 하면은 왼쪽만 표시하며 색도 눈에 띄지 않는 그레이 단색으로 하고 있다.

7. 수직꼬리날개
비행 시의 안정을 확보한다. 동체 뒤쪽에 1장이나 2장을 수직으로 세우는 경우가 많지만 F-22 랩터처럼 각도를 눕혀 세우는 경우도 있다.

8. 방향타
수직꼬리날개의 뒷전으로, 비행 중에 좌우로 움직여 방향을 바꾼다. 모형 중에도 별도 부품으로 작동 상태를 재현할 수 있는 것이 있다.

9. 부대 표식
소속 부대나 기체 고유 번호 등을 표시하는 것으로서 여러 가지 색이나 모양으로 디자인되며, 기체 전체를 화려한 기념 마크 등으로 감싸는 경우도 있다. 이를 재현하는 것도 비행기 모형의 즐거움 중 하나다.

10. 수평꼬리날개
비행 시의 안정을 확보하는 동시에 비행 중에 움직여 상하로 방향을 바꾼다. 현용 전투기의 경우에는 수평꼬리날개 전체가 움직이는 것이 많다. F-22 랩터는 스텔스 효과를 높이기 위해 후퇴각을 주익과 동일한 42도로 통일하고 있다.

11. 에일러론
「보조날개」라고도 한다. 주날개의 뒷전에 있으며, 비행 중에 상하로 움직여 기체를 좌우로 회전(롤)시킨다.

12. 익단등
주날개 끝에 부착된 라이트로 야간에 점등하며, 기체의 위치와 방향(오른쪽이 블루나 그린, 왼쪽이 레드)을 나타낸다. 모형에서도 클리어 부품으로 재현한다.

16. 앞바퀴(랜딩기어)
기수에 있는 착륙 장치(랜딩기어). 현용 비행기의 다수가 앞바퀴와 뒷바퀴가 있는 3바퀴식 착륙 장치를 갖기 때문에 모형에서는 기수에 무게추가 필요한 경우가 많다.

17. 메인 웨폰베이
「주 무장창」. 스텔스 전투기는 동체 내부에 모든 무장을 내장하고 사용할 때만 도어를 전개하여 미사일 등을 발사한다. 모형에서 내부까지 재현되어 있는 경우, 연 상태로 만들면 돋보이게 해주는 부분.

18. 뒷바퀴(랜딩기어)
기체의 중량을 떠받치기 때문에 앞바퀴보다 튼튼하고 대형인 바퀴가 달린다. 인입식으로 바퀴를 수납하기에 복잡한 기구가 설치되어 있어서, 모형에선 재현도로 주목받는 부분이기도 하다.

19. 하드포인트
기체의 외부 무장이나 증가 연료 탱크 등을 장착하는 장소. Su-33 플랭커는 12곳이나 된다. 또한 그런 것들을 붙이기 위한 지지대를 「파일런」이라고 부른다.

20. 플랩
주날개 뒷전 일부를 내려 이착륙 등의 저속 시에 양력을 발생시킨다. 기종에 따라서는 에일러론과 마찬가지로 상하로 움직이는 「플래퍼론」도 있다. 모형에서 작동 상태를 재현해 주면 생생한 분위기를 낼 수 있다.

21. 엔진 노즐
「배기구」 등으로도 부른다. 제트 엔진의 배기를 뿜어내는 곳으로, 항상 고온 상태이므로 도장을 따로 하지 않아 금속색 그대로이다. 대개는 원통형이지만 F-22 랩터는 사각형 추력 편향식 노즐을 달고 있다.

22. 어레스팅 훅
「제동갈고리」. 함재기는 상시 사용하고 있으며, 착함 시에 갑판 위의 와이어에 걸어 정지한다. 지상기도 긴급 시에 사용하기 위해 장비하고 있는 기체가 많다. F-22 랩터는 스텔스성 향상을 위해 완전 수납하고 있다.

23. 랜딩기어 수납고
비행 시에 바퀴를 수납해 놓는 장소. 내부는 아주 복잡하며, 모형에선 세부까지 재현하면 매우 돋보이는 부분.

24. 랜딩기어 도어
수납고를 닫는 도어. 모서리는 가능한 한 얇게 다듬는 것이 실기답게 보이는 비결.

25. 서브 웨폰베이
「부 무장창」. F-22 랩터 등의 스텔스 전투기는 웨폰베이를 두 군데 이상 갖추고 있는 기종이 많다. 동체 측면이 열린 모습은 모형에서도 볼거리 중 하나.

26. 센서
주로 기수 측면에 튀어나온 센서들이며, 대표적인 것으로는 받음각을 측정하는 「AOA 센서」, 속도를 계측하는 「피토관」이 있다. 가는 부품들이라 부러지기 쉬우므로 제작할 땐 맨 마지막 단계에서 붙이면 좋다.

TOOLS 비행기 모형 제작의 필수 공구

비행기 모형 제작에서 빠질 수 없는 제작 공구들을 소개.
여기서 소개하는 공구들만 있으면 거의 모든 비행기 모형 및 다른 장르의 모형에도 대응할 수 있다!!! 이제 하나하나 보도록 하자.

얇은날 니퍼
●발매원/타미야 ●2,520엔

타미야가 발매하는 정밀 니퍼보다도 날을 더욱 가늘고 얇게 만들어 게이트 커팅용으로 특화시킨 니퍼. 비행기 모형의 섬세한 부품에도 대응. 이거 하나만 있으면 부품 떼어낼 때 고생할 일은 없다. 필수도 No.1 공구다.

모델러즈 나이프
●타미야 ●630엔

올파의 아트나이프와 동일한 날을 세트할 수 있는 홀더로, 책상 위에서 굴러다니는 것을 방지하기 위한 스토퍼가 자루 끝에 달린 것이 특징.

디자인나이프
●타미야 ●630엔

폭 4mm짜리 소형 날을 세트할 수 있는 홀더. 자루 손잡이 부분의 미끄럼 방지용 돌기가 크고 자루가 8각형 단면이라 잘 구르지 않는 점이 특징. 교체용 30도 각도 날 포함.

얇은날 크래프트 톱
●타미야 ●1,365엔

직선으로 절단할 때 적합한 톱. 니퍼나 커터 등에 비해 사용 빈도는 낮지만, 하나 있으면 선체나 함저부 절단 등의 작업에서 위력을 발휘한다. 날 두께는 0.25mm이며 「당겨썰기」 방식. 톱날 교체식이고 스페어 톱날 1장 포함.

커팅매트
●타미야 ●819엔

커터, 나이프 등의 날붙이를 쓸 때 깔아놓는 매트. 모형 작업에 빠뜨릴 수 없는 매트. 작업할 테이블 등을 날붙이로부터 보호하는 역할을 한다. A3 사이즈(1400엔)도 있음.

타미야 시멘트 (무수지 타입) (40ml)
●타미야 ●315엔

병뚜껑에 극세필이 달린 무수지 접착제. 수지가 포함되지 않은 용제 타입이라 저점도이다. 접착할 부품끼리 맞대놓고 그 틈새에 흘려넣는 식으로 사용한다.

타미야 시멘트 (사각병) (40ml)
●타미야 ●210엔

가장 기본적인 접착제. 병뚜껑에 솔이 달려 있다. 적당한 점도가 있는 플라스틱용 접착제이며, 병은 중심이 낮아 잘 넘어지지 않는 형상으로 되어 있다.

Mr. 시멘트 S (무수지 타입)
●GSI크레오스 ●262엔

병뚜껑에 세필이 달린 무수지 접착제. 건조가 매우 빨라서 표면 디테일이나 도색된 면이 상하지 않는 것이 특징. 비행기 모형에선 메인 부품의 접착 등에 사용한다.

록타이트 젤플러스 젤리액
●헨켈 ●오픈가

젤리 상태의 강력 순간접착제. 가는 부품이나 금속 부품 접착에 절대적인 효과. 건조된 후의 강도도 튼튼하다.

순간접착제 X 3S 하이스피드
●웨이브 ●472엔

웨이브에서 발매하고 있으며 경화 시간이 짧고 백화 현상이 잘 안 일어나는 순간접착제. 저점도이므로 흘려넣는 작업에 최적. 작은 부품도 확실히 고정할 수 있다. 3개들이.

COLUMN
접착제의 선택에 관하여

접착제는 소개한 것 외에도 여러 가지가 팔리고 있다. 접착할 소재, 부품 접착 방법 등 필요한 조건을 미리 파악해 두는 것이 포인트! 용도를 틀리면 부품이 붙지 않을 뿐 아니라 부품 형상마저 우그러지는 사태를 초래할 수도 있으므로 주의를 요한다. 일단은 소개한 접착제만 있어도 충분할 것이다.

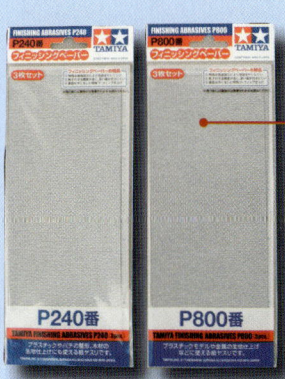

피니싱 페이퍼 (사포)
●타미야 ●각 126엔

실리콘카바이트를 연마재로 사용하였으며 마른사포질. 물사포질 겸용. 부품 다듬기에 빠질 수 없는 것이 사포다. 호수는 180~2000까지 10종. 3장들이.

사포스틱 HARD-4 (쐐기형)
●웨이브 ●315엔

단단한 베이스 양면에 사포를 붙인 것이 사포스틱. 세밀한 작업에 최적인 쐐기형이다. 날개 끝이나 동체의 접합선 처리 및 에지 내기에 최적.

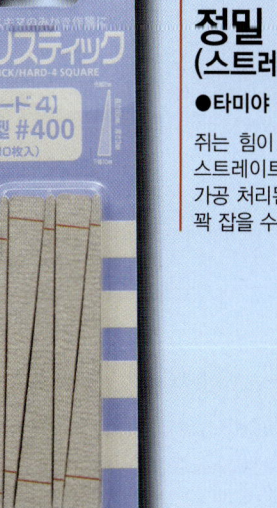

정밀 핀셋 (스트레이트 타입)
●타미야 ●1,260엔

쥐는 힘이 다이렉트로 끝까지 전해지는 스트레이트 타입 핀셋. 정밀하게 연마 가공 처리된 핀셋 끝으로 세세한 부품도 꽉 잡을 수 있다.

정밀 핀바이스 S(상)
정밀 핀바이스 D(하)
●타미야 ●840엔(상), 1,365엔(하)

「구멍뚫기」에 쓰는 도구. 핀바이스 S는 0.1mm~1mm 드릴 날을 장착 가능. 핀바이스 D는 0.1mm~3.2mm 드릴 날을 끼울 수 있다.

극세 드릴 날 세트
(0.3, 0.4, 0.5, 0.6, 0.8mm)(상)

베이직 드릴 날 세트
(1, 1.5, 2, 2.5, 3mm)(하)

●타미야 ●각 1,050엔

왼쪽에 소개하고 있는 핀바이스에 장착하는 드릴 세트. 전용 케이스에 세트되어 있다. 극세 드릴 날은 0.3, 0.4mm 지름의 아주 작은 구멍도 낼 수 있다.

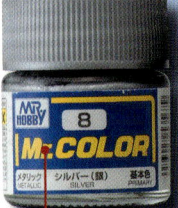 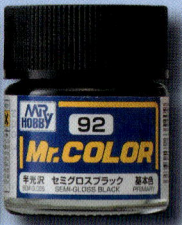 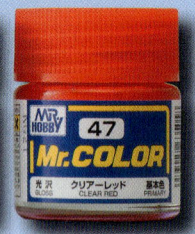

Mr. 컬러
●GSI크레오스 ●168엔~

가장 대중적인 모형용 도료. 일반적인 색 이외에도 각 모델 장르별로 특화된 색이 존재. 비행기 모형용으로서 「항공자위대기 해상 위장색」과 「항공자위대기 ALUMINIZED OLD-TIMER 컬러 세트」(525엔)도 발매.

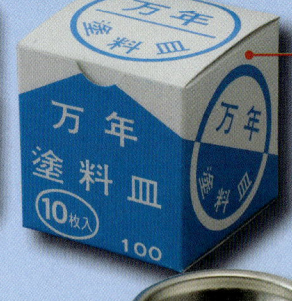

도료 접시
●만넨샤 ●각 105엔

10개들이. 도료를 접시에 따르고 희석하거나 조색할 때 사용하기 위한 도료 접시. 도료 접시 용도 이외에도 작은 부품 정리 등에도 활용할 수 있다.

Mr. 컬러 레벨링 시너 (특대)
●GSI크레오스 ●945엔

도료를 희석하기 위한 희석제. 레벨링 희석제는 도색 시 도막의 뭉침을 줄이기 위해 건조 시간이 느려지도록 조정되어 있다. 사용 빈도가 높으므로 특대형을 사둘 것을 권한다.

Mr. 스페어보틀
●GSI크레오스 ●157엔(가운데), 84엔(오른쪽), 210엔(왼쪽)

도료의 조합, 희석, 보존에 사용하는 스페어 보틀. 18ml, 40ml, 80ml 3종류가 라인업.

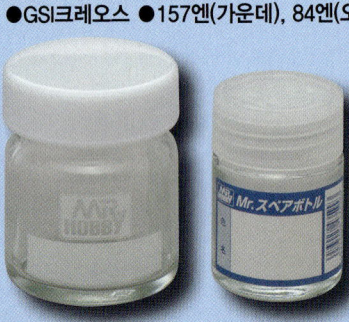

조색 스틱(2개 세트)
●타미야 ●315엔

도료의 교반(攪拌-휘저어 섞음)이나 조색 시 도료를 조금씩 떠내는 데 사용. 한 쪽 끝은 평평한 막대 모양이고 반대쪽은 스푼 모양으로 되어 있다.

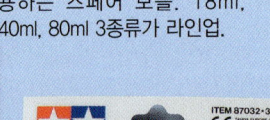

마스킹 테이프 (케이스 포함)
●타미야 ●367엔

색을 나눠 칠하거나 도색이 불필요한 부분의 보호를 위해 붙이는 테이프. 사진은 18mm 폭, 교체용 테이프도 판매(각 231엔). 폭은 각각 6mm, 10mm, 40mm.

타미야 모델링 브러시 HF 스탠더드 세트
●타미야 ●735엔

평붓 No.2(6mm), 평붓 No.0(2mm), 면상필(극세) 3자루들이 붓 세트. 붓 끝이 가지런히 잘 모였으며, 부드럽고 탄력 있는 붓결이 특징.

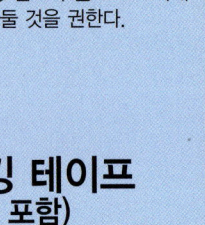

타미야 컬러 에나멜
●타미야 ●157~210엔

붓칠 및 에어브러싱용 에나멜 도료. 가장 큰 특징은 도료 뭉침이 잘 안 생긴다는 점. 전용 용제로 희석하면 먹선 넣기나 워싱도 할 수 있다.

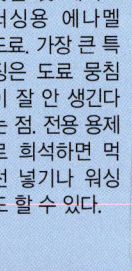

 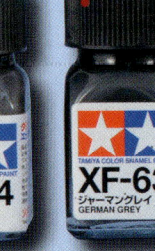

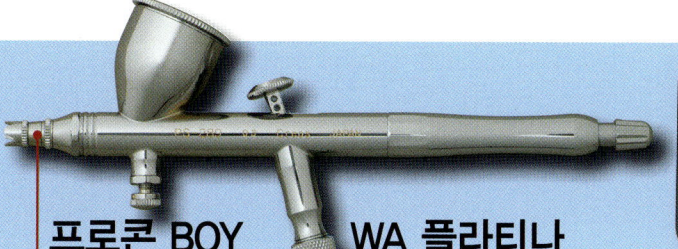

프로콘 BOY WA 플라티나 Ver.2 더블 액션 타입
● GSI크레오스 ● 13,965엔

도료를 공기압으로 뿜어내서 색을 입힌다. 일반적으로 0.3mm 노즐을 탑재하며, 본체 자체에 에어를 컨트롤하는 에어 저스트 시스템과 에어를 부드럽게 뿜어낼 수 있도록 세미 이지 소프트 버튼 기구를 탑재.

Mr. 리니어 컴프레서 L7
● GSI크레오스 ● 36,750엔

에어브러시 도색 작업에 필요한 에어를 만들어내는 장비. 가격, 성능 면에서 다양한 제품이 판매되고 있다. GSI 크레오스의 L5, L7(사진)은 일본에서 가장 대중적인 컴프레서라 할 수 있다.

스프레이워크 페인팅 부스 II (싱글 팬)
● 타미야 ● 17,640엔

실내 에어브러시 작업을 강력하게 서포트하는 도색 부스. 시로코 팬 2개가 장착된 트윈 팬(26,040엔)도 있다. 디자인 또한 수많은 도색 부스 가운데 탁월.

에어브러시의 셋업과 도색 요령

다른 공구와 달리 에어브러시의 취급은 특수하기에 따로 소개한다. 설명서에 적힌 내용을 확실히 이해하고 순서대로 따르는 것이 포인트. 에어브러시는 섬세한 공구이므로 설명서에 금지되어 있는 행위나 난잡한 사용은 파손의 원인이 된다. 모처럼 손에 넣은 고가 공구. 이제부터 모형 라이프의 소중한 동료가 될 공구이니 만큼 세심하게 다루도록 하자. 그러면 포인트만 꼽아 살펴보겠다.

▲에어 호스는 조인트 형상이 몇 가지가 있으므로 에어브러시, 컴프레서에 맞는 호스를 마련하고 에어 누출이 없도록 확실히 조여 부착한다.

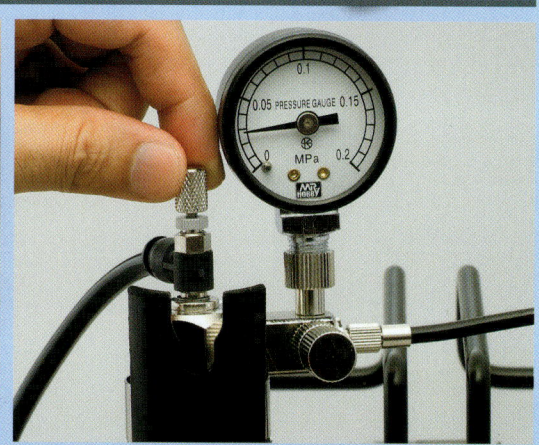

▲컴프레서의 에어 토출구에 호스를 부착한다. 레귤레이터(감압, 물빼기, 배분 기능 등이 있는 장치)를 붙일 때에도 설명서를 잘 읽고 부착하도록 한다.

▲도료병 속의 도료를 조색 스틱을 사용해서 잘 휘젓는디(교반). 제대로 섞이지 않으면 본래의 발색을 얻을 수 없으므로 정성껏 휘저을 것.

▲에어브러싱에 적합한 농도로 맞추기 위해 스페이 보틀에 따른다. 도료 1:희석제2 비율이 표준이므로 스페이 보틀의 눈금을 참고하며 도료를 따르도록 한다.

▲다음에 희석제(용제)를 따른다. 희석제를 따를 때는 시진처럼 주입구 캡을 사용하거나 스포이드를 써서 소량씩 따르며 원하는 양까지 채우도록 한다.

▲도료와 희석제를 잘 휘저은 뒤 에어브러시의 도료 컵에 따른다. 따를 때에는 두 손 모두 쓰게 되므로 에어브러시는 전용 스탠드나 홀더에 고정해 둘 것.

▲실제로 뿌려본다. 버튼을 누르면 에어가 나오고 당기면 도료가 나온다. 사진은 버튼 당기는 정도가 약해서 도료 뿜는 양도 적다.

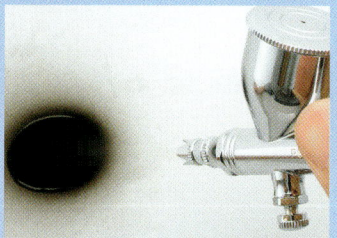

▲버튼을 더욱 당기면 도료 뿌리는 양이 늘어난다. 왼쪽 사진과 거리, 에어 양은 같지만. 당기는 정도를 바꾼 것 하나만으로도 도료 뿌리는 양이 이처럼 변화한다.

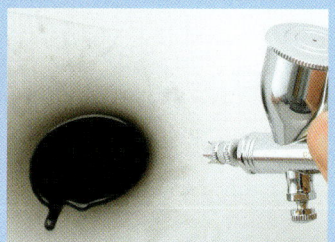

▲최대한 당겨서 도료 뿌리는 양을 최대로 한 상태. 너무 많은 양을 뿜어 도료가 흘러내리기 시작했다. 이렇게 되지 않도록 뿜기 테스트는 반드시 해보자.

▲도료의 희석 정도에 따라서도 브러싱 상태에 차이가 난다. 사진 왼쪽은 묽어서 색도 입혀지지 않는다. 가운데는 적정 농도. 오른쪽은 너무 진해서 거칠거칠한 느낌이다. 농도에는 항상 주의를 기울일 것.

제1장
F-22 랩터를 만든다
간단 피니시로 키트를 정성껏 마무리한다

하세가와 1/48 스케일 플라스틱 키트
F-22 랩터
제작·글/타케우치 키쿠오

F-22 랩터
●발매원/하세가와 ●6195엔, 발매 중
●플라스틱 키트 ●1/48, 전체 길이 39.4cm

HASEGAWA 1/48 scale plastic kit
F-22 Raptor
modeled by Kikuo Takeuchi

이번 장에서는 키트 제작법을 상세히 소개한다. 사용 키트는 하세가와의 1/48 F-22 랩터. 2010년에 발매된 1/48 F-22 랩터의 최신 모형이다. 기본적으로는 키트 내용 그대로 만들며, 현용 비행기의 플라스틱 키트 제작에 관한 수순을 소개한다. 이번 장을 읽으면 일반적인 현용 비행기 모형을 직접 제작할 수 있을 것이다.

1 콕피트 조립

비행기 모형의 경우, 기체 조립 전에 도색을 할 부분이 있다. 여기서는 일단 대강 조립을 마치고 나서 도색을 하고, 이후에 다시 조립하기로 한다.

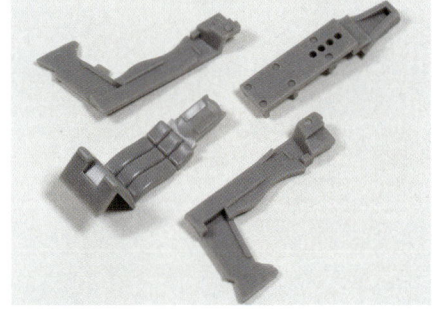
조립설명서 순서를 따라 조립 개시. 우선 사출좌석 부품 4개를 러너에서 떼어내고 게이트를 다듬어놓는다.

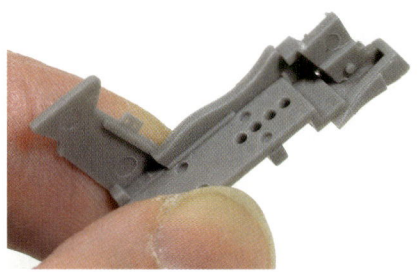
접착할 부품끼리 임시로 맞춰본다. F12 부품과 F20 부품은 그대로도 딱 들어맞는 것 같다.

그대로 접합선에 무수지 접착제를 흘려넣는다. 접착제는 모세관 현상 때문에 소량으로도 접착면을 따라 퍼지므로 캡에 달린 붓으로 가볍게 쓰다듬는 정도면 충분하다.

반대쪽 부품 F13을 맞춰본다. F20 부품과 달리 틈새가 약간 벌어지는 것이 보인다.

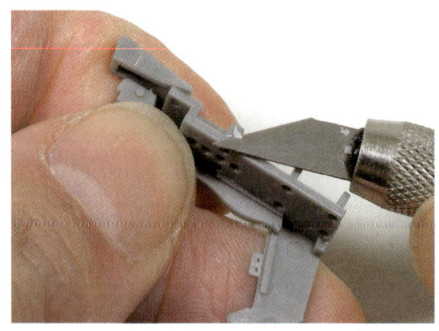
틈새의 원인이 된 접착면의 단차를 깎아낸다. F20 부품 측면을 나이프로 깎아 최대한 평탄하게 다듬는다.

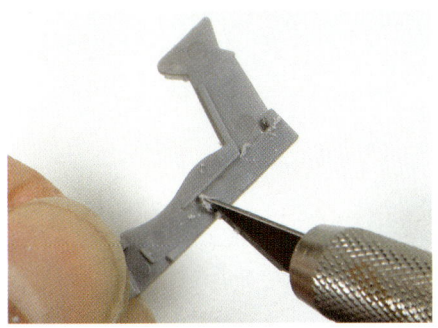
F13 부품도 나이프의 날을 세워 긁는 식으로 평평하게 깎는다.

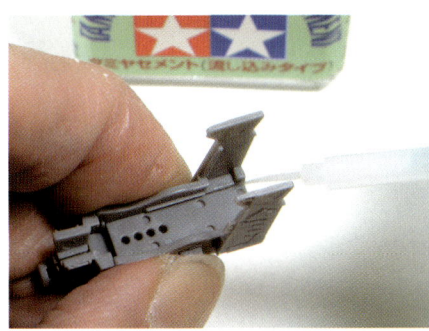
부품끼리 다시 맞추고 틈새가 없어진 것을 확인한 다음에 무수지 접착제로 고정한다.

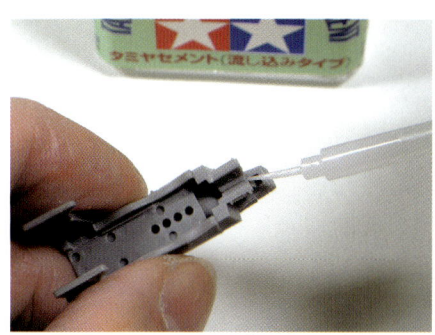
접착제가 들어가지 않는 부분이 없도록 여러 방향에서 접착제를 흘려넣도록 한다.

접착제가 완전히 건조하기 전에 시트 부품 F21을 임시로 맞춰본다.

시트를 도색할 때 편하도록, 시트 부분에는 접착제를 흘려넣지 말고 이 상태 그대로 접착제를 굳힌다.

콕피트 본체 부분도 같은 색으로 도색할 부분은 접착. 단, 데칼을 붙이는 계기판, 좌우 조종간/스로틀은 아직 접착하지 않는다.

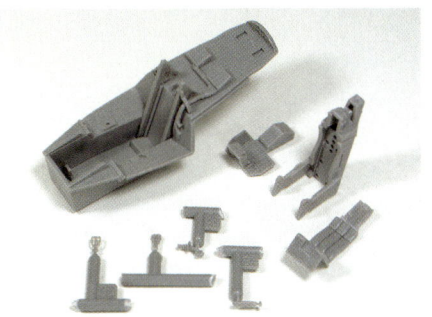
콕피트 부분의 조립이 완료. 작은 부품은 러너에 붙은 채로 잘라서 보관하면 나중에 찾을 때의 수고를 줄일 수 있다.

접착제가 굳기 전에 시트와 계기판이 잘 들어맞는지 확인. 그리고 캐노피를 연 상태로 할 경우에는 C11 부품을 붙이도록 한다.

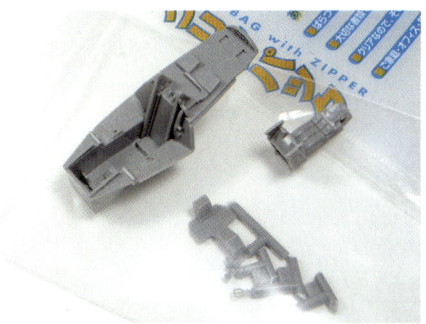
콕피트 관련 부품은 지퍼가 달린 비닐 팩에 넣어 보관했다. 각 공정별로 비닐 팩을 마련해 두면 파악하기 쉽다.

2 콕피트 부착

콕피트는 기체 상면 부품 A1에 붙이게 되므로 부품을 러너에서 떼어낸다.

부품을 떼어낼 때는 잘 드는 얇은날 니퍼를 쓰고, 러너와 부품 사이의 「게이트」를 조금 남겨놓고 자른다.

남은 게이트는 커팅 매트 위에 대고 부품 모양에 맞춰 나이프로 커팅. 한 번에 자르지 말고 가볍게 힘을 주어 여러 번 긋는다. 패널 라인 긋는 느낌으로.

제1장 F-22 랩터를 만든다

하세가와 1/48 F-22 랩터를 스트레이트로 만든다

게이트를 컷한 모습. 서두르지 말고 차근차근 작업하면 깔끔하게 커팅할 수 있다.

기수 앞끝처럼 비스듬히 게이트가 나 있는 부분은 커팅하기 어렵지만 신중히 작업하면 OK다.

우선 나이프로 게이트를 깎아낸다. 부품까지 파먹지 않도록 신중하게, 가벼운 칼로 차분히 작업하도록 한다.

게이트를 거의 깎아냈으면 600번 사포를 써서 남은 게이트를 갈아낸다.

부품 형상을 손상시키지 않고 말끔하게 깎아내는 데 성공. 깎은 부분은 다시 800번 사포로 갈면 더욱 좋다.

조립설명서에도 적혀 있듯이 A1 부품의 6곳에 금형 성형 시의 핀 자국이 남아 있으므로 이것도 도려내도록 한다.

니퍼 날의 평평한 쪽을 기체 표면에 최대한 밀착시켜 핀 자국을 컷한다.

나이프 날을 기체 표면과 밀착시켜 남은 핀 자국을 깎아낸다. 이때, 표면에 커다란 흠집이 나지 않도록 주의한다.

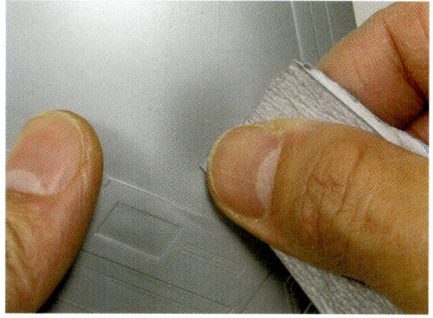
600~800번 사포로 마무리한다. 나이프로 깎을 때 생긴 흠집 자국은 이 시점에서 지울 수 있다.

핀 자국 처리 완료. 더욱 눈이 고운 1000번~1200번 사포로 갈면 완벽해진다.

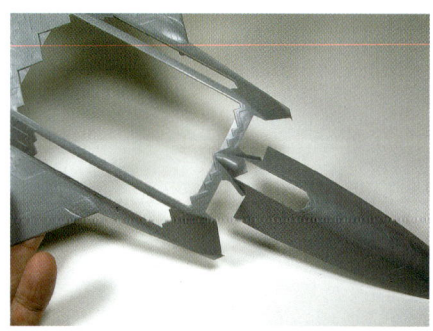
기체 하면 부품 B1도 동시에 떼어내서 핀 자국을 처리하도록 한다. 그리고 콕피트나 웨폰베이 자리에 놓인 러너도 컷해서 말끔하게 해둘 것.

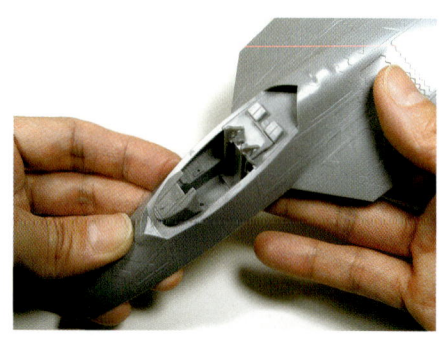
콕피트 부품을 기체 상면 부품과 맞춰보았는데 딱 들어맞는 것을 확인. 접착은 도색 후에 한다.

3 메인/서브 웨폰베이 조립

메인 웨폰베이의 칸막이 부품 C19의 상면은, 부품 성형 시의 금형 분할선(파팅 라인)이 표면에 나 있다.

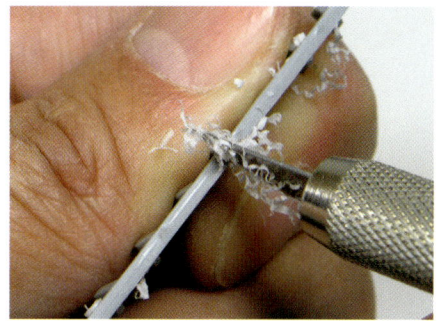
나이프의 날을 이용해서 세워 긁기로 파팅 라인을 긁어 없앤다.

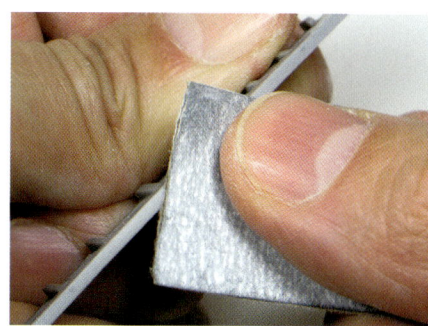
평평하게 긁어냈으면 600번~800번 사포로 갈아 매끈하게 다듬는다.

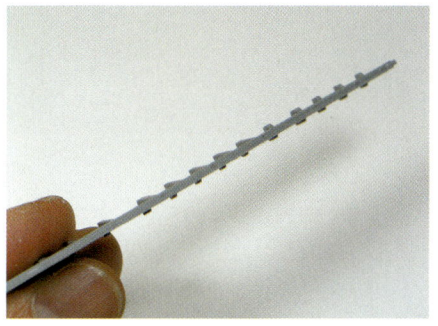
파팅 라인을 완전히 지웠다. 이 작업은 다른 부품을 다듬을 때도 응용할 수 있을 것이다.

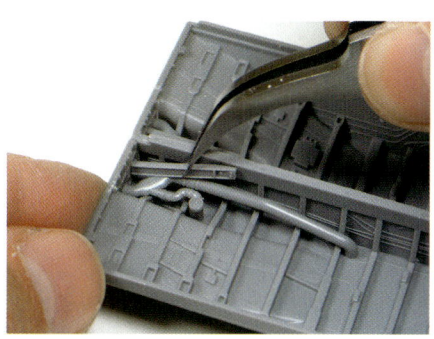
메인 웨폰베이에 부품을 짜맞춰 붙인다. 작은 부품은 핀셋을 써서 붙인다.

붙인 후에 무수지 접착제로 고정. 부품에 따라서는 접착제의 붓이 들어가지 않는 경우도 있으므로, 먼저 접착제를 묻히고 붙이는 등 케이스바이케이스로 대응.

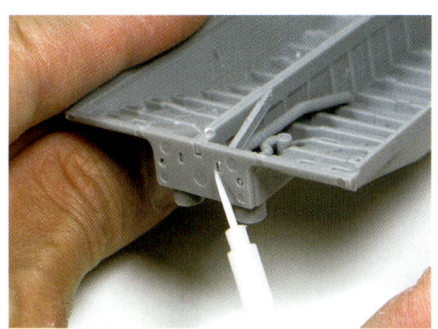
접착제가 드러나지 않게 되도록이면 부품 안쪽에서 접착제를 흘려넣는 것이 깔끔하게 처리하는 요령이다.

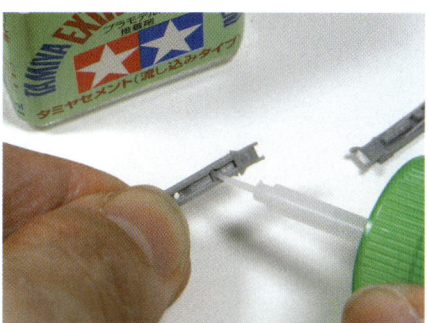
론처는 같은 것을 6개 조립한다. 우선은 본체 상하(E15, E16 부품) 각각에 접착제를 조금 많다 싶을 정도로 바른다.

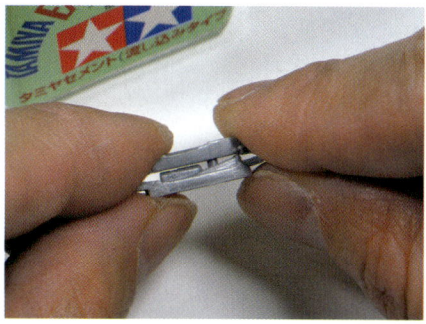
접착제가 굳지 않은 동안에 손가락으로 가볍게 압력을 가하며 상하 부품을 접착.

작고 가는 부품은 다듬기에 드는 수고를 최대한 줄이기 위해, 니퍼 날을 부품에 바짝 대서 자른다. 너무 바짝 대다 파먹지 않게 아무쪼록 주의를.

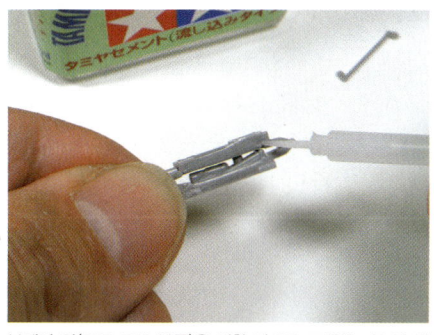
본체와 암(E37, E38 부품)은 접합 핀으로 고정하므로 이 위치에 접착제를 발라 놓는다.

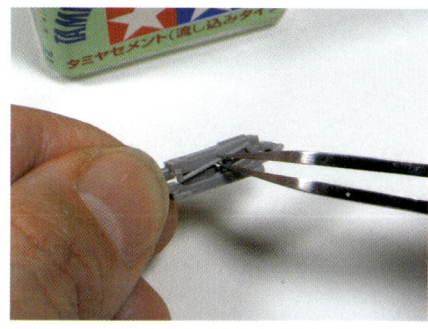
암을 핀셋으로 잽싸게 세팅. 필요하면 접착제를 다시 바를 것.

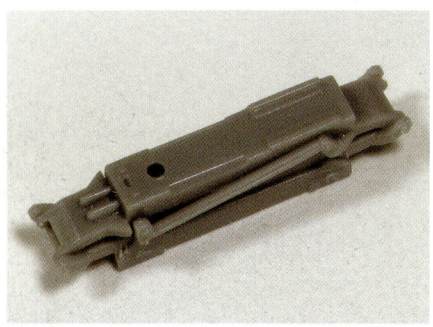
론처 완성. 1개씩 만드는 것보다 6개를 동시에 작업하는 편이 효율 좋게 만들 수 있다.

완성한 론처의 접착제가 마르면 메인 웨폰베이 안에 고정한다. 앞뒤 방향을 틀리지 않도록.

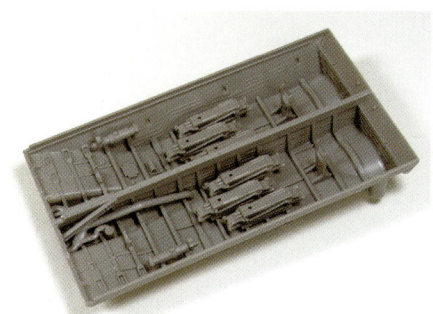
메인 웨폰베이 완성. 후방에 붙은 E44 부품은 작업 중에 떨어지기 쉬우므로 도색 후에 붙이는 편이 나을 것이다.

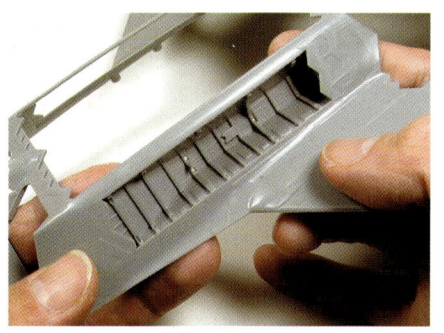
웨폰베이는 메인/서브 모두, 기체 하면 부품 B1과 미리 맞춰보면서 딱 들어맞도록 조정해 놓는다.

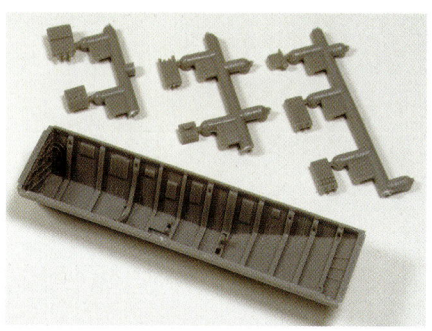
서브 웨폰베이의 내부 부품들은 하나하나 러너에서 필요한 부품을 찾는 것보다, 러너 채로 잘라놓고 작업하는 것이 편하다.

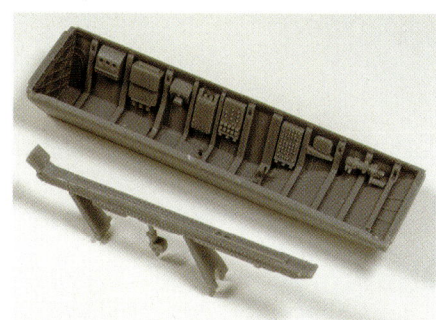
서브 웨폰베이 완성. 론처는 따로 조립하며, 서브 웨폰베이에 잘 끼워지도록 미리 맞춰놓도록 하자.

4 앞바퀴/뒷바퀴 수납고 조립

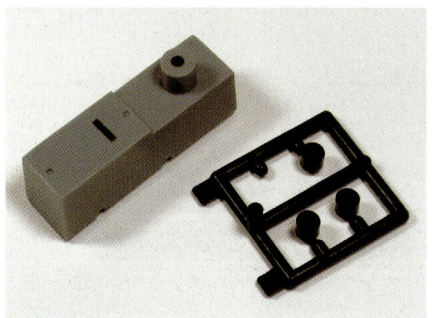
앞바퀴 수납고의 안쪽에 바퀴다리 고정용 폴리캡을 세팅한다. 나중에 빠지지 않도록 확실히 접착해 놓는다.

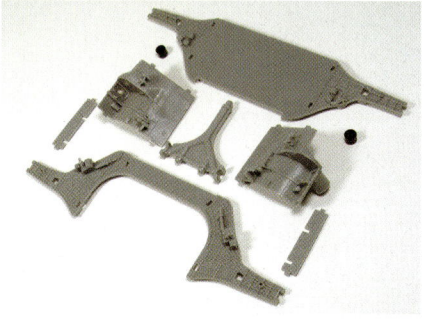
뒷바퀴 수납고는 구성이 조금 복잡하므로 부품 간의 조합이나 방향을 확실히 파악해야 한다.

세부 부품을 접착한 다음에 좌우 내벽 부품 D8, D9를 내부 프레임 G23과 접착. 바퀴다리 고정용 폴리캡 2개를 넣는 것도 잊지 않도록.

앞뒤 벌크헤드(칸막이) D3, D17을 끼워넣고 무수지 접착제로 고정. 이 부분도 세부 부품의 접착은 미리 끝내놓자.

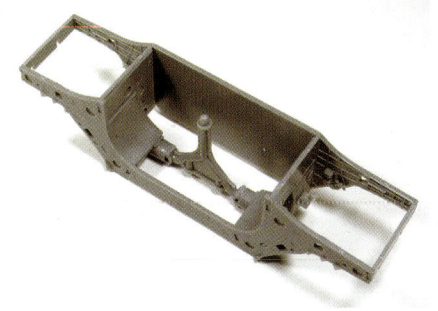
그 다음, 좌우 끝에 E10 부품을 접착하여 완료. 설계가 잘 되어 있어서 기본적으로는 비뚤어지지 않게 조립될 것이다.

확실하게 하기 위해 접착제가 굳기 전에, 기체 하면 부품 B1에 대서 잘 밀착되도록 한다.

5 동체 상면·하면 조립

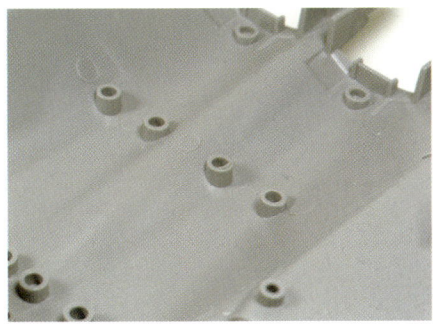
동체 하면 부품 B1에 애프터버너 섹션을 붙여야 하는데, 고정 핀에 거스러미가 살짝 나 있는 것을 발견.

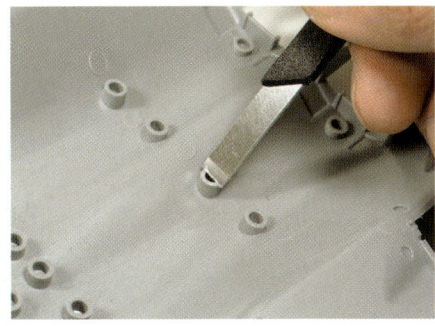
부품이 밀착하지 않는 원인이 되므로 거스러미를 깎아낸다. 넓적한 평끌이 편리하다.

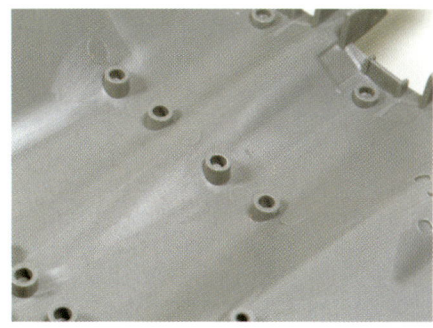
다른 부분처럼 평탄해지면 OK. 수정한 김에 다른 부분도 체크하면서 필요하다면 깎아서 다듬도록 한다.

애프터버너 섹션은 프레임 부품 E72로 고정한다. 접착은 기체 하면 부품에 세팅한 다음에 하면 된다.

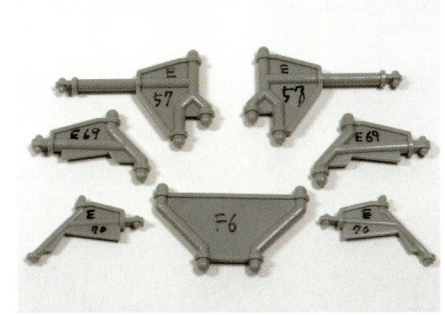
내부 프레임 부품 덕분에 비틀림 없이 확실하게 조립할 수 있다는 점이 이 키트의 특징. 부품을 틀리지 않도록 유성 펜 같은 것으로 부품 번호를 적어 놓았다.

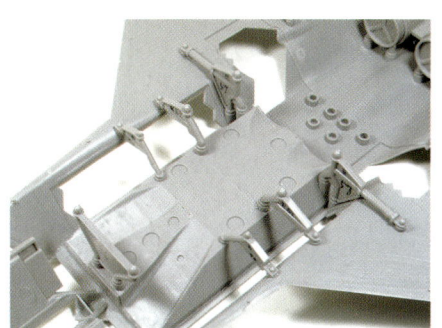
기체 하면 부품에 메인 웨폰베이를 붙이고 프레임 부품을 가조립. 현재로선 딱히 문제는 없는 것 같다.

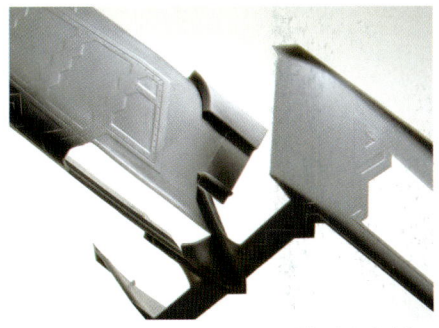
에어 인테이크 안쪽에 F2, F3 부품을 접착. 위치 관계가 조금 알기 어렵지만 사진처럼 접착하면 OK다.

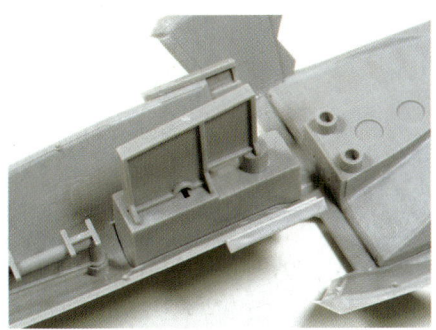
앞바퀴 수납고 상부에는 프레임 부품 F4를 접착. 기수 쪽 부품인 F1, F5도 접착한다.

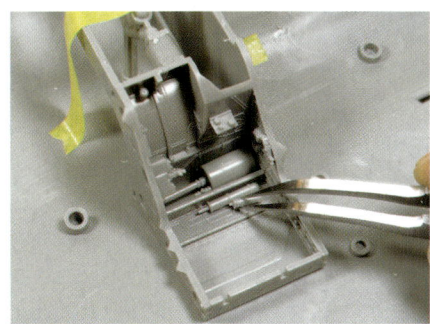
기체 상면 부품 A1에 보조 기기들을 접착할 때, 조립을 마친 뒷바퀴 수납고를 대놓고 작업하면 상면과 하면 접착이 손쉬워진다.

에어 인테이크는 좌우 방향에 주의하면서 조립한다. 굴곡져 있어서 안쪽은 잘 안 보이므로 보이는 앞부분 안쪽 이외에는 도색하지 않아도 괜찮다.

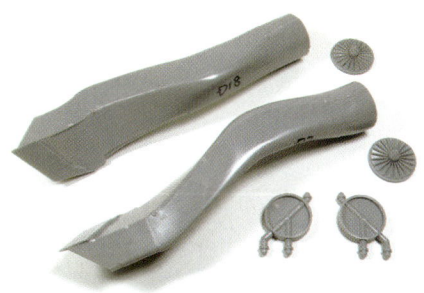
에어 인테이크, 엔진 팬, 고정용 프레임은 아직 접착하지 말고 이 상태로 도색한다.

에어 인테이크를 기체 하면 부품과 가조립한 상태. 에어 인테이크 앞끝은 아래쪽 면이 기체 표면으로 드러난다.

6 앞바퀴 · 뒷바퀴 조립

앞바퀴 타이어는 언더게이트가 부품 안쪽에 나 있어서 그대로는 접착할 수 없다.

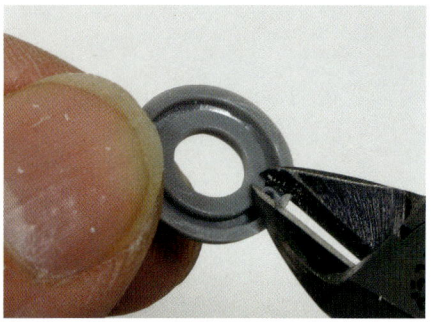

일반적인 게이트 처리를 한 다음, 부품 안쪽에 나 있는 게이트를 니퍼로 잘라낸다.

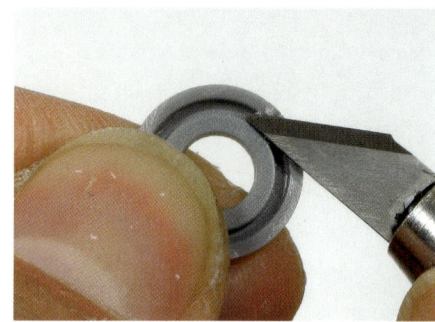

남은 게이트는 나이프로 쳐낸다. 필요하다면 사포로 다듬어 더욱 평평하게 마무리한다.

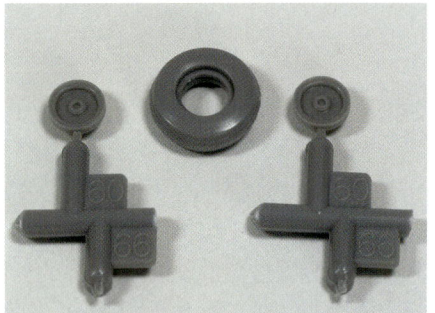

타이어 좌우를 접착. 부품이 분할되어 도색 작업을 수월하게 할 수 있으므로 휠 허브 부품 E60은 도색하고 나서 붙이는 것이 편하다.

타이어는 접착제가 굳으면 나이프 날 세워 긁기로 접합선을 지워서 타이어 접지면의 둥근 곡면을 표현한다.

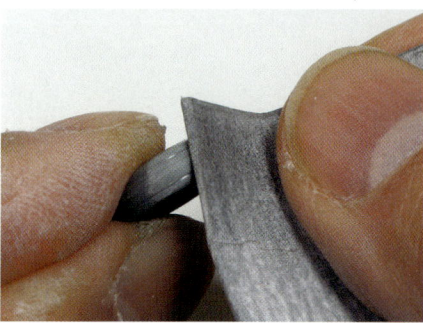

다시 600번 사포로 접지면을 갈아낸다. 이대로 도색하면 마모된 상태의 타이어를 표현할 수 있다.

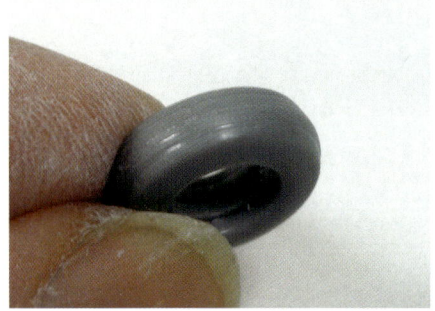

타이어 다듬기 완료. 접합선에 미묘한 틈새가 보이지만 타이어 트레드 패턴이라 생각하고 넘어간다.

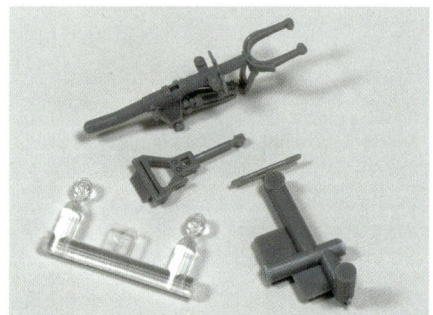

앞바퀴다리는 여기까지 조립. 클리어 부품은 도색 전에 3mm 지름으로 둥글게 자른 마스킹 테이프를 붙여놓는다.

앞바퀴 커버는 러너에 붙인 채로 다듬는다. 부품을 구별할 수 있도록 러너의 번호 태그까지 같이 잘라낸다.

뒷바퀴 타이어도 앞바퀴와 같은 방법으로 조립/다듬기. 도색 후에 휠을 붙이게 되는데, 이때 폴리캡 넣는 것을 잊지 않도록.

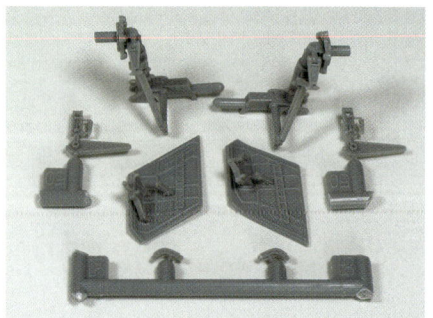

좌우 뒷바퀴는 구조가 꽤 복잡하므로 조립설명서의 그림을 잘 보면서 작업하도록 한다. 바퀴 커버 겉면은 나중에 기체 색으로 칠할 것이므로 따로 둔다.

뒷바퀴 도어는 유압 암(E29 부품) 이외에는 미리 접착해 놓는다. 이 부품도 겉면은 기체 색으로 칠할 필요가 있다.

7 메인 웨폰베이 커버 조립

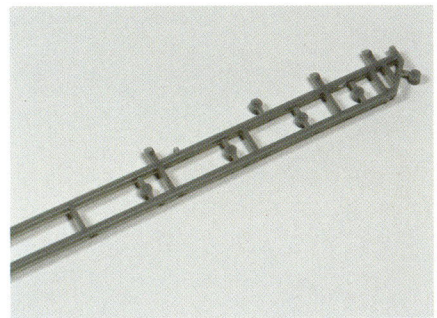
웨폰베이 커버 안쪽 면의 프레임은, 동그랗게 생긴 불필요 부분(수지 주입구)이 잔뜩 있으므로 모조리 깔끔하게 잘라낸다.

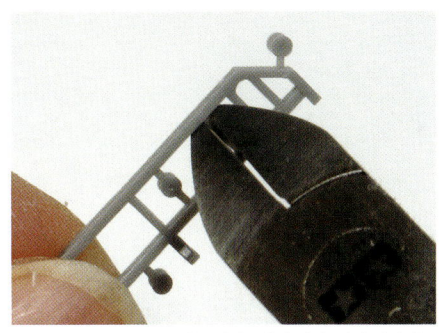
니퍼를 써서 컷. 가능한 한 게이트까지 바짝 대서 커팅하고 싶지만 부품이 가늘어서 부러지기 쉬우므로 주의하면서 작업하도록 한다.

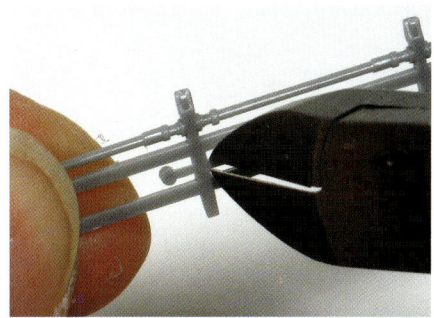
니퍼 날이 들어가지 않는 부분도 있는데, 이때는 부품을 뒤집어 뒤쪽에서 자르거나 나이프로 잘라낸다.

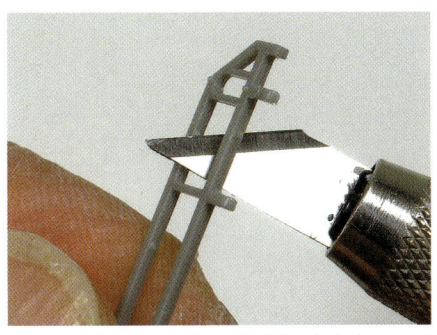
게이트 자국은 나이프로 다듬는다. 게이트 수가 많으므로 빠뜨리는 것이 없도록 주의한다.

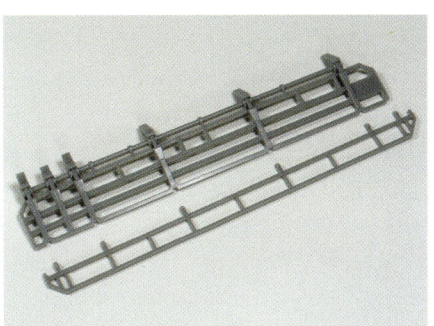
메인 웨폰베이 커버의 프레임 G12, G13 부품 다듬기 완료. 작례는 웨폰베이를 오른쪽만 연 상태로 할 예정이다.

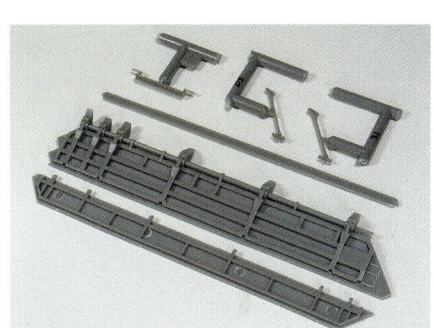
오른쪽 메인 웨폰베이 커버 부품. 작동 암 부품 E30, E31은 아주 비슷한 모양새이므로 틀리지 않도록 주의해야 한다.

왼쪽 웨폰베이는 닫은 상태로 한다. 닫은 상태의 커버 부품 G3를 기체 하면 부품과 가조립해서 맞춰본다.

기체 하면을 평평한 곳에 놓고 안쪽에서 무수지 접착제를 흘려서 고정한다. 겉면으로 접착제가 새나가지 않도록 소량만 흘려넣는 것이 포인트.

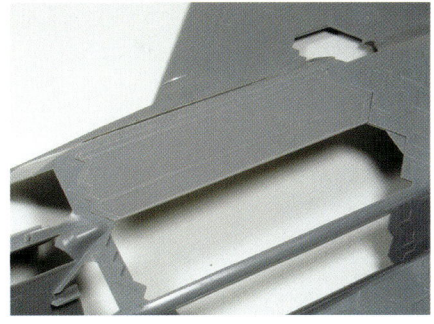
메인 웨폰베이 커버 접착. 앞끝과 뒤끝에도 접착 부분이 있으므로 그 부분도 접착제로 고정하면 확실하다.

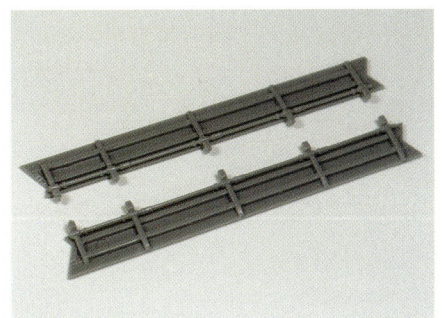
왼쪽 서브 웨폰베이 커버도 마찬가지로 작업한다. 좌우 커버 모두 세모꼴 큰 쪽이 앞쪽이다.

오른쪽 서브 웨폰베이 커버는 닫은 상태 부품 G1을 기체 하면 부품에 접착. 틀어지지 않도록 마스킹 테이프로 고정한다.

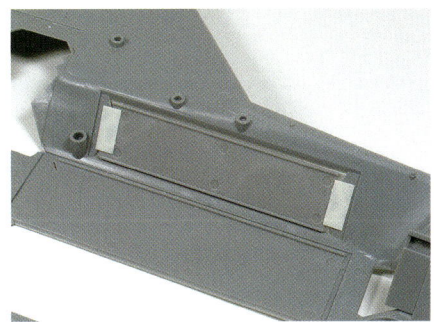
접착용 돌기가 전혀 없어서 작업 중에 떨어질 우려가 있으므로 5mmX10mm 정도로 자른 0.3mm 플라판을 안쪽에 접착해서 보강해 놓았다.

8 기체 뒤쪽 조립

F-22 랩터의 특징 중 하나인 2차원 노즐. 벌린 상태와 오므린 상태 양쪽을 선택할 수 있는데, 이번에는 연 상태로 제작했다.

기체 상면 부품과 가조립. 이처럼 기체로부터 크게 돌출되어 있다. 또한 실기는 노즐 몰드에 맞춰 비늘 모양으로 변한다.

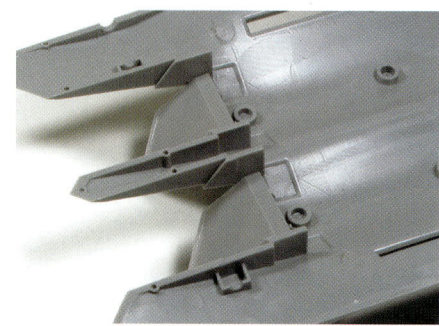
기체 상면 부품 안쪽에서 본 모습. 노즐 뒤쪽 형상에 맞춰 부품받이 부분이 몰드되어 있어서 올바른 각도로 접착할 수 있다.

주날개의 플랩도 올린 상태/내린 상태 선택식. 이번에는 내린 상태를 선택했으므로 그에 맞춰 플랩 앞쪽 부품 D5, D10을 접착했다.

기체 상면과 하면 부품을 가조립하고 플랩을 세팅해 본다. 문제없이 들어맞는 것을 확인.

좌우 공통인 수평꼬리날개는 일체 성형이지만 파팅 라인이 조금 눈에 거슬린다. 게이트 처리와 더불어 작업하도록 한다.

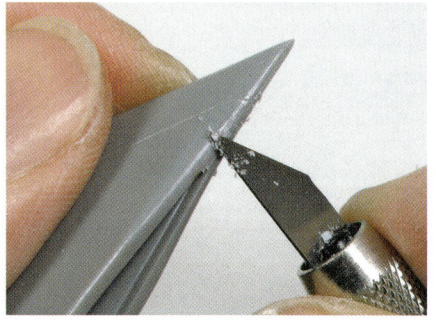
우선 나이프로 게이트를 쳐낸다. 곡면 부분이므로 곡면에 맞춰 잘 쳐내도록 한다.

600번 사포를 붙인 고무 샌딩 블록을 대서 평면을 낸다. 평면/직선을 낼 경우에 고무 샌딩 블록은 아주 편리한 툴이다.

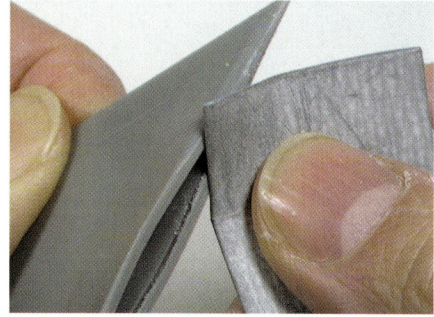
어느 정도 깎아낸 다음에 800번 사포로 마무리한다.

날개 끝의 파팅 라인을 지울 경우에는 직선을 낼 필요가 있으므로 여기도 샌딩 블록을 쓴다. 꼬리날개 형상에 맞춰 블록의 각도를 미묘하게 바꾼다.

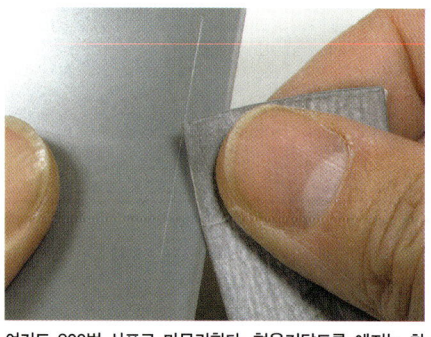
여기도 800번 사포로 마무리한다. 현용기답도록 에지는 최대한 얇게 처리하는 편이 좋다.

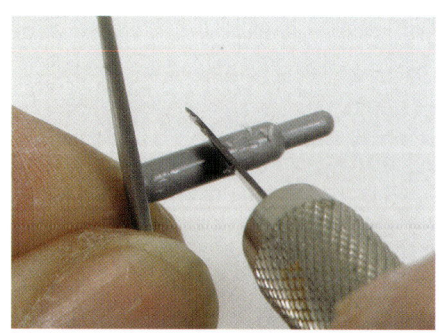
수평꼬리날개의 회전축 E58 부품은 축 부분의 파팅 라인을 지워서 기체에 꽂을 때에 무리가 없도록 해둘 것.

회전축 부품을 수평꼬리날개에 끼우고 접착제를 흘려넣어 고정한다.

수직꼬리날개는 좌우 각각 두 부품을 맞붙이는 식으로 구성. 방향타가 있는 쪽이 뒤쪽, 밑단에 돌기가 튀어나온 쪽이 바깥쪽이 된다.

기체 상면 부품에 수직꼬리날개, 수평꼬리날개를 가조립해 본다. 수직꼬리날개가 조금 헐렁하므로 밑단의 결합 부분에 마스킹 테이프를 붙여 유격을 조정.

9 캐노피 붙이기

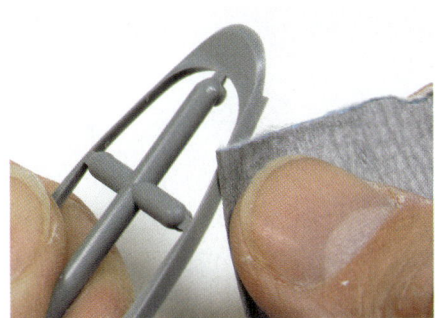
캐노피 안쪽 프레임은 잘 보이는 부분이므로 공들여 작업한다. 안쪽의 러너도 말끔히 처리해 놓는다.

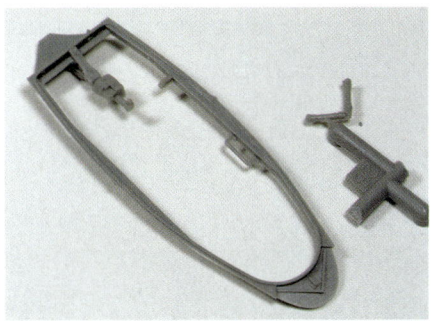
프레임에 세부 부품을 접착. 이번에는 캐노피를 연 상태로 할 것이므로 F37 부품을 접착. 앞끝에 붙는 F26 부품은 연 상태로 할 경우에는 불필요.

HUD 부품 J3은 바깥쪽 프레임만 도색하므로 유리 부분은 마스킹한다. 우선 6mm 폭 마스킹 테이프를 적당한 길이로 잘라 붙인다.

이쑤시개로 프레임 몰드에 맞춰 가볍게 문질러 마스킹 테이프를 밀착시킨다.

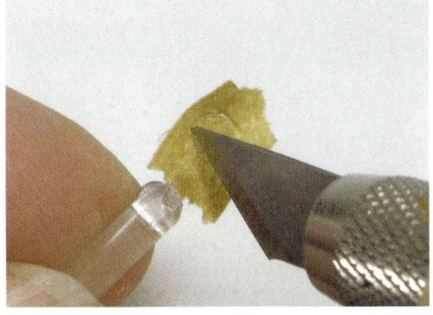
윤곽이 드러난 프레임 몰드에 맞춰 나이프로 컷. 가볍게 힘 주고 여러 번 그어서 잘라내는 것이 좋다.

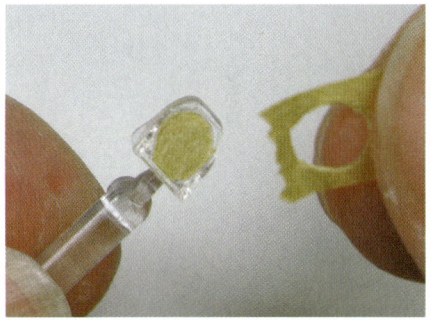
마스킹 테이프가 다 잘라졌으면 불필요 부분을 조심스레 벗겨낸다. 반대쪽 유리 부분도 마찬가지로 마스킹하면 OK.

캐노피 부품 K1은 클리어와 스모크를 선택할 수 있다. 이번에는 스모크를 선택. 클리어 쪽은 기체 도색 시에 콕피트 마스킹용으로 쓸 예정.

캐노피 부품은 정밀도가 아주 높아서 앞끝부터 끼워넣듯이 하면서 뒤끝을 눌러 붙이면 접착제 없이도 딱 들어맞는다.

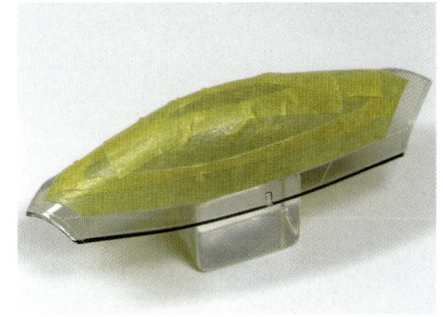
캐노피 부분을 남기고 마스킹 테이프로 마스킹. 도료가 새어 들지 않도록 밑부터 위쪽으로 층층이 붙이는 것이 요령이다.

10 내부 부품의 도색

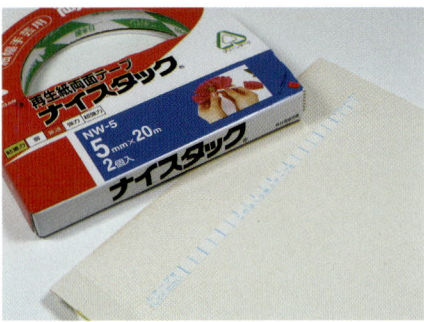
세부 부품을 도색할 경우에는, 고정용 받침대로서 적당한 크기로 자른 골판지에 양면 테이프 붙인 것을 마련한다.

양면 테이프 위에 부품을 붙인다. 양면 테이프는 점착성이 강해서 에어브러시 풍압에 부품이 날아갈 걱정은 없다.

에어브러시 도색은 도료를 묽게 희석하는 것이 중요. 희석제를 먼저 따라놓고 도료와 섞으면 농도를 조절하기 쉽다.

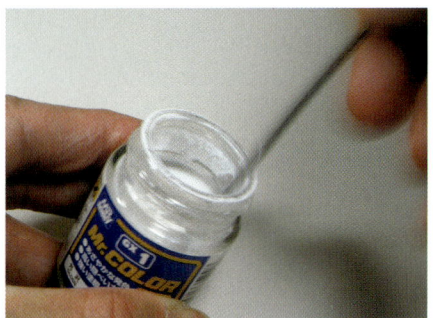
도료는 발색이나 건조, 정착성 향상을 위해 무조건 잘 섞어주는 것이 중요하다. 조색 스틱 같은 것을 써서 만족스러울 때까지 교반해 주자.

도료 접시의 희석제에 도료를 섞는다. 병에서 도료를 따를 때에는 조색 스틱을 써서 흘리듯이 하면 분량 조절하기 쉽다.

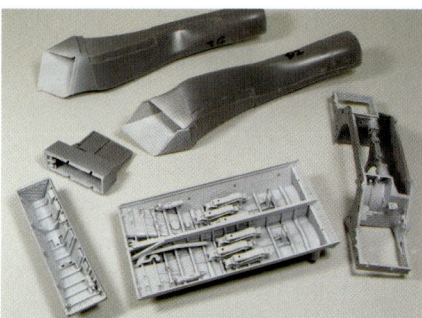
조립설명서의 지정색은 C316 화이트 FS17875지만, 은폐력이 높은 GX1 쿨 화이트를 사용. 희석한 도료로 4~5번 정도 덧뿌려 칠하면 깔끔하게 색이 입혀진다.

세부 부품도 마찬가지 방법으로 도색. 앞바퀴 및 뒷바퀴는, 기체와 접착하는 부분을 빨래집게로 집어서 도색할 시 잡을 손잡이로 삼았다.

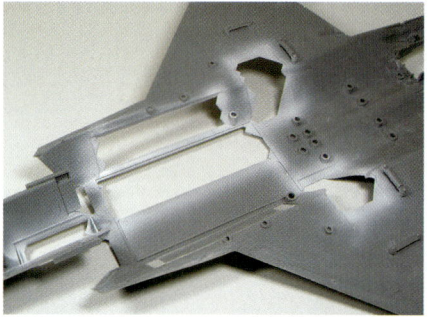
기체 하면 부품도 바퀴 수납고나 웨폰베이 안쪽 부분을 화이트로 칠해준다.

콕피트 주위도 지정색은 C33 무광 블랙이지만 칠하기 쉬운 GX2 위노 블랙으로 도색했다.

흑철색 등의 금속색으로 도색하는 부품은 GX2 위노 블랙으로 밑칠해 주면 발색이 좋아진다.

기체 상면 부품의 콕피트 부분도 GX2 위노 블랙으로 도색. 바깥은 물론이고 안쪽도 잊지 말고 칠해준다.

캐노피 프레임은 기체 색이 얼비치지 않도록 GX2 위노 블랙으로 칠해 놓는다. 기체 상면에 붙여서 도료 분진이 안에 들어가지 않도록 주의.

금속색으로 도색할 애프터버너 섹션 내부 및 노즐 주변부도 GX2 위노 블랙으로 칠해준다.

노즐은 C28 흑철색과 C61 불탄 철색으로 도색한다. 마스킹 하지 않고 프리핸드로 해야 불탄 느낌이 잘 난다.

앞바퀴 및 뒷바퀴 타이어는 C137 타이어 블랙으로 도색. 이 쑤시개에 마스킹 테이프를 감아 굵게 만들고 바퀴를 꽂아 도색용 집게를 대신했다.

도색이 끝난 시트에 다른 색으로 칠한 부품들을 접착. 이 시점에서 세밀한 데칼도 같이 붙인다.

세밀한 부품의 검은 부분은 면상필을 써서 C92 세미글로스 블랙으로 칠해 주었다.

콕피트의 몰드에 입체감을 주기 위해 먹선 넣기용 도료(그레이)로 사이드 콘솔 등을 강조했다.

11 도색이 끝난 부품 붙이기

도색이 완료되었으면 콕피트, 수납고 등 여태까지 생략했던 부품들을 붙이는 작업에 들어간다.

웨폰베이, 에어 인테이크 등도 제자리에 붙이고 기체 상하를 맞붙인다. 프레임용 부품 덕분에 딱 맞는 형태로 확실하게 제 모습을 갖추졌다.

에어 인테이크 같은 곳에는 단차나 틈새가 조금 생기게 되므로 퍼티로 메운다. 이번에는 폴리에스터 퍼티를 사용.

이쑤시개를 써서 필요한 부분에 퍼티를 바른다. 후처리를 생각해서 면적은 가능한 한 작게 하자.

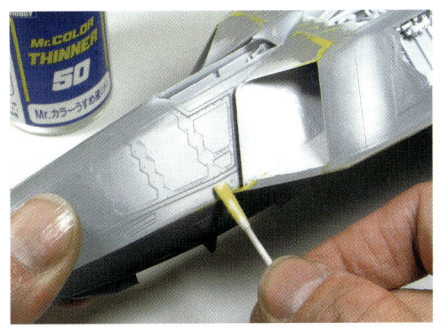
20분 정도 건조시킨 후에 희석제를 머금은 면봉으로 표면에 덧붙은 퍼티를 닦아내서 틈새에만 퍼티가 남도록 한다.

퍼티가 완전히 건조하면 접착제가 삐져나온 부분 등도 처리할 겸 600~800번 사포로 갈아내서 기체 도색에 대비한다.

12 기체 도색

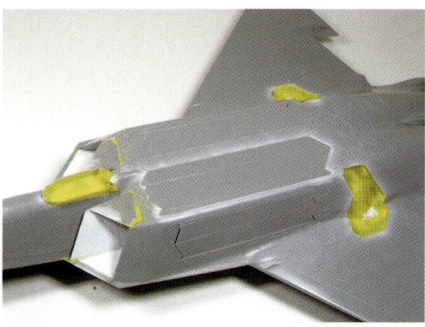  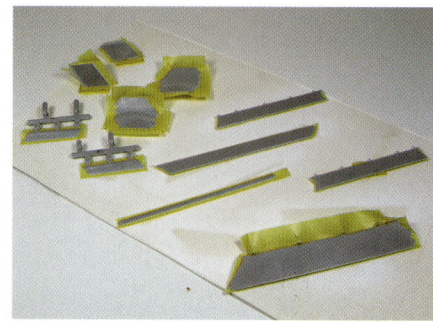

수납고는 기체 색이 들어가지 않도록 마스킹 테이프로 마스킹. 웨폰베이는 이번 작례에서 불필요한 부품인 닫힌 상태 커버로 덮어놓았다.

에어 인테이크, 애프터버너 섹션은 뭉친 티슈로 채워 안쪽으로 도료분진이 들어가지 않도록 했다.

웨폰베이 커버, 수납고 커버 등은 하얗게 칠한 안쪽을 마스킹하고 골판지에 양면 테이프로 고정해 놓는다.

먼저 레이돔, 각 날개 끝, 캐노피 프레임 등을 C314 그레이 FS35622+C334 발리 그레이로 도색. 혼합 비율은 취향에 맞춰 4:6으로 했다.

도료 건조 후에 도색할 부분을 마스킹 테이프로 마스크. 캐노피 마스킹은 불필요한 클리어 부품으로 대체했다.

보통은 밝은 색부터 칠하는 것이 정석이지만, 마스킹하기 쉽도록 이번에는 어두운 색인 C317 그레이 FS36231+SM03 수퍼 아이언부터 도색.

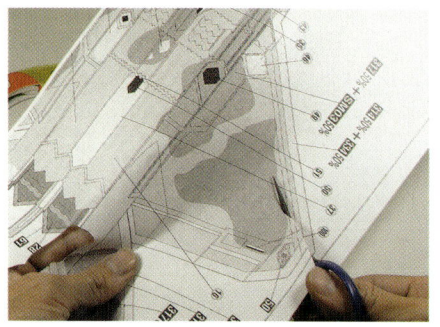 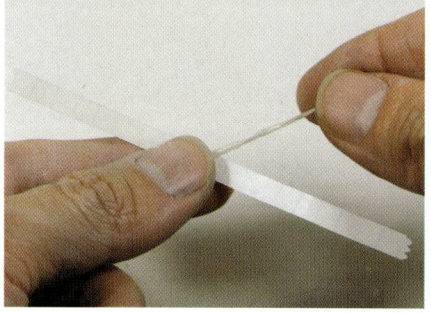 

위장 무늬 패턴의 마스킹은 도색 가이드를 200% 확대 복사한 다음에 어두운 색 부분만 가위로 오려내어 사용한다.

5mm 폭 양면 테이프를 적당한 길이로 자른 다음에 빙빙 꼬아서 노끈처럼 만든다.

양면 테이프 노끈을 위장 패턴지 뒷면의 경계를 따라 5mm 정도 안쪽에다 붙여나간다.

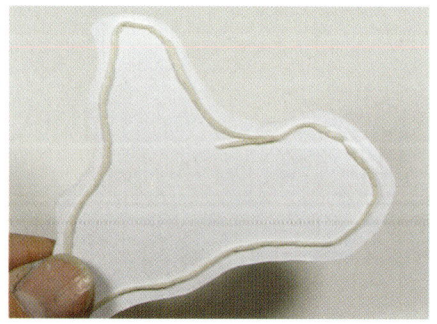 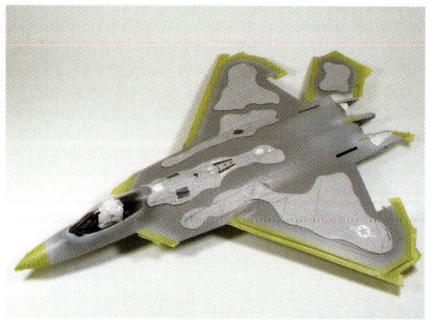 

패턴지 뒷면 전체를 빙 둘러가며 노끈을 붙이면 위장 패턴 마스크 완성.

이 마스크를 기체에 붙인다. 노끈 두께 때문에 약간 들뜨게 되어 위장색의 경계를 흐리게 만드는 효과를 노린 것이다. 오른쪽 수평꼬리날개의 위장 패턴에 주의할 것.

밝은 위장색은 315 그레이 FS16440+SM04 슈퍼 스테인리스로 입혔다. 아랫면도 포함해서 베이스 색이 보이지 않게 될 때까지 확실히 뿌리도록 하자.

13 데칼 붙이기

데칼은 한 번에 다 붙이려 하지 말고 한 장씩 물에 담가 붙여나간다. 가위나 나이프로 붙일 데칼을 컷한다.

데칼을 물(겨울에는 따뜻한 물)에 대지 쪽이 밑으로 오게 띄우고, 대지에 물기가 스며들 때까지 20초 정도 기다린다.

물에서 건져낸 후 티슈 같은 것 위에 놓고 여분의 물기를 빼낸다.

데칼을 손가락으로 가볍게 밀었을 때 대지에서 움직일 정도가 되면, 대지 바깥으로 조금 삐져나올 정도로 밀어낸다.

데칼을 붙일 곳에 Mr. 마크 세터 등의 데칼 점착제를 바른다.

데칼 붙일 때 쓰는 면봉은 아주 살짝 물에 적셔 물기를 머금게 해주면 작업하기 쉬워진다.

데칼을 지정한 위치에 대고 면봉으로 누른 채로 대지만 조심스레 살짝 끌어당겨 빼낸다.

대지를 빼냈으면 면봉도 조심스레 뗀다.

정확한 위치로 이동시킬 경우에는 손가락을 물에 적시고 조금씩 움직여 위치를 맞춘다.

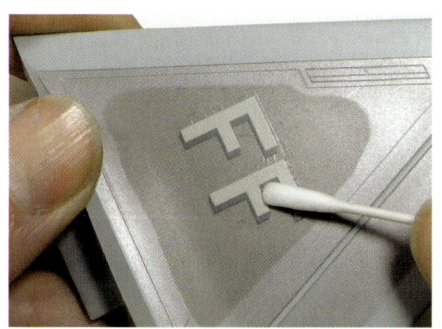

면봉으로 중앙에서 바깥쪽을 향해 데칼 밑의 물기나 기포를 밀어서 빼낸다. 너무 힘을 주면 데칼이 찢어지므로 주의할 것.

이제 데칼 붙이기 하나 완료. 이 작업을 하나씩 반복해 간다.

데칼을 모두 다 붙인 모습. 기체 상면의 비교적 면적이 큰 데칼은 특히 주의해서 붙이도록 한다.

14 미사일 조립

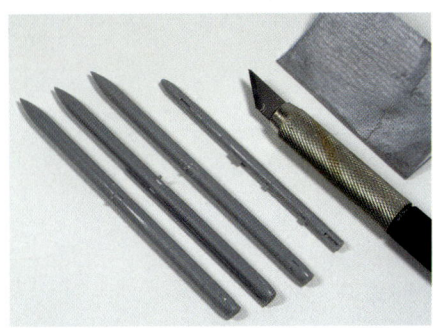
이번에는 오른쪽 웨폰베이에 들어갈 AIM-120 3개, AIM-9X 1개만 제작. 우선 파팅 라인 처리 등을 한다.

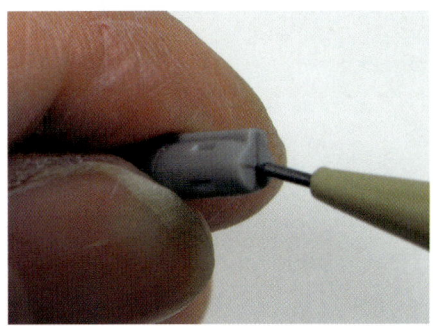
뒤꽁무니의 로켓 노즐에 구멍을 뚫는다. 샤프펜으로 十자를 긋고 그 중심점을 송곳으로 찍어서 가이드로 삼는다.

가이드 중심점에 드릴 날 끝을 맞추고 구멍을 뚫는다. 지름 1.5mm짜리 드릴 날을 사용했다.

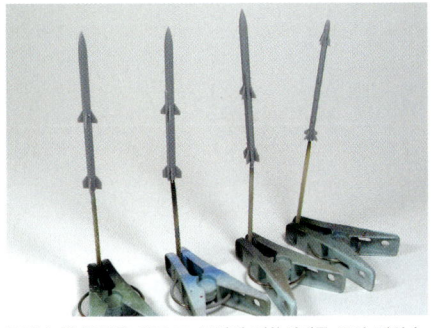
로켓 노즐 구멍을 뚫고 그 구멍에 이쑤시개를 꽂아 세워 놓은 모습. 핀 접착이나 도색할 때 다루기 편해진다.

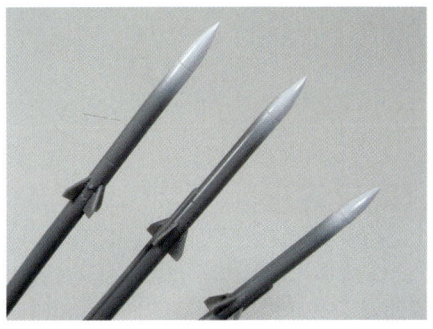
AIM-120의 앞머리는 하얀색이므로 기체 내부를 칠할 때, 이 부품도 같이 색을 입혀주면 편할 것이다.

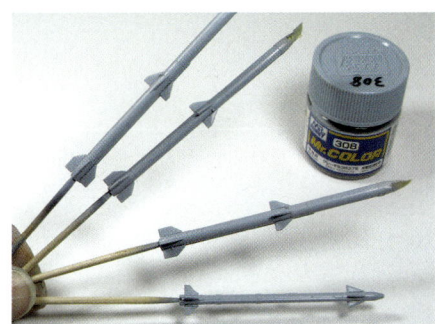
미사일 몸통은 C308 그레이 FS36375로 도색. 조립설명서 15페이지를 보면서 세세한 데칼을 붙여 완료.

15 피규어 조립

키트에는 시트에 앉은 모습의 피규어가 포함되어 있지만, 그대로는 다리가 계기판에 걸려서 자리에 앉을 수 없으므로 나이프로 대범하게 깎아 낸다.

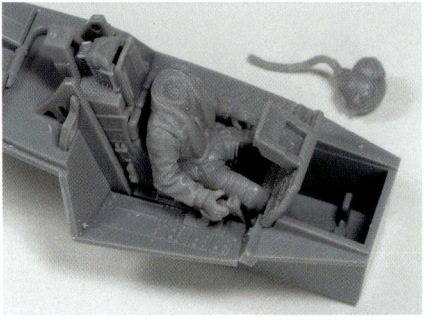
시트에 앉힐 수 있게 되면 좌우 팔 부품을 접착하면서 조종간 및 스로틀 위치와 맞춘다.

기체 도색 후에 태울 수 있도록 하기 위해 무릎 밑을 잘라내고 색 지정대로 C55 카키로 전체를 도색.

헬멧은 부품꽂이 대용품인 1mm 황동선에 꽂은 다음에, C55 카키와 C305 그레이 FS36118 등의 두 가지 색으로 칠한다.

사진 등을 참고하면서 라이프 재킷, 시트 벨트, 장갑, 버클 등을 면상필로 칠한다.

먹선용 도료(블랙)로 먹선을 넣은 뒤에 XF-55 덱 탄으로 드라이브러시해서 몰드의 요철 윤곽을 선명하게 강조해 주고 완료.

16 기체의 마무리

앞바퀴다리의 올레오를 C8 실버로 칠하고 나머지 세부 부품도 색을 칠해준다.

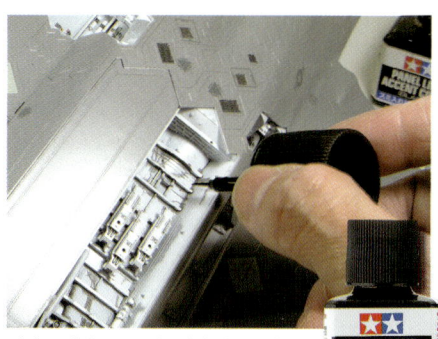
기체 표면의 몰드, 웨폰베이 내부 등을 강조하기 위해 먹선용 도료(블랙)로 먹선을 넣는다.

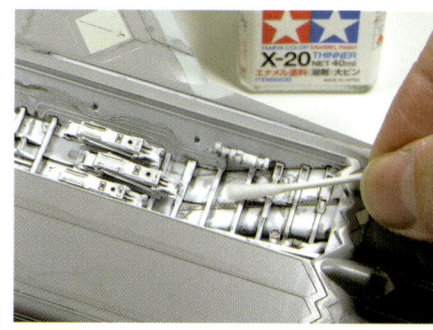
에나멜 용제에 적신 면봉으로 번져 있는 먹선용 도료를 닦아내면, 골진 부분에만 먹선 도료가 남아 입체감이 강조된다.

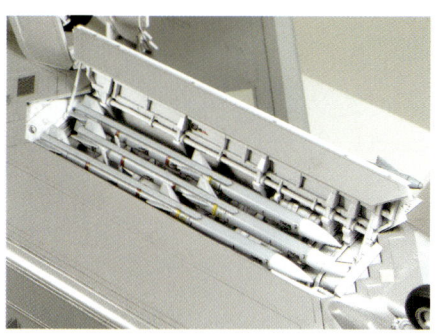
같은 방법으로 먹선 넣기를 마친 바퀴 등의 부품을 붙이고 웨폰베이에 커버와 미사일을 접착한다.

뒷바퀴 및 뒷바퀴 커버는 복잡한 데다 접착 부분도 작으므로 붙일 때는 조바심 내지 말고 아주 신중하게.

전체의 광택을 통일하고 데칼 보호도 겸해 TS-60 플랫 클리어 스프레이를 가볍게 뿌리고 캐노피 마스킹을 벗기면 완성이다!

제1장 F-22 랩터를 만든다 | 하세가와 1/48 F-22 랩터를 스트레이트로 만든다

HASEGAWA 1/48 scale plastic kit
F-22 Raptor
modeled by Kikuo Takeuchi

▲콕피트 내부는 시트, 계기판, 콘솔 등을 샤프한 몰드로 재현. 계기판 디스플레이의 데칼 및 피규어까지 들어 있어서 더할 나위가 없다.

▶캐노피는 코팅을 재현하여 도색이 필요 없는 스모크색 성형물을 선택. 스텔스기는 표면의 요철이 적지만 섬세한 몰드 덕분에 단조로움이 느껴지지 않는다.

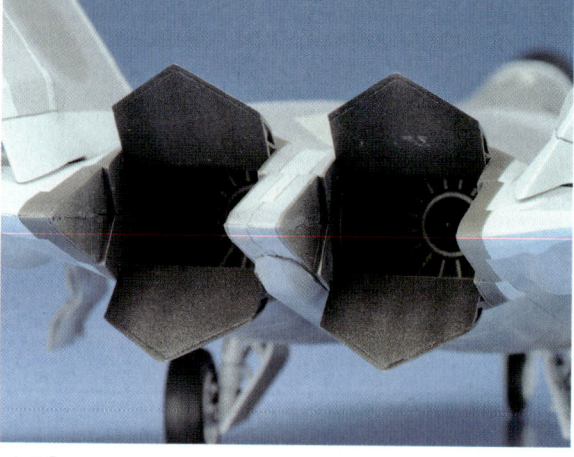

▲노즐은 열린 상태를 선택. 부착 각도도 딱 맞출 수 있도록 설계되어 있다. 닫힌 상태의 부품도 키트에 포함되어 있다.

◀주날개의 플랩은 올림/내림 선택 고정식. 수평꼬리날개는 폴리캡으로 가동. 모서리의 연한 색 부분에는 양각 패널 라인 몰드가 있어서 마스킹할 때에도 무척 편하다.

F-22 랩터
F-22 Raptor

F-22 랩터
하세가와 1/48 스케일 플라스틱 키트
제작·글/타케우치 키쿠오

제1장 F-22 랩터를 만든다

하세가와 1/48 F-22 랩터를 스트레이트로 만든다

▼웨폰베이는 열린 상태와 닫힌 상태의 선택식으로, 내장하는 미사일도 포함되어 있다. 오른쪽만 열린 상태로 했지만, 실기도 마찬가지로 한 쪽만 여는 것이 가능하다.

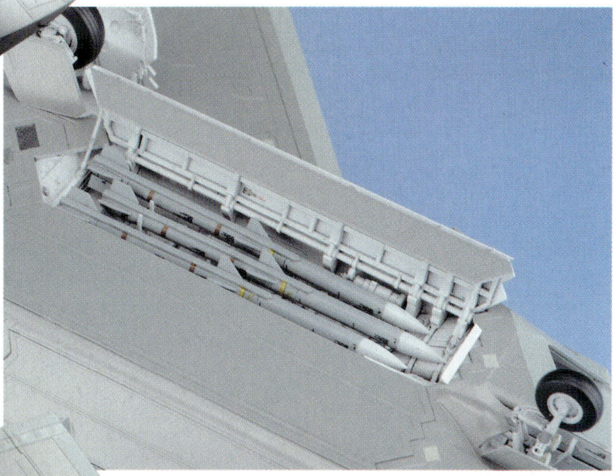

F-22 랩터는 미 공군의 최신 스텔스 전투기라는 점 때문에 기밀 등급이 높지만, 미사와 요코타 기지 등지에서 개최되는 미 공군 항공제에서 때때로 지상 전시나 비행 전시가 이루어지고 있다. 이 페이지에서는 그런 항공제에서 촬영한 F-22 랩터의 디테일 사진을 소개한다. 독특한 위장색 도장, 캐노피의 색조 등은 기회가 생기면 꼭 실물을 보며 확인해 보길 권한다.

F-22 랩터의 실기 디테일을 본다!
Detail of F-22 Raptor 촬영 : 칸노 야스노부, 카스미 켄타로
Photos : Yasunobu KANNO, Kentaro KASUMI

▲앞바퀴와 뒷바퀴를 펼치고 착륙 자세를 잡은 F-22. 노즐 개구부가 상당히 오므려져 있는 것이 눈에 보인다.
▼활주로를 택싱 중인 F-22. 동일 기체라도 기체 각 부분의 색상, 캐노피의 투과도 등은 광원 상태에 따라 상당히 다른 인상을 준다.
▼뒷모습. 평평한 동체, 수직꼬리날개 각도 등을 잘 알 수 있다. 주날개는 날개 끝이 아래로 쳐져 있는 듯 보이지만, 이는 날개뿌리에서 날개 끝으로 갈수록 아래쪽으로 점점 비틀리는 「비틀어내림(Wash-out)」 때문이다.

▲지상 전시 중인 F-22. 기상 조건 영향 등으로 인해 캐노피 색이나 투명도가 앞 페이지와 상당히 달라 보인다.

◀AN/APG-77 레이더를 탑재하는 레이돔. 레이더파를 투과하는 재질이라 기체 표면의 다른 부분과는 다른 색으로 도장되어 있다.

▲캐노피는 레이더파가 반사되기 힘든 형상. 표면에 금을 코팅했으며 이 때문에 독특한 색채를 자아내고 있다.

◀기수 상부 좌측. 각 패널별로 색이 다른데, 이는 각 기체마다 제각각 다양한 패턴이 존재한다.

▲◀앞바퀴. 바퀴 커버는 위로 슬라이드하듯 열린다는 것을 알 수 있다.

▲앞바퀴 쪽의 랜딩 라이트. 좌우 크기가 다르다.

◀▲좌측 에어 인테이크. 앞전은 상부 내측, 하부 외측은 에지가 아주 날카롭다. 내벽의 색이 다른 부분은 잘 보면 무수히 뚫린 구멍들이다. 이물질 흡입 방지 때문에 주기 중에는 커버를 씌워 보호하고 있다.

 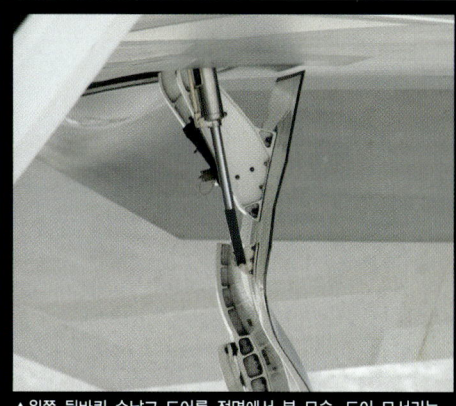 

▲왼쪽 뒷바퀴 수납고. 액추에이터, 파이핑, 커넥터 등이 여기저기 보이며, 단순하게 하얀색 일색이 아니라는 것을 알 수 있다.

▲왼쪽 뒷바퀴 수납고 도어를 정면에서 본 모습. 도어 모서리는 매우 얇게 되어 있다.

▲오른쪽 뒷바퀴 수납고 도어. 도어 표면의 모서리도 세세하게 색상 톤이 다른 부분이 있다.

▲▼ F119-PW-100 엔진의 추력 편향 노즐. 키트처럼 일체형이 아니라 물고기 비늘처럼 되어 있다. 주기 중이므로 앞끝과 안쪽에는 커버가 씌워져 있다.

◀오른쪽에서 본 꼬리날개. 평평한 기체의 안정성을 확보하기 위해 수직꼬리날개의 면적은 F-16 주날개에 필적할 정도로 넓다.

▲왼쪽 주날개의 항법등. 벌브 색은 왼쪽이 레드, 오른쪽이 블루이지만 비점등 시에는 거의 눈에 띄지 않는다.

▶오른쪽 주날개. 비틀어내림 때문에 뒷전 중앙부가 조금 부풀어 오른 듯이 보인다.

후지미 모형 1/72 스케일 플라스틱 키트
F-22 랩터
제작·글/**카스미 켄타로**

비행기 모형은 현재 1/32, 1/48, 1/72, 1/144 네 가지 스케일이 표준적인 것으로 되어 있다. F-22의 모형은 각 메이커에서 발매하고 있는데, 1/72 스케일로는 일본에서 가장 손에 넣기 쉬운 것이 후지미의 랩터일 것이다. 기체의 재현도 및 부품의 정밀함은 다른 스케일과 비교해도 뒤처질 것이 없는 이 키트. 우선은 조립의 흐름을 보고 비행기 모형 작업의 일련의 내용을 알려드리는 동시에, 가장 구하기 손쉬운 이 키트의 공략법도 익히자.

제1장 F-22 랩터를 만든다
가장 알맞은 1/72 랩터의 기본적인 제작법이란?
후지미 1/72 F-22 랩터를 스트레이트로 만든다

F-22 랩터 엔진 포함 모델
- 발매원/후지미모형 ●3990엔, 발매 중
- 플라스틱 키트 ●1/72, 전체 길이 약 26.3cm

FUJIMI 1/72 scale plastic kit
F-22 Raptor
modeled by Kentaro Kasumi

■ 제작

1 콕피트 조립

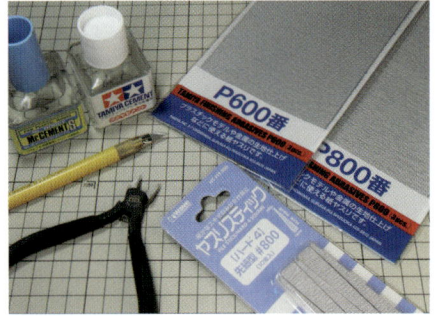
▲사용할 공구는 니퍼, 디자인나이프, 타미야 시멘트, Mr.시멘트 S(무수지 타입), 사포 스틱 쐐기형 #800, 사포 600번과 800번. 소수 정예!

▲항공기 모형은 거의 다 콕피트부터 조립을 시작한다. 우선은 러너에서 콕피트의 배스터브 부품을 니퍼로 잘라낸다.

▲어느 부품이건 일단은 러너에서 잘라내고, 남은 게이트를 자르는 「두 번 자르기」가 기본. 단번에 잘라내려고 하면 너무 바짝 대거나 게이트를 남기곤 해서, 오히려 손이 더 가게 된다.

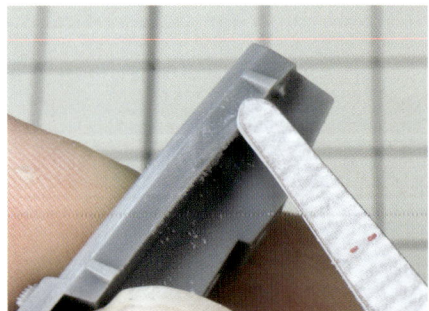
▲게이트를 잘라낸 자국은 사포로 다듬어 매끈하게 해주자. 어떤 부품이건 이 작업이 기본 중의 기본. 이 게이트 자국은 동체와 접합하는 단면에 나 있어서 말끔하게 다듬지 않으면 잘 들어맞지 않게 된다.

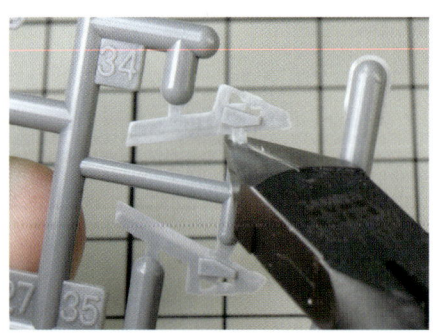
▲다음으로 좌석을 제작한다. 작은 부품은 잘라내다 튀는 경우도 곧잘 생기므로, 마지막 게이트를 자를 때는 왼손 손가락으로 부품을 쥐어주고 하면 좋다.

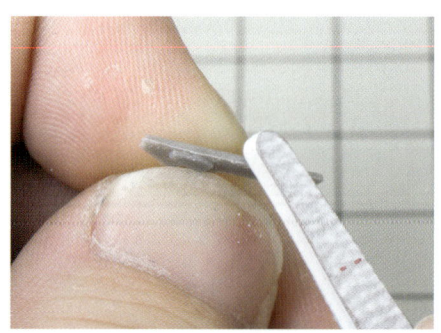
▲게이트 자국을 처리하는데, 이때 해당 면을 전체적으로 살짝 갈아낸다는 느낌으로 사포질하면 좋다. 이 랩터는 부품 모서리의 두께가 불균일한 데가 많으므로 깔끔하게 다듬어줘야 한다.

▲부품끼리 올바르게 들어맞는지 확인. 부품들이 서로 잘 끼워지지 않는다는 것을 알 수 있다. 이는 부품 치수에 여유를 두지 않고 너무 타이트하게 설계한 탓에 일어나는 문제다.

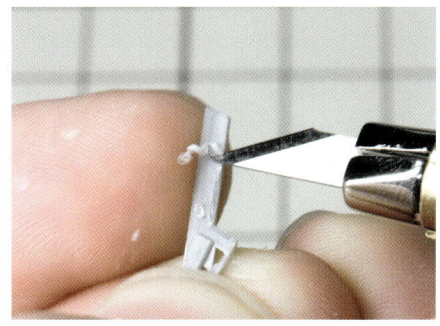
▲너무 꽉 껴서 들어가지 않는다면 깎아낸다. 부품 안쪽을 디자인나이프로 깎는다. 단, 너무 지나치게 깎아내지 않도록 부품을 여러 번 맞춰보면서 확인하자.

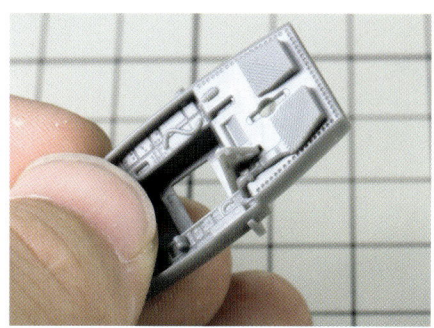
▲먼저보다 깊숙이 들어가게 되었다. 접착제를 바르면 부품이 살짝 녹으면서 깊숙이 밀착할 수 있게 되므로, 그런 사항도 고려하면서 작업을 진행하도록 한다.

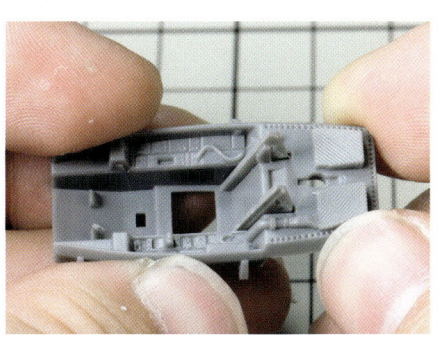
▲한쪽이 타이트한 느낌이었기 때문에 나머지 반대쪽 부품도 같은 방법으로 안쪽을 깎아냈다. 나중에 이 부분에는 좌석이 끼워지게 되므로 이 세 부품은 확실히 맞춰놓아야 한다.

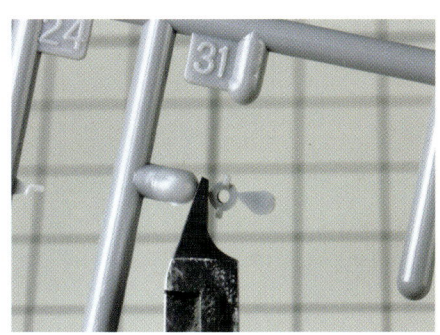
▲이어서 뒤쪽에 붙는 콕피트 개폐용 실린더의 머리 부분을 잘라낸다. 지금 자르고 있는 게이트의 반대쪽에 수지 주입구가 달려 있다. 이 또한 불필요한 부분이므로 잘라낸다.

▲게이트와 수지 주입구 외에도 두 군데에 돌기가 나 있는데, 이것들은 본체와 접속하는 부분. 착각해서 잘라버리지 않도록 주의한다.

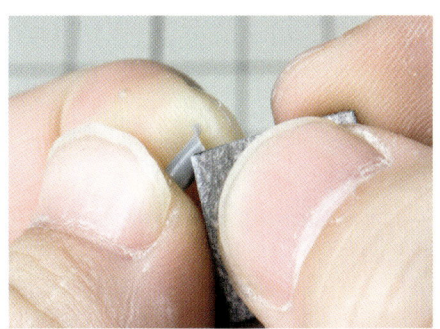
▲게이트 자국을 3번 접은 사포로 처리한다. 곡면은 사포, 평면은 사포스틱으로 구분해서 다듬기 작업을 하고 있다.

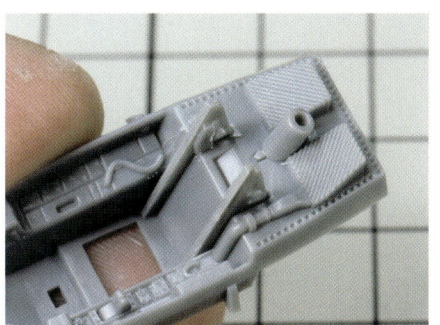
▲이 부품도 접착 위치에 잘 끼워지는가를 확인. 잘라내기, 게이트 처리, 지정된 위치의 확인을 거치며 진행한다. 부품 방향 등도 설명서를 잘 보면서 확인하도록 한다.

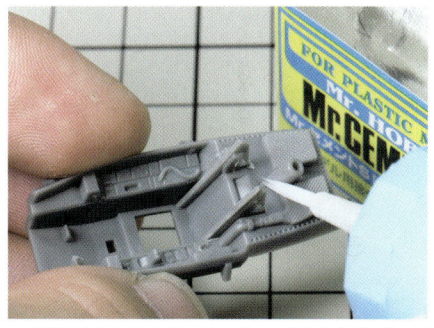
▲접착은 시멘트 S를 사용. 무수지이므로 흘려넣기 가능하고 건조가 매우 빠른 것이 시멘트 S의 특징. 부품을 손으로 받치지 않아도 빠질 것 같지 않은 부분이라면 대개는 이 접착제로 OK다.

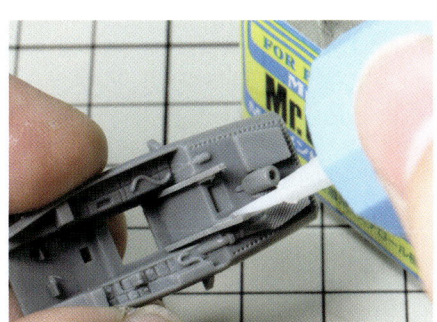
▲아까 미리 조정해 놓았던 사출좌석 레일도 무수지 접착제를 써서 고정한다. 흘려넣는 양은 너무 적지 않게, 그리고 표면까지 번지지는 않을 정도로. 단단히 접착해서 강도를 확보한다.

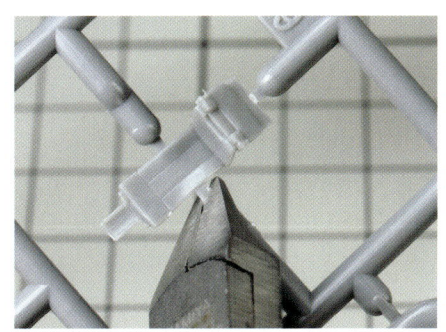
▲관련 부품을 다 붙였으면 사출좌석 부품으로 넘어간다. 게이트 달린 위치가 접착면이므로 게이트 자국은 말끔히 처리하도록 한다. 사포스틱으로 다듬기로 한다.

▲사출좌석의 오른쪽 측면 부품. 일단은 니퍼로 떼어낸다. 기본적으로 니퍼는 부품의 다른 부분에 생채기를 내지 않도록 주의를 기울이며 사용한다.

▲게이트 처리용으로 부품에 바짝 대고 잘라낼 수 있는 니퍼라 할지라도 곡선 부분에 나 있는 게이트는 저 이상으로 바짝 대기가 힘들다.

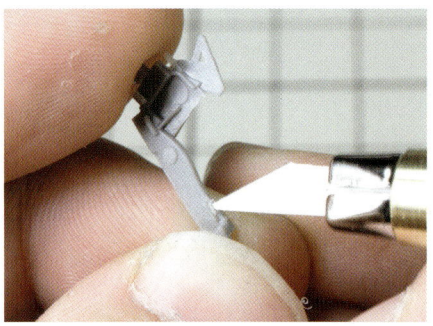
▲니퍼로 처리할 수 없는 부분은 성급하게 사포로 갈아내지 말고 디자인나이프로 쳐낸다. 물론 너무 깊이 파들지 않도록 신경을 쓰면서 날을 놀린다.

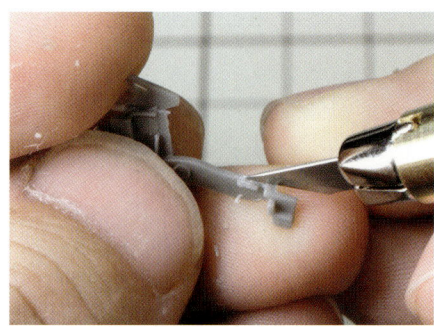
▲날을 세워 부품에 대고 칼날 긁기 요령으로 쓱쓱 긁는다. 그러면 남아 있던 단차도 매끈하게 마무리할 수 있을 것이다. 접착면은 단차가 사라져야 작업 완료.

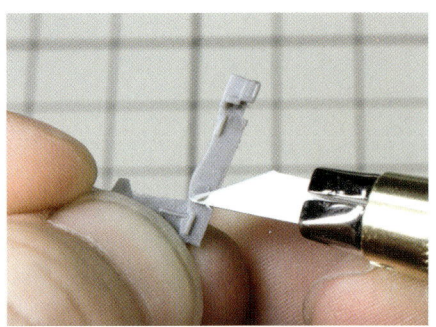
▲이 부품은 처리할 곳이 한 군데 더 있다. 부품 안쪽 면에 둥글게 부푼 곳이 있다. 여기는 접착할 때 접착면이 들뜨는 원인이 되므로 디자인나이프로 깎아낸다.

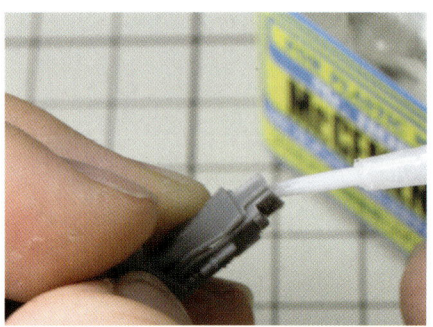
▲반대쪽 부품도 마찬가지로 처리하고 접착 개시. 여기도 무수지 접착제를 쓰는데, 이때 부품을 잡고 누르는 손가락이 접착제를 흘려넣을 곳에 있으면 안 된다.

▲접착 위치가 눈에 띄지 않는 안쪽에 흘려넣는다. 만약 접착제가 흐르는 길에 손가락이 닿아 있으면 사이사이로 접착제가 스며들어, 부품에 지문 자국이 찍히게 된다.

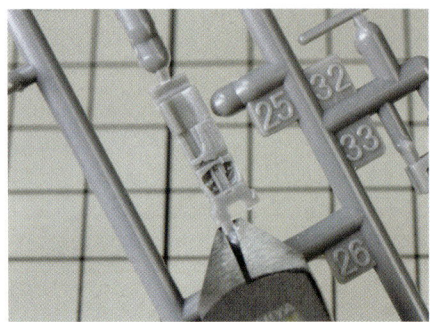
▲바닥과 옆면 접착이 끝나면 등쪽 부품을 잘라낸다. 지금 니퍼를 댄 쪽이 머리 쪽인데, 당연히 여기도 앞서 설명했던 일련의 게이트 처리 작업을 한다.

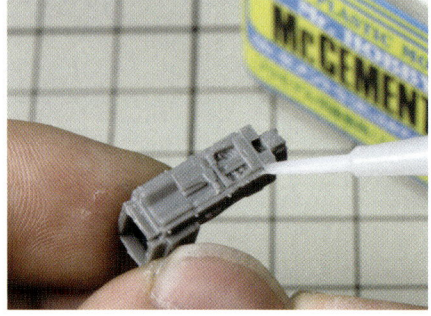
▲부품을 끼우고 접착제를 흘려넣어 고정. 이 부분은 몰드가 특히나 입체적인데, 최종적으로 콕피트에 고정하면 거의 안 보이게 되어 아쉽다.

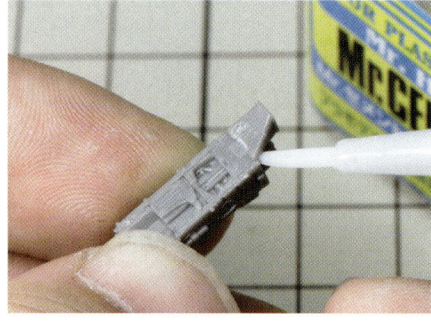
▲시트의 맨 윗부분도 접착. 전체적으로 좁은 틈에 퍼즐처럼 끼워 맞추게 되어 있으므로 잘 들어맞지 않으면 가이드 돌기를 쳐내서 딱 들어맞게 가공하도록 한다.

▲잊으면 안 될 것이 시트의 최정상부. 아주 작은 부품이므로 잃어버리지 않도록 주의. 이 부품도 위치에 세트하고 나서 접착제를 흘려넣어 고정한다.

▲콕피트에 시트를 고정하려는데, 배스터브 바닥면의 구멍이 작아서 시트가 쑥 끼워지지 않으므로 구멍을 확장해서 대응. 여기는 디자인나이프로 구멍을 살짝 깎아낸다.

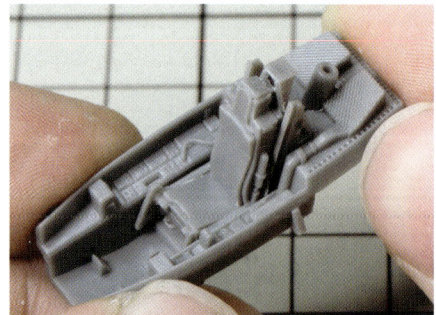
▲시트의 각도는 레일과 평행하게 뒤로 살짝 젖혀진다. 콕피트를 뒤집고 밑면을 보면서 시트 부품이 확실히 끼워졌는지 확인. 이상 없으면 밑면 구멍으로 접착제를 흘려넣는다.

2 기체 내부 조립

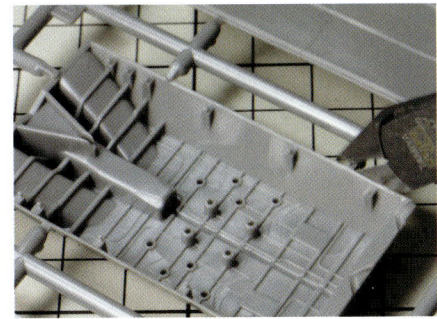 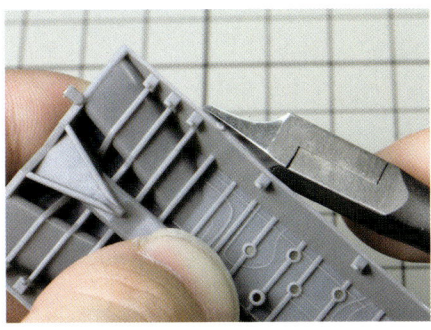 

▲콕피트가 다 끝났으면 동체 내부를 제작한다. 우선 중앙의 웨폰베이를 잘라낸다. 이 부분은 앞서 다뤘던 러너-게이트 관계와는 조금 다르다.

▲이 부분에는 부품 옆면이 아니라 위나 아래 단면에 게이트가 나 있는 「언더게이트」 방식이 적용되어 있다. 이런 경우에는 「두 번 자르기」를 해도 여전히 부품에는 게이트가 남아 있다.

▲부품 단면에 남은 게이트를 마지막으로 다시 한 번 니퍼를 대고 쳐낸다. 니퍼질을 세 번 해야 하는 셈이다. 다 됐으면 사포로 게이트 자국을 처리하는 것은 마찬가지.

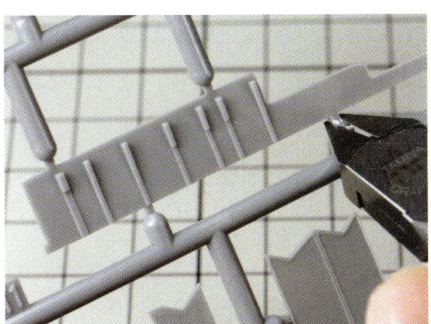 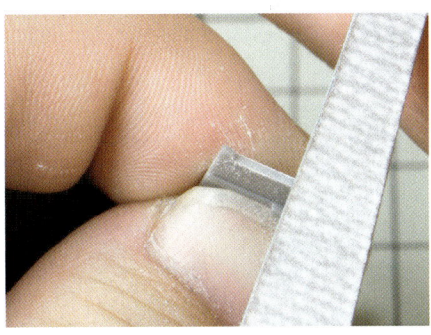 

▲이 부품은 중앙 웨폰베이의 내벽. 웨폰베이를 열어 놓을 때 필수적인 부품이다. 완성했을 때 해당 부품이 보일지 안 보일지를 의식하는 것도 중요하다.

▲평평하게 보이더라도 부품 모서리 단면은 실질적으로 조금 경사져 있기 일쑤다. 더욱이 이 판 부품은 웨폰베이에 끼워 봤더니 조금 커서 잘 안 맞기에 전체적으로 살짝 갈아냈다.

▲내벽 부품이 딱 들어맞게 끼워지고 비틀림이나 들뜬 곳이 없는 것을 확인한 다음 접착제를 흘려넣는다. 접착 면적이 넓은 경우에는 양 끝과 중앙, 이렇게 세 곳에 흘려넣는 것이 좋다.

 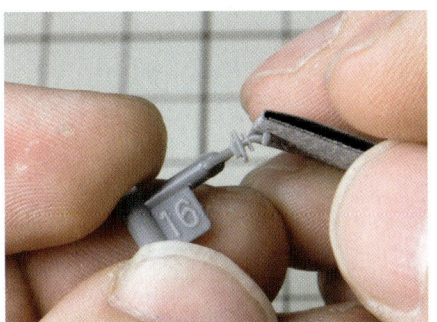 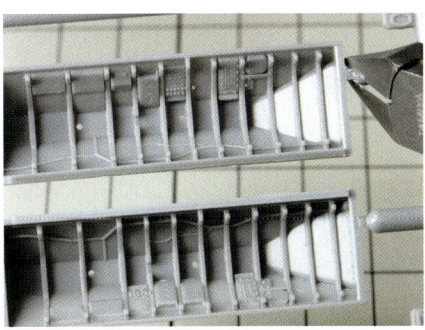

▲콕피트 조종간도 다듬기를 빼먹으면 안 된다. 다음 사진을 봐도 알겠지만 이 조종간은 작아서 잃어버리기 십상이라 러너 채로 잘라냈다.

▲러너 채 잘라내고 조종간에 나 있는 게이트 자국과 파팅 라인은 사포로 갈아 다듬는다. 파팅 라인이란, 부품 한복판을 따라 길게 나 있는 성형상의 단차를 말한다.

▲이어서 좌우 웨폰베이. 이 부분은 언더게이트가 아니므로 잘라내기만 해도 OK. 좌우 어느쪽 부품인지 헷갈리기 쉽기 때문에 확실히 체크해 놓는 것이 좋다.

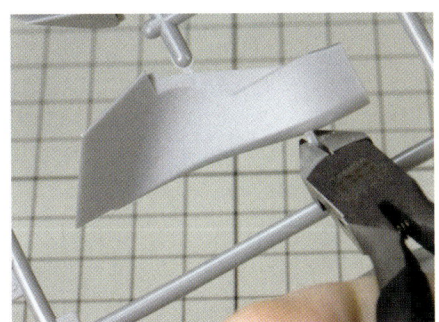 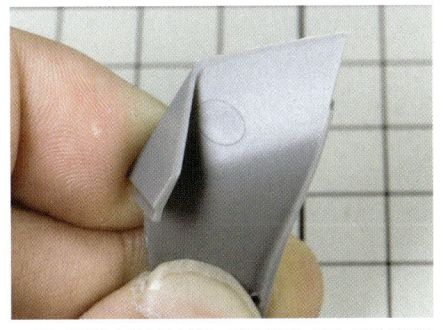 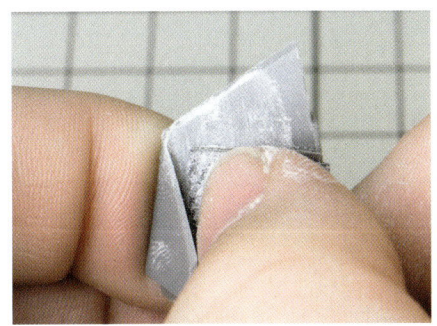

▲인테이크는 중앙 웨폰베이와 접하는 부분도 포함해서 부품 3개로 이뤄진다. 기본은 사각통을 이루는 두 부품이며, 동체 상하면을 붙일 때 이 사각통을 합체하는 방식이다.

▲사진 한복판 위쪽으로 보이는 것이 「밀핀」 자국. 밀핀 자국은 대체로는 눈에 띄지 않는 부분에 나 있지만 이 부분은 완성 후에도 잘 보이므로 확실하게 처리하길 바란다.

▲600번 이하 거친 사포로 원형 밀핀 자국이 지워질 때까지 갈아낸다. 이 핀 자국은 그리 깊이 패여 있진 않아서 조금 갈아냈더니 바로 지워졌다.

3 인테이크 조립

▲800번 사포로 바꿔서 갈아준 상태. 앞서 보았던 둥근 밀핀 자국은 흔적도 없는 것을 알 수 있다. 완성 후에 잘 보이지도 않는, 안쪽 깊숙이 난 밀핀 자국은 처리하지 않았다.

▲사진은 인테이크 부품 접합을 위한 결합 핀을 쳐내는 모습. 이 부분도 입구에서 들여다보이므로 컷했다. 안쪽 깊숙이 있는 것은 그대로 놔둔다.

▲밀핀 자국, 결합 핀을 말끔히 처리한 다음에 부품을 맞대고 접착제를 흘려넣는다. 사진 아래쪽 접합부에도 흘려넣는데, 접착 면적이 작으므로 세게 누르다 어긋나게 접착되지 않도록 주의하자.

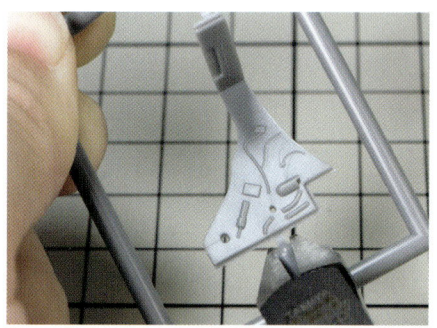
▲이 부분은 바퀴 수납고의 내부. 여기도 인테이크처럼 두 부품으로 틀을 짜고 동체 안쪽을 붙이는 세 부품 구성이다. 보이는 부분의 디테일도 적당하다.

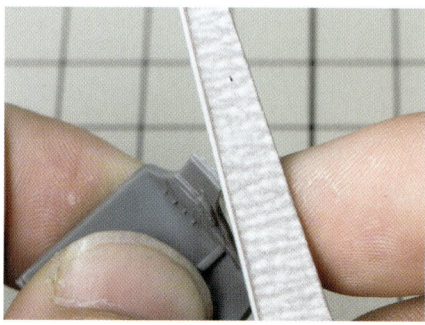
▲이 수납고 부품은 동체 위아래와 맞닿는 부분이라서 잘 처리하지 않으면, 나중에 어긋나게 될 수도 있다. 최대한 주의를 기울이자.

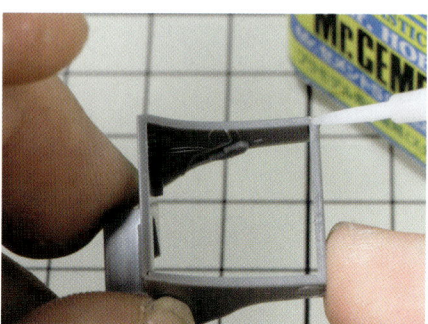
▲두 수납고 부품을 접착할 때에는 동체와 맞춰 보면서 잘 맞물리도록 확인한다. 접착면에 단차로 새겨놓은 접착 가이드는 조금 헷갈리기 쉽다. 정사각형이 정답이다.

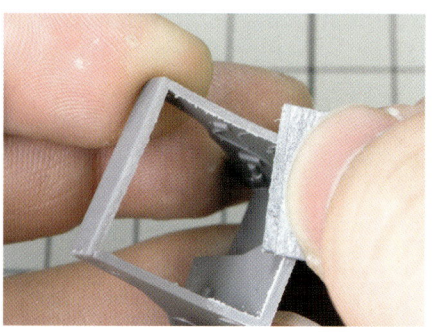
▲동체와 접착할 부분도 사포로 가볍게 쓸어 다듬는다. 어긋나지 않고 잘 접착되었으면 면을 깔끔히 해주는 정도로 충분하다. 모양이 어긋나게 되면 단차를 쳐내고 모양을 잡는다.

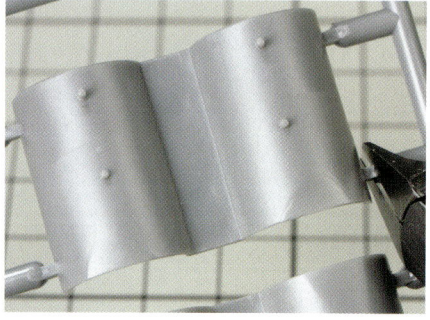
▲다음은 동체 뒤쪽, 엔진을 떠받치는 통이다. 딱히 도색할 필요는 없지만 여기도 동체 맞물림에 조금이나마 영향을 끼치는 부분이기도 하다.

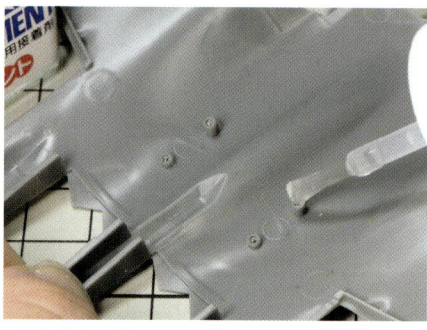
▲동체 내부의 결합 핀에 타미야 시멘트를 바른다. 접착 부분이 크게 가려져 있거나, 무수지 접착제 솔이 닿지 않는 곳, 또는 도색을 마친 부품 접착은 타미야 시멘트의 독무대다.

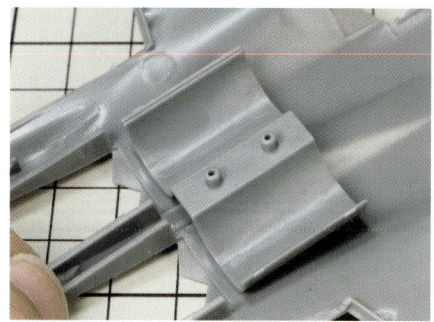
▲부품 방향을 틀리지 않도록 잘 확인하고 통을 고정한다. 사진 위치가 정답. 부품 방향이 반대여도 문제 없이 접착되어 버리기 때문에 틀리면 안 된다.

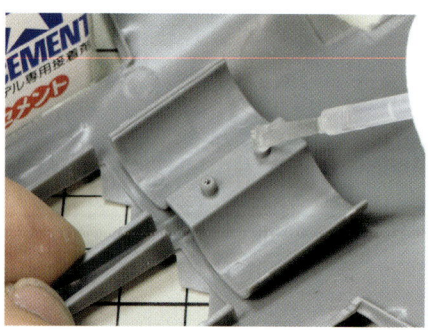
▲이번에는 중앙 부분에 접착제를 바른다. 그 전에 통 위쪽 부품이 잘 맞는지 꼭 확인할 것. 좌우 접합선 부분은 살짝 사포질해서 다듬어 놓았다.

▲윗부품을 덮고 난 다음 Mr. 시멘트 S를 흘려서 통 좌우도 튼튼히 고정한다. 이 통이 딱 맞물리지 않고 들뜨면 동체까지 들뜨게 된다.

4 동체 윗면 처리

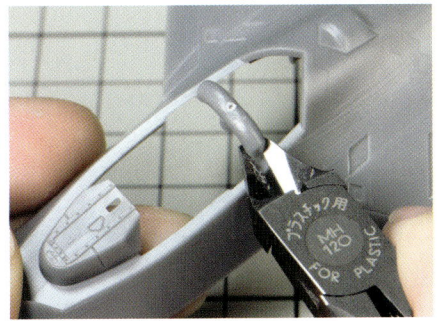
▲드디어 동체의 사전 작업에 들어간다. 우선은 기수. 수지를 주입하기 위한 러너가 달려 있으므로 이걸 니퍼로 떼어내는 것부터 시작한다.

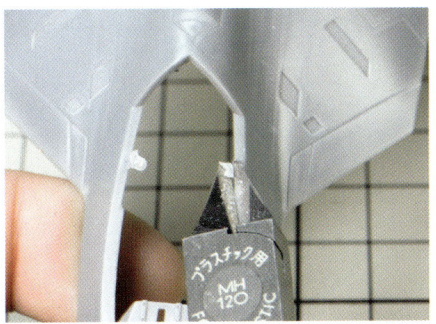
▲이 러너는 콕피트 테두리에 언더게이트 같은 느낌으로 나 있다. 콕피트 테두리를 잘못 파먹으면 나중에 수정하기 힘들므로 게이트 자를 때부터 신중을 기한다.

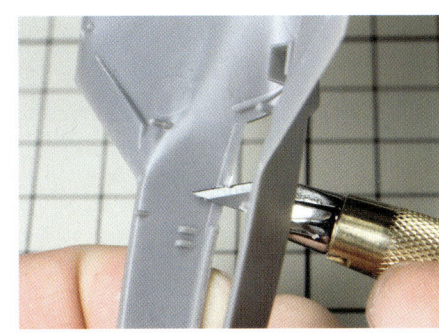
▲안쪽에 난 게이트는 디자인나이프로 제거. 부품을 파먹지 않도록 하는 동시에 괜한 곳까지 흠집 나지 않게 조심한다.

5 주날개 등의 표면 처리

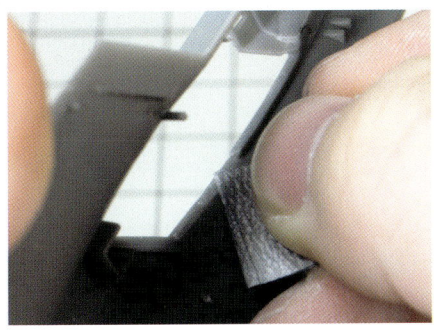
▲마지막으로 완벽을 기하기 위해 사포로 말끔히 다듬는다. 반대쪽도 앞에서 적은 순서와 마찬가지로 세 번 니퍼질 후 디자인나이프와 사포로 다듬는다.

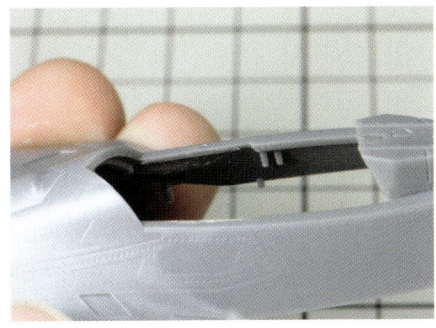
▲처리를 끝낸 모습. 어째서 이처럼 정성껏 처리하는가 하면, 여기는 콕피트의 배스터브와 접하는 부분이라 확실히 말끔하지 않으면 잘 맞물리지 않기 때문이다.

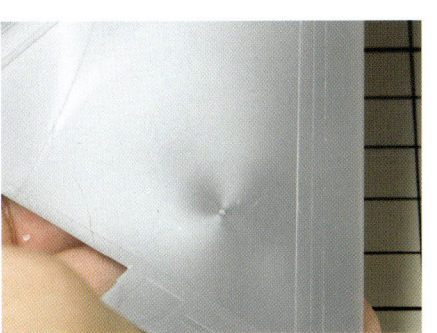
▲주날개는 사출 성형 자국이 남아 있다. 동체를 잘 보면 플라스틱 수지가 방사상으로 퍼지는 무늬와 손가락에 살짝 거슬리는 정도로 튀어나온 돌기를 확인할 수 있을 것이다.

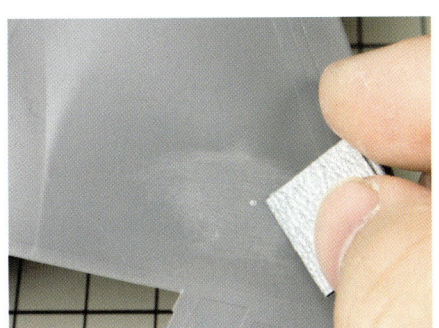
▲그런 부분은 800번 사포로 매끈하게 해준다. 돌기가 너무 클 경우에는 디자인나이프 같은 것으로 쳐내면서 처리하는데, 이번에는 사포질로도 충분.

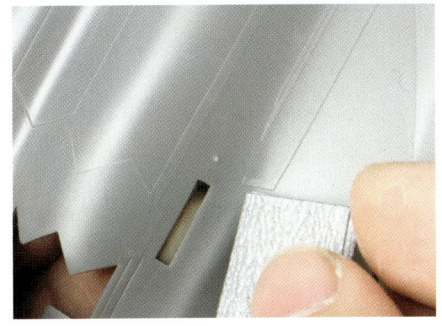
▲수직꼬리날개 뿌리 부분에도 돌기가 나 있다. 동체 상면에는 좌우 주날개, 수직꼬리날개 앞, 이렇게 4군데에 돌기가 난 것을 확인할 수 있을 것이다.

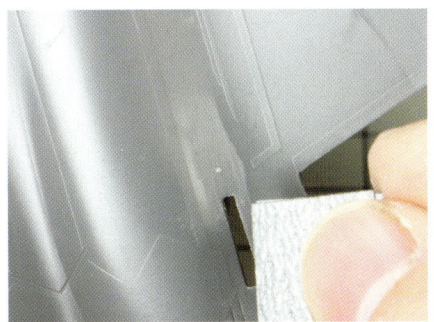
▲물론 여기도 사포로 처리할 것. 실은 이 부분은 수직꼬리날개를 접착하면 눈에 보이지 않는 곳이지만, 접착에 지장을 주지 않는다고도 할 수 없으므로 일단 처리한다.

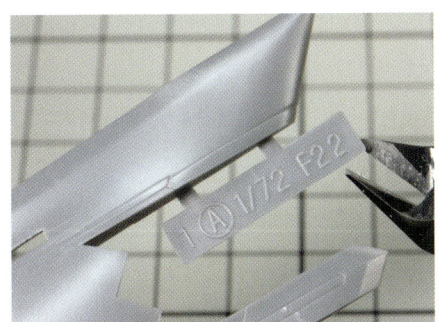
▲기체 꼬리 쪽에는 러너 태그가 붙어 있으므로 여기도 쳐낸다. 니퍼 날이 들어가기 힘든 곳이긴 하지만 언더게이트 방식이므로 바짝 대고 게이트를 쳐내도 된다.

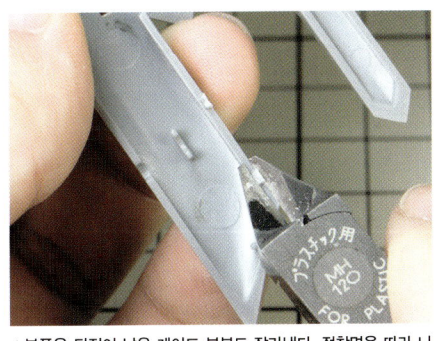
▲부품을 뒤집어 남은 게이트 부분도 잘라낸다. 접착면을 따라 니퍼를 놀린다. 니퍼 날로 꼬리날개 부분을 씹지 않도록 주의한다.

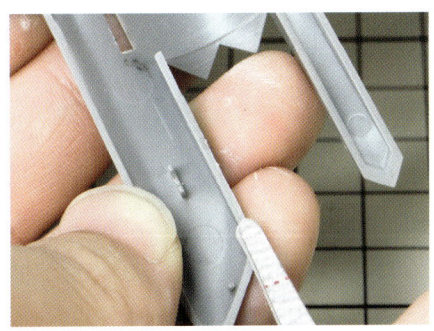
▲사포스틱으로 평탄화 작업을 해준다. 결국 접착할 곳이므로 이 정도까지 안 해도 괜찮을 테지만, 조심해서 나쁠 것은 없는 법이다.

6 수직꼬리날개

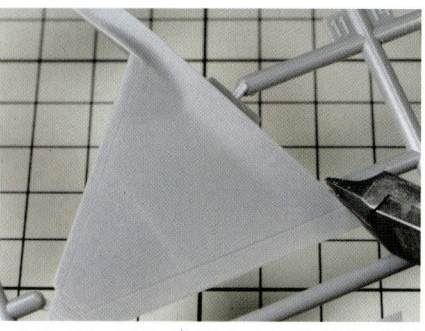
▲이어서 수직꼬리날개로 들어간다. 여기도 언더게이트 방식이 많이 쓰였다. 신경 쓰이는 점으로는, 조금 기울어 붙는 이 꼬리날개를 수직(=직각)꼬리날개라고 할 수 있는 것인지…….

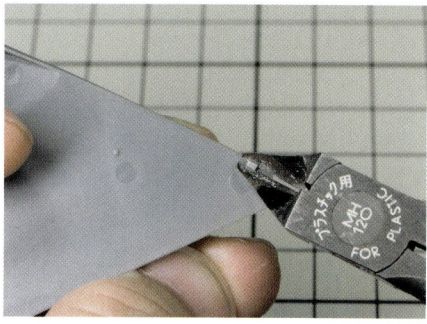
▲남은 언더게이트 부분을 잘라낸다. 이후 작업과의 관계를 미루어 보면, 이전 작업 때처럼 사포질까지 할 필요는 없다.

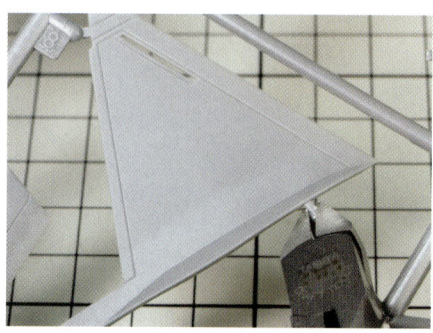
▲처리가 끝나면 반대쪽 부품도 잘라낸다. 편대등 몰드(슬릿처럼 생긴 부분)가 있는 쪽이 바깥쪽. 양쪽 모두 편대등 있는 쪽이 바깥쪽이다.

▲언더게이트 찌꺼기를 제거. 이 언더게이트는 날개 끝에 게이트 자국이 보이지 않도록 하기 위해서였을 터이다. 도색 안 해도 볼품 있게 해주려는 배려일지도.

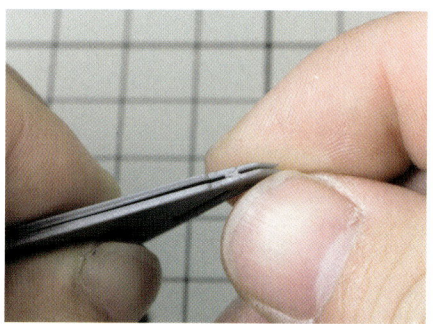
▲날개를 맞대 확인해 봤더니, 아무래도 들뜨네……인즉 알았는데, 이는 그냥 언더게이트 처리를 빼먹은 것이었다. 그러나 이를 처리해도 날개는 딱 들어맞질 않았다.

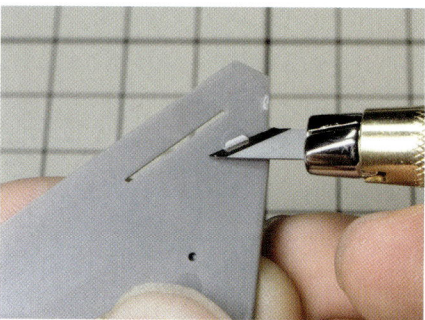
▲큰맘 먹고 접합면 다듬기를 하기로 하고, 우선 날개 접합면의 쓸데없는 부분을 쳐낸다. 사진은 튀어나온 밀핀 자국 쳐내는 모습. 접착 가이드도 쳐낸다.

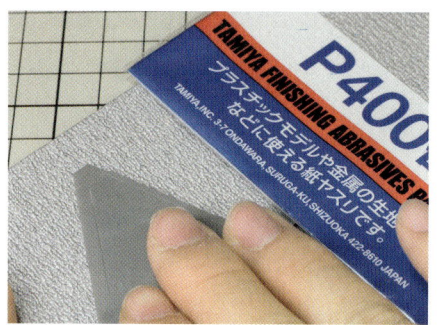
▲평평한 곳에다 놓은 400번 사포에 날개 안쪽 면을 대고 원을 그리듯이 갈아낸다. 이는 날개 부품 간 밀착도 향상 외에 날개를 얇게 해주는 효과도 있는 일석이조 작업.

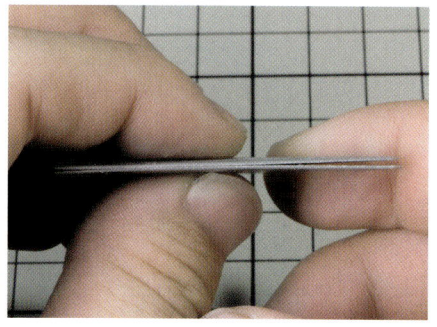
▲이렇게까지 했는데도 부품끼리 딱 맞닿지를 않는다. 아무래도 조금 휘어줘야 할 듯하다. 이 이상 사포로 갈면 다른 문제가 생기게 되므로 일단 접착에 들어간다.

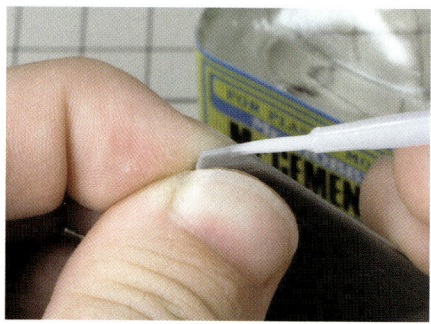
▲무수지 접착제를 날개 끝부터 흘려넣는다. 이때는 접착제 양을 늘리고 손가락으로 확실히 압력을 가해 누르면서 날개를 접착해 간다. 날개 끝으로 접착제가 삐져나와도 상관없다.

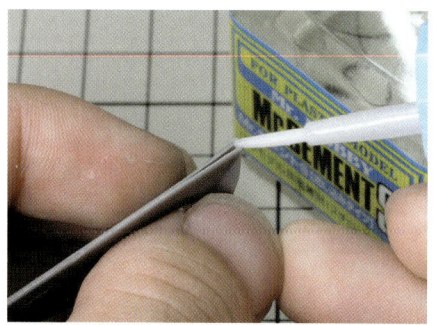
▲날개 뿌리 쪽의 맞닿지 않는 부분에 접착제를 잔뜩 흘려넣는다. 날개 표면에다 접착제로 지문 찍지 않도록 조심하면서 접착제 양은 하여튼 많이. 양은 감으로 대충 정해도 괜찮다.

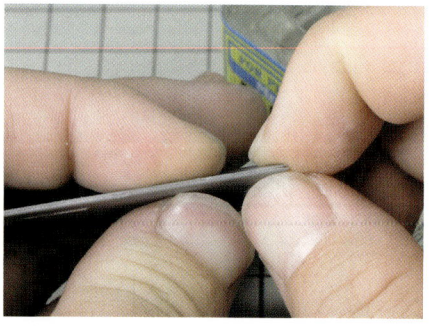
▲무수지 접착제가 넘쳐 삐져나올 정도로 양손으로 압력을 가해 누른다. 플라스틱 수지가 녹아들면서 겔처럼 된 접착제가 접합선 틈새를 따라 삐져나온다.

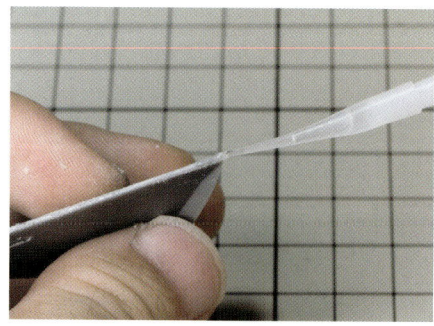
▲그래도 끝까지 벌려져 있는 부분이 남아 있으면, 마지막 수단으로 웨이브의 순간접착제 X3S 하이스피드를 쓴다. 이 제품은 흘려 넣기에 적합하도록 찰랑찰랑한 타입의 순간접착제.

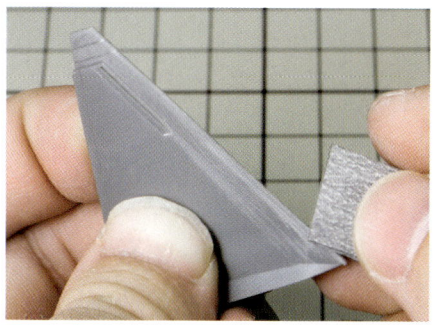
▲날개 접합선을 사포질로 다듬는다. 삐져나온 접착제나 순간접착제를 갈아내면 접합선이 지워질 것이다. 그래도 남아 있다면 다시 순접을 채워 메꾼다.

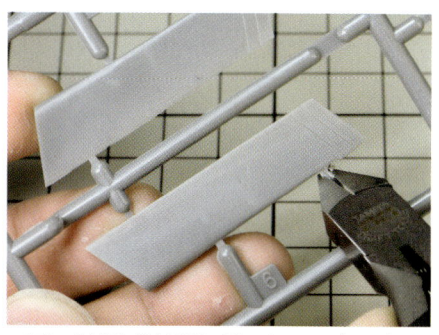
▲수직꼬리날개의 메인 부분을 마쳤으면 보조날개(조종면)를. 이 부품도 좌우 구별이 있으므로 확인해 놓도록 한다. 무턱대고 모든 부품을 잘라내지 말고 하나하나씩 진행하면 실수를 줄일 수 있다.

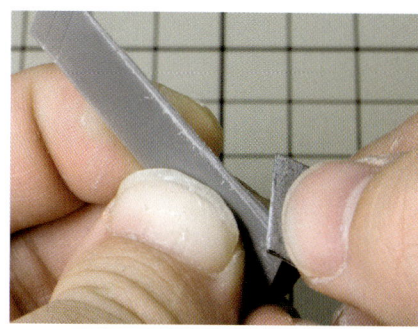
▲보조날개를 살짝 사포질한다. 이는 안쪽 파팅 라인을 처리하는 동시에 수직꼬리날개와 좀 더 확실히 접착되도록 하기 위한 다듬기다.

▲날개가 얇아진 탓에 보조날개가 끝까지 안 들어가게 된 것 같다. 왼쪽 아래의 결합 라인이 맞아 들어갈 때까지 더 집어넣어야 한다.

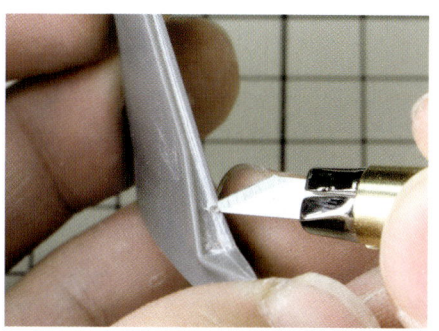
▲수직꼬리날개 단면의 골을 조금 깎아내기로 했다. 디자인나이프로 골 안쪽을 V자로 깎아 넓힌다. 좌우 양쪽 골을 가볍게 넓히는 정도면 된다.

▲보조날개와 수직꼬리날개 라인이 똑바로 맞는 것을 확인하고, 무수지 접착제로 보조날개를 고정. 수직꼬리날개는 안쪽 면에 벌지(부푼 곳)가 있으므로 좌우를 헷갈리지 않도록 한다.

7 플래퍼론

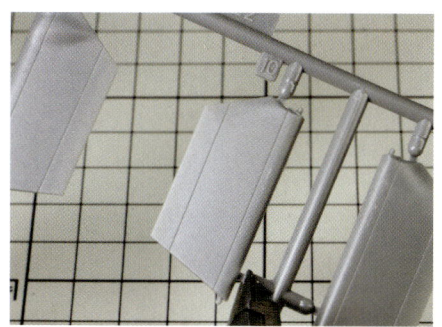
▲주날개 안쪽 보조날개 제작으로. 우선은 윗면 부품을 잘라낸다. 보조날개 부품은 비슷한 모양새가 많은 데다 좌우 모양도 다르기 때문에 조립설명서로 확인 필요.

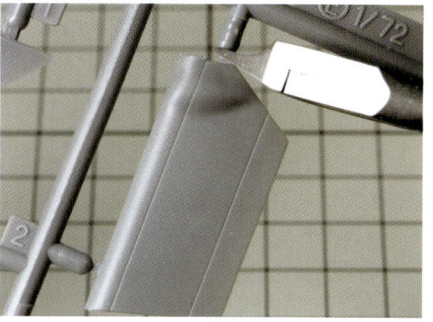
▲플래퍼론 아랫면 부품을 떼어낸다. F-22의 보조날개는 모두 아랫면에 벌지가 있다는 것을 확인할 수 있다. 이런 디테일 발견도 입체물의 재미 중 하나.

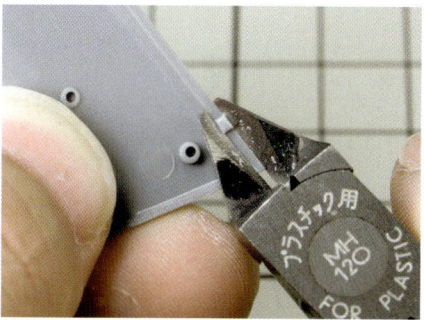
▲그리고 이 보조날개는 거의 다 언더게이트 처리가 되어 있다. 이전과 마찬가지로 니퍼로 쳐내고 디자인나이프로 단차를 없앤 다음 사포로 매끈하게 해준다.

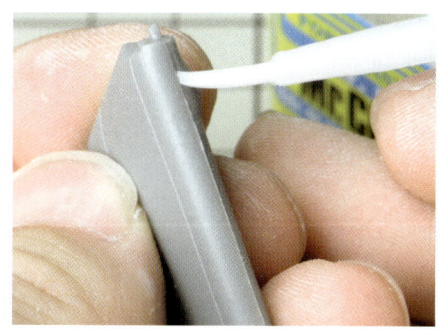
▲보조날개는 무수지 접착제를 써서 맞붙인다. 이때 생기는 접합선은 동체에 끼우면 가려지므로 너무 열심히 처리할 필요는 없다.

▲대신 뒷전의 접합선은 잘 처리할 필요가 있다. 이 부분의 접합선은 의외로 눈에 잘 들어오기 때문에 사포로 말끔히 지워준다.

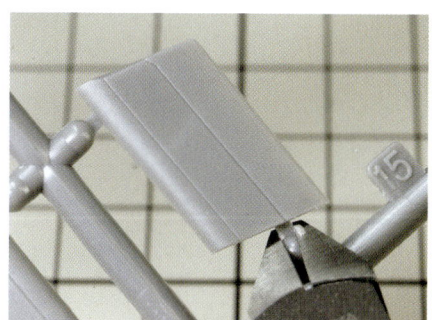
▲주날개 바깥쪽 보조날개. 여기도 좌우 헷갈리지 않게 부품을 확인한다. 이 부분 또한 언더게이트이므로 게이트 자국은 말끔히 처리하도록 한다.

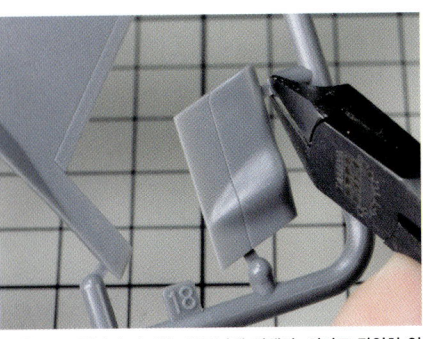
▲안쪽으로 벌지가 나 있는 보조날개 아랫면. 여기도 당연히 언더게이트. 이런 부분은 작업량이 많긴 하지만 템포 있게 공략하길 바란다.

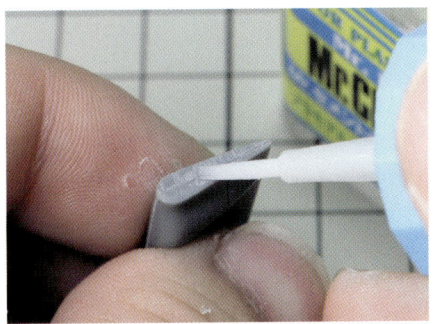
▲게이트를 처리하고 딱 맞붙인 다음에 접착제를 흘려넣는다. 접착제는 적당한 양을 흘려넣어 나중의 접합선 처리 작업에 대비한다.

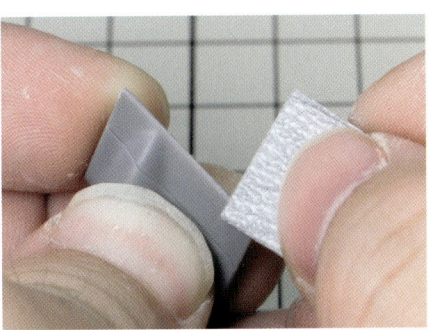
▲여기도 앞의 보조날개와 마찬가지로 날개 끝과 얇은 단면 부분을 말끔히 처리해야 한다. 단면이 두꺼운 쪽은 기본적으로 동체와 접착되므로 접합선이 안 보이게 된다.

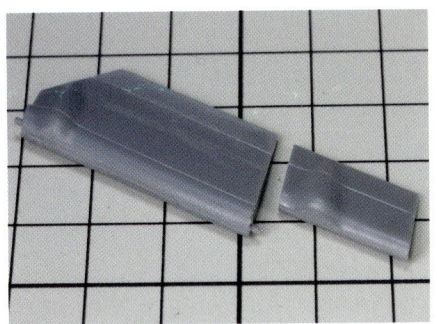
▲보조날개 처리가 끝났다. 큰 쪽은 날개 끝에 튀어 나온 축이 보인다. 이는 가동용 축인데, 실제로는 접착해 주는 편이 강도 면에서도 좋다.

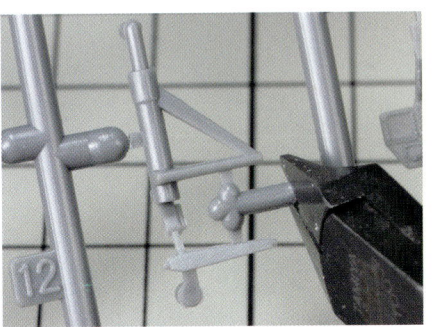
▲이어서 메인 기어로. 이 메인 기어 부품은 가늘기 때문에 무턱대고 니퍼를 바짝 붙여 게이트를 잘라내면 가는 부분에 부하가 걸리기 쉬우므로 일단은 부품에서 좀 떨어져 게이트를 잘라낸다.

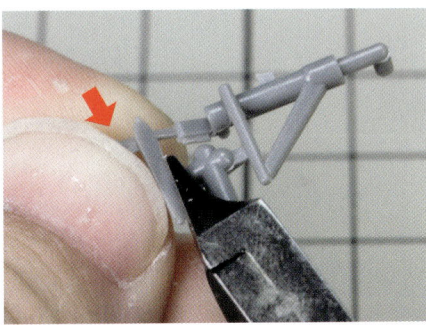
▲그리고 나서 약한 부분에 걸리는 텐션이 완화될 수 있도록 바깥쪽, 안쪽으로 니퍼를 댄다. 지금 맨 위쪽의 수지 주입구(화살표) 부분을 손에 쥐고 있는데, 이 부분은 마지막에 잘라낸다.

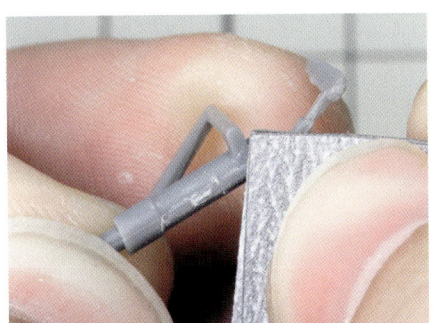
▲바퀴다리에 파팅 라인이 나 있는 것은 비행기 모형 대다수가 마찬가지. 사포로 단차를 없애야 하는데, 너무 갈아내서 평평해지지 않도록 주의할 것.

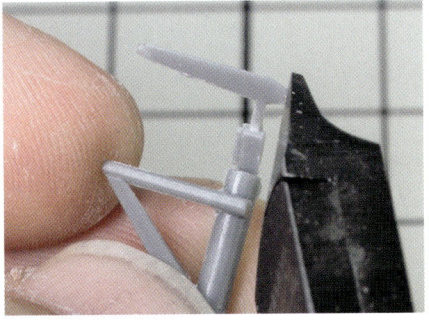
▲그리고 마지막으로 고정용 돌기를 조금 잘라내고 도색 후에 다리를 끼우도록 한다. 설명서에서는 수납고에 먼저 끼우라고 지시하는데, 이렇게 하는 것이 편한 데다 파손 위험도 적다.

▲맨 마지막으로 타이어를 만든다. 비행기의 무게를 떠받치며 조금 눌린 모양새인데, 당연히 바퀴를 붙일 때는 눌린 부분이 바닥에 와야만 한다.

8 수평꼬리날개

▲두 부품을 맞대고 무수지 접착제로 일단 붙인다. 그리고 나서, 접합선을 따라 쓸어주듯이 무수지 접착제로 다시 한 번 발라준다.

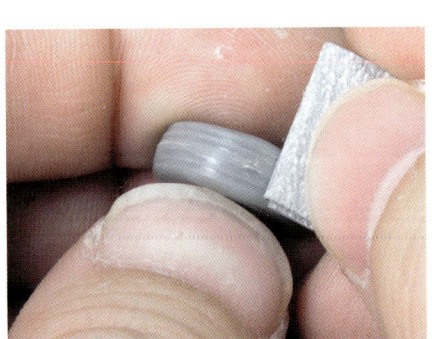
▲다 마르면 사포로 가볍게 문질러준다. 타이어 패턴이 지워지지 않도록 신중히 사포질한다. 살짝 지워진 접합선은 트레드 패턴 몰드로 보일 것이다.

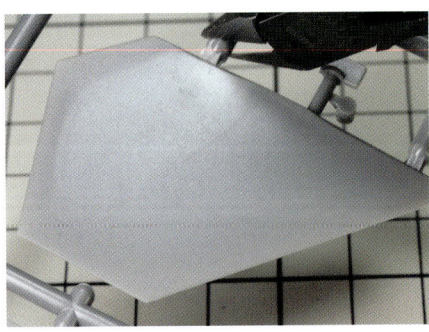
▲수평꼬리날개는 고맙게도 동체와 맞닿는 쪽에만 게이트가 나 있다. 우선은 게이트에서 떼어낸 다음 가동 축에 달린 수지 주입구를 제거.

9 액세서리의 조립

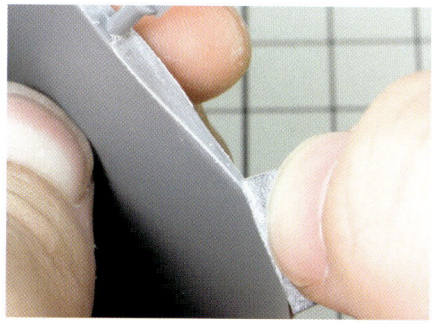
▲파팅 라인을 지우고 있는데, 사실 이 면은 기체에 가려지게 된다. 하지만 이렇게 보이지 않는 부분까지 다듬는 것도 모델러의 천성이다.

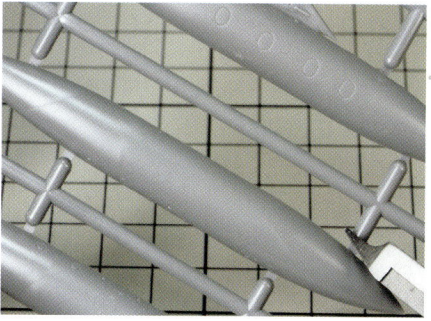
▲주날개 밑에다 붙이는 외부 연료 탱크(드롭 탱크)의 제작. 스텔스기라도 드롭 탱크는 써야 하는데, 이 F-22는 스텔스성을 배려해서 기체와 연결하는 파일런 채로 드롭 탱크를 떨구는 방식이다.

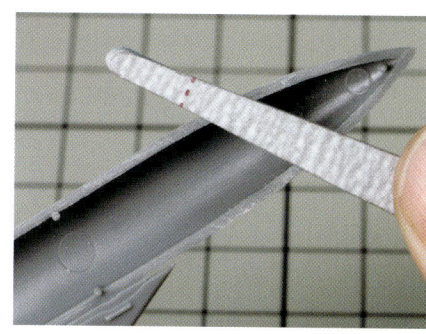
▲드롭 탱크는 앞끝과 뒤끝이 조금 심하게 맞물리지 않는 느낌이므로, 접착면을 살짝 사포질해서 가지런하게 다듬어놓는다. 양쪽 부품을 가볍게 누르며 맞댔을 때 틈이 보이지 않는 정도로 한다.

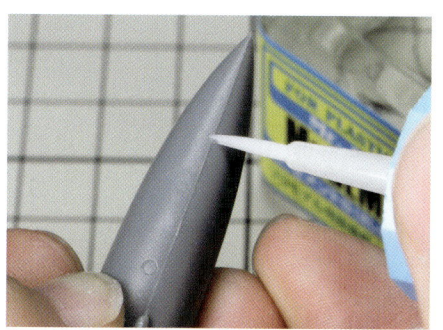
▲부품이 딱 들어맞으면 접착제를 흘려넣는다. 큰 틈새가 없으면 접착제로 접합선을 다시 한 번 훑으면서 메꾼다.

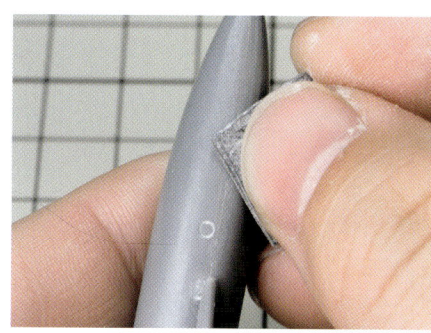
▲그러고 나서는 접합선이 지워질 때까지 사포질을 해준다. 위쪽에는 둥근 패널 라인이 있는데, 지워지지 않도록 주의한다.

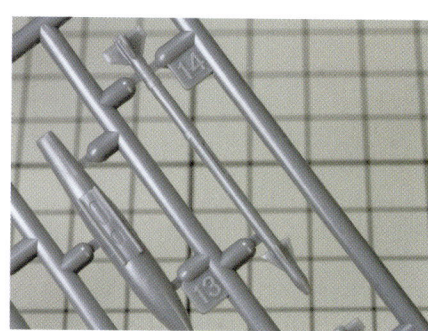
▲웨폰베이에 들어가는 미사일. AIM-9X는 최신 근거리 미사일로, 꽁지의 날개가 작다는 점이 외관상의 특징. 헬멧으로 록온하며 헬멧이 향하는 쪽으로 발사한다.

▲떼어낼 때에는 부품에 걸리는 압력이 완화될 수 있도록 가장 멀리 떨어진 맨 앞쪽 게이트부터. 14번 태그 옆의 게이트를 자를 때는 러너가 휘는 것을 볼 수 있을 것이다.

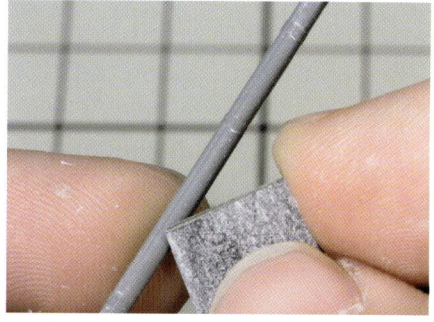
▲부품을 가로질러 나 있는 파팅 라인을 사포로 갈아 지운다. 단, 표면에 새겨진 디테일까지 지워지는 일이 없도록 신중히.

▲대지 공격용 유도탄 JDAM도 제작. 드롭 탱크와 마찬가지로 속이 비어 있으므로 떼어낸 다음 접착면을 가볍게 사포질해서 다듬어 주자.

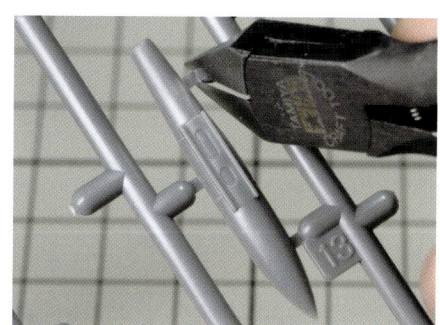
▲반대쪽 부품. 이쪽은 단면에 결합용 핀이 나 있지만 아까와 마찬가지로 작업. 무기는 자잘한 작업의 연속이다. 귀찮아서 처음에 미리 해놓는 사람도 있다고 한다.

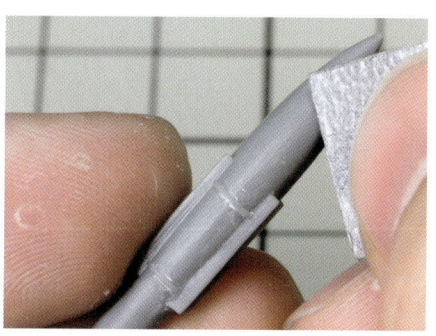
▲앞과 마찬가지로 접착제를 흘려넣고 건조 후에 사포로 다듬는 작업을 한다. 표면을 감싸며 나 있는 디테일이 훼손되지 않도록 주의할 것.

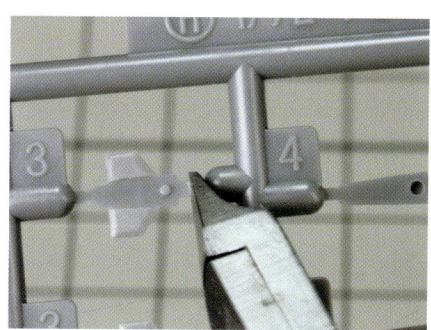
▲유도탄 꼬리도 잊지 말고 붙인다. 몸통의 안정판과 꼬리날개뿌리의 위치가 드롭 탱크처럼 좌우 2분할로는 나올 수 없는 각도라서 앞뒤까지 나눠 모두 4분할이 된 듯하다.

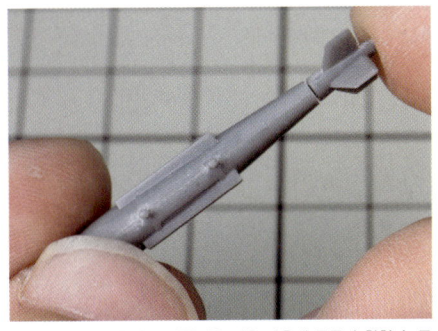
▲꼬리날개를 접착하고 접합선을 지운 다음에 몸통과 합친다. 몸통 안정판과 꼬리날개 위치는 가깝지만 꼬리날개는 뻗는 각도가 다르다. 부품 분할로 JDAM의 특징을 잘 재현하고 있는 부품이다.

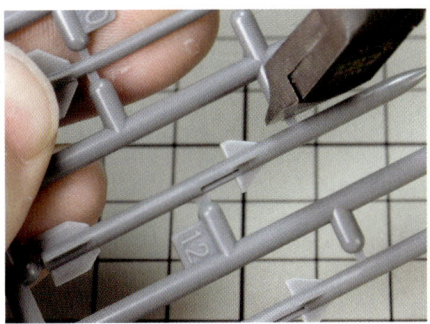
▲다음은 중거리 미사일 제작. 실은 이 미사일도 랩터의 웨폰베이에 넣기 위해 꼬리날개를 작게 줄인 개량형이다.

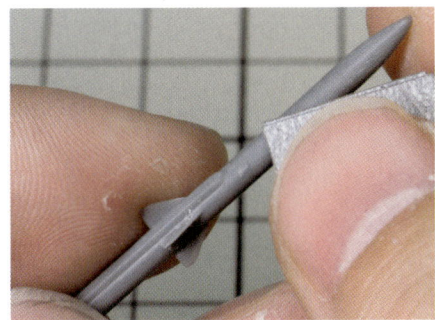
▲파팅 라인을 지운다. 사포질로 지우기만 하면 된다. 앞의 단거리 미사일보다는 커서 작업하기 쉬우므로 여기서 먼저 연습해 보는 것도 나쁘지는 않다.

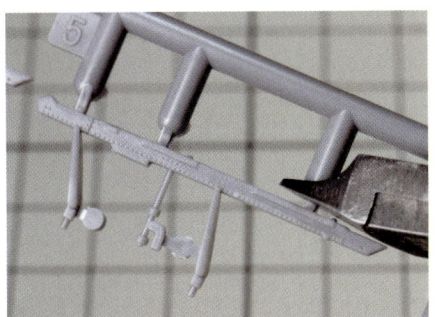
▲좌우 웨폰베이에 내장되어 있는 파일론도 제작하도록 하자. 웨폰베이를 닫을 경우에는 제작할 필요가 없지만, 이번 작례에서 한 쪽은 열어 놓을 것이므로 사용한다.

▲부품을 떼어내고 파팅 라인만 지우면 된다. 사포 스틱을 대기 전에 먼저 디자인나이프의 세운 날로 긁어내면서 파팅 라인을 대충 지워주는 것도 요령.

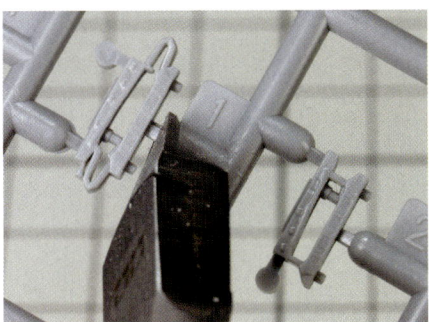
▲중앙 웨폰베이에 붙는 파일론도 제작. 접힌 상태의 것이 포함되어 있다. 이 부품은, 실기에선 기체 선회 중에도 20G를 걸며 무장을 사출할 수 있어서 믿음직스러운 기계 장치다.

🔟 바퀴 조립

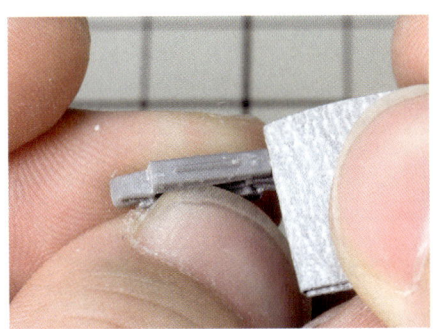
▲파팅 라인 지우기는 다른 부품과 마찬가지이지만, 미사일이나 유도탄의 접착 가이드가 되는 포인트(작은 돌기)는 없어지지 않게 주의하도록 하자.

▲기수 밑에 달린 앞바퀴로 작업을 옮긴다. 우선 통짜로 된 타이어부터. 사진 위쪽의 러너와 부품이 무척 가까우므로 니퍼를 댈 때는 주의해서 상처가 나지 않도록 하자.

▲사포로 빙 둘러가며 파팅 라인을 지운다. 이쪽도 메인 타이어처럼 무게로 인해 변형된 모양새를 재현하고 있다. 마지막으로 접착할 때 평평한 부분이 꼭 밑바닥에 오도록 하자.

▲앞바퀴다리는 무척이나 가늘고 타이어를 떠받치는 포크 부분도 분할식. 강도가 좀 걱정되므로 튼튼하게 만들어야 한다. 물론 파팅 라인은 사포질로 제거.

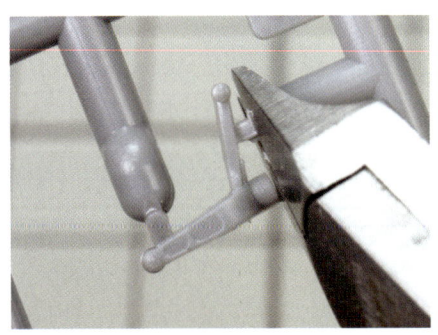
▲반대쪽 부품. 이 두 부품에 타이어를 끼우게 되므로 접착 및 고정은 확실히 해야 한다. 우선은 부품을 떼어내서 게이트를 처리한다.

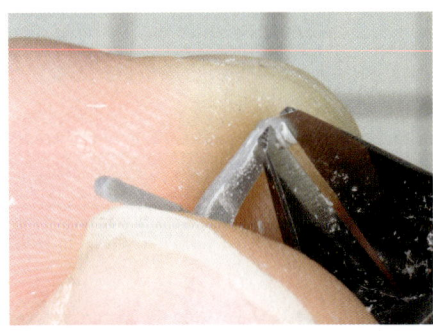
▲밑처리와 함께 해두면 좋은 것이 타이어의 후조립 가공. 니퍼로 핀을 잘라낼 때는 아주 조금이면 된다.

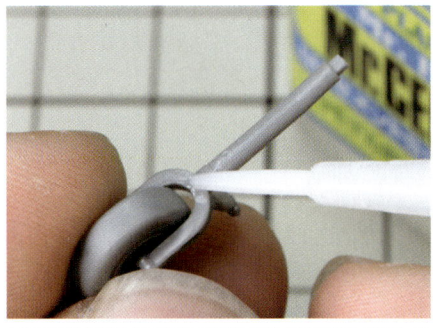
▲타이어를 끼우고 바퀴다리 부품에 무수지 접착제를 바른다. 물론 나중에 타이어를 뺄 수 있도록 핀 길이를 적당히 잘라 조정해 놓을 것.

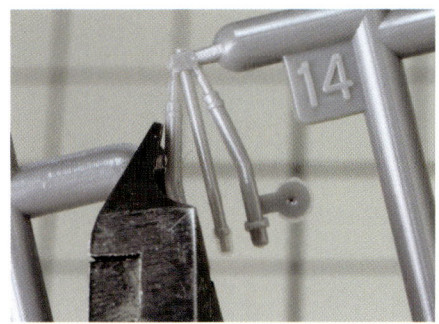
▲바퀴다리 뒤로 뻗어난 로드 부품을 제작한다. 우선 이 삼발이 부품을 떼어내서 파팅 라인을 처리한다. 중앙의 파팅 라인까지 무리하게 지우지 않아도 된다.

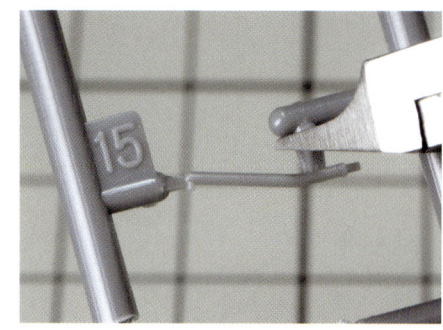
▲이 샤프트 부품을 삼발이 부품에 붙이게 된다. 파팅 라인을 제거했으면 동체 아랫면에 붙일 준비를 해두고 다음 스텝으로.

11 계기판

▲동체에 바퀴다리 부품을 모두 붙인 다음에, 앞의 두 부품을 각각 접착한다. 완성형이 어떤 모습일지를 여기서 확인해 두자.

▲예전에는 계기판에 둥근 미터기가 가득 들어차 있었지만, 현재는 모조리 컬러 액정 디스플레이로 바뀌었다. 떼어내서 게이트를 처리하도록 하자.

▲이 부품은 캐노피 앞끝 안쪽에 부착하는 것. 캐노피를 열지 않는 한은 눈에 띄지도 않는데다 열어도 잘 안 보이는 부품이므로 적당히 다듬고 다음으로.

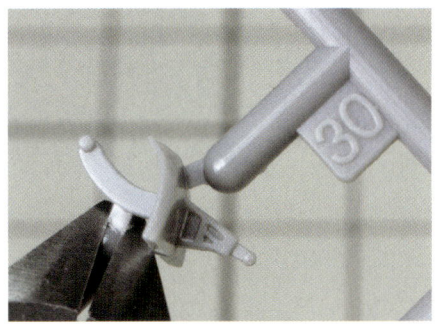
▲이제부터 다룰 것은 캐노피 가동용 부품이다. 캐노피는 대개 개·폐 어느 하나만 선택하도록 되어 있는 여타 비행기 키트와 달리, 이 키트는 무려 1/72인데도 개폐 가동식으로 되어 있다.

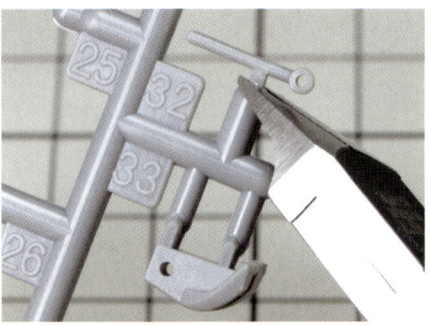
▲특히 이 실린더는 개폐용 기구 중에서 중요한 것으로, 걸리는 부분이 없도록 게이트를 말끔히 처리해서 매끈하게 해놓아야 한다.

▲이 부품은 동체 쪽의 축받이를 담당한다. 이 부품의 골에 두 칸 앞의 사진에서 보이는, 굽은 암을 끼우는 방식으로 되어 있다.

12 엔진의 조립

▲물론, 게이트 처리는 확실히 해놓지 않으면 동체에 잘 끼워지지도, 고정되지도 않는다. 사포 스틱으로 말끔히 다듬는다.

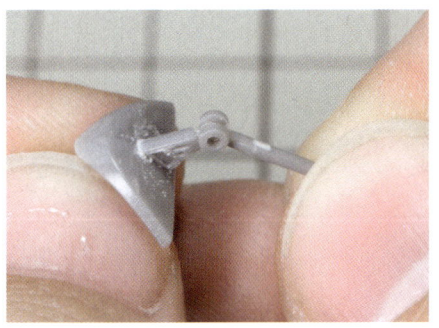
▲끼웠다 뺐다 반복하면 파손될 위험도 있고, 부품 자체가 너무 작아서 다루기 어려우므로 실린더 부품은 이 단계에서 붙여놓아도 상관없을 것이다.

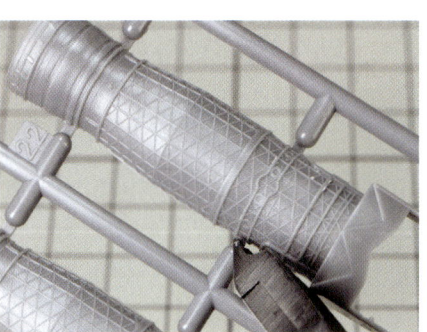
▲F-22의 특징 중 하나인 스러스트 벡터링 노즐이 달린 엔진 제작. 이 키트에는 엔진 2개가 모조리 부품화되어 있다.

제1장 F-22 랩터를 만든다 | 가장 알맞은 1/72 랩터의 기본적인 제작법이란?

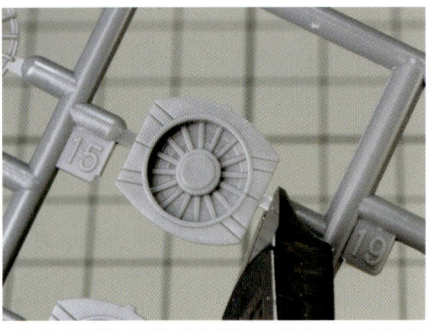

▲이 부품이 후방 배기구 부분. 일반적인 항공기 키트라면 거의 다 이 부분과 노즐만 입체화되어 있기 마련이다. 이 부품은 게이트 자국을 가볍게 사포질만 해주면 처리 완료.

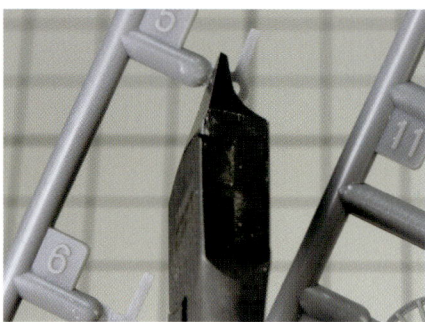

▲니퍼에 가려 잘 안 보이겠지만 이 부품은 입구의 팬을 끼우는 부품. 엔진 내부에 끼우는데, 힘을 조금이라도 세게 주면 부러질 만큼 가늘기 때문에 조심해야 한다.

▲이 부품은 엔진 입구 쪽의 팬 블레이드. 게이트가 달린 위치가 디테일과 가까우므로 사포질 할 때는 디테일이 상하지 않도록 주의한다.

▲이 부품은 엔진 입구의 팬이다. 이 부품만큼은 완성 후에도 거의 보이지 않으므로 게이트를 「두 번 자르기」 하지 말고 단번에 부품에다 바짝 대고 잘라내도 괜찮다.

▲엔진 통 부품을 접착하기 전에 출구와 팬 블레이드를 끼워넣는다. 또한 통은 접착면의 숫핀을 미리 쳐내고, 400번 사포로 접착면을 살짝 갈아놓는다.

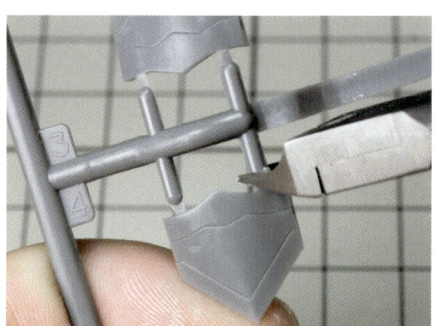

▲엔진 노즐의 편향판은 위아래가 조금 다르게 생겼으므로, 부착할 때 헷갈리지 않도록 조립설명서를 보며 확실히 확인한다.

13 캐노피

▲엔진에 노즐 부품이 잘 끼워지는지 체크. 접착면을 조금 사포질해 주었다. 또한 제대로 개폐 가동이 되는지 확인해 두자.

▲안쪽의 판도 잊지 말고 붙인다. 엔진 본체와 간섭해서 편향판이 잘 움직이지 않는 경우에는 부품을 잘못 붙였거나 유격 문제이므로 걸리는 부분을 깎아낸다.

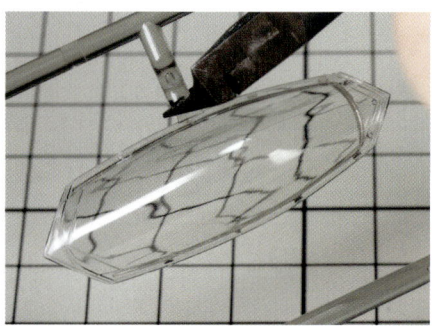

▲캐노피는 살짝 스모크 색이 낀 것과 무색 투명한 것 2종류가 세트되어 있는데, 이번에는 스모크 타입을 썼다. 직접 칠해서 색감을 제어하고 싶은 사람은 투명으로.

▲사진으로는 스모크가 조금 연한 느낌이지만 실물은 충분히 진하다. 또한 동체와 맞춰봐도 틈이 생기거나 안 맞는 곳도 없으므로 이대로 작업을 진행한다.

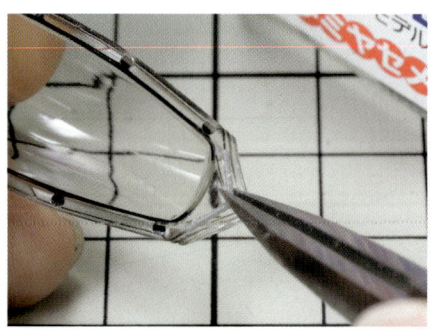

▲앞에서 잘라냈던 바 모양의 부품을 캐노피 안쪽에 붙인다. 접착은 타미야 시멘트로 하며, 부품을 핀셋으로 잡아주면서 하도록 하자.

▲그리고 캐노피부터 마스킹을 개시한다. 우선은 완만하게 커브 진 캐노피 프레임 경계를 따라 타미야제 마스킹 테이프 6mm를 붙여나간다.

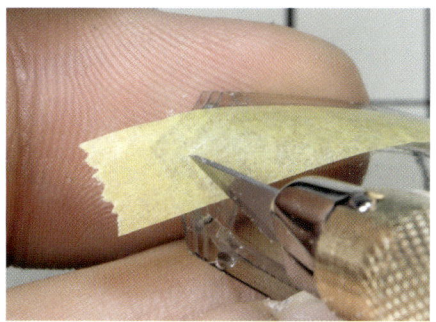
▲마스킹 테이프를 다 붙였으면 삐져나온 끄트머리를 디자인나이프로 컷한다. 테이프를 밀착시키고 캐노피 몰드를 잘 보면서 캐노피에 상처가 나지 않도록 자른다.

▲만약 너무 많이 잘라낸 경우에는 가늘게 자른 마스킹 테이프를 붙여서 대처할 수 있다. 이렇게 덧대서 수정한 부분은 들뜨는 부분이 없도록 확실히 밀착시킬 것.

▲반대쪽도 마찬가지 방법으로 마스킹 테이프를 붙여나간다. 마스킹의 요령은 디자인나이프 날을 항상 새것으로 끼워, 예리한 절삭력을 유지하도록 하는 것이다.

14 도색①

▲남은 부분은 단번에 마스킹하면 캐노피 마스킹 끝. 캐노피가 더욱 실물처럼 보이게끔, 금색 반사 글라스로 하고 싶을 경우에는 마스킹 전에 P.53 작업을 미리 해주자.

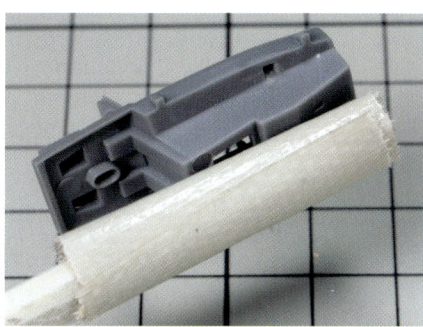
▲비행기 모형의 정석에 따른 흐름으로, 콕피트를 먼저 도색해 보자. 사진은, 나무젓가락에 검테이프를 역방향으로 둥글게 감아 콕피트 도색용 꽂이를 만들어준 모습.

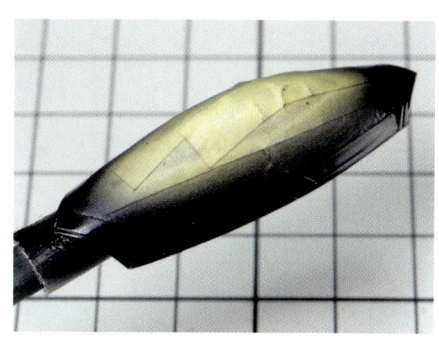
▲캐노피는 우선 검정색을 뿌린다. 캐노피 안쪽을 들여다 볼 때 맨 먼저 뿌린 색이 보이는 것과 「얼비침」을 방지해 주는 방법. 서페이서를 뿌리면 안쪽에선 회색이 보이게 되므로 검정색을 맨 먼저 뿌려야 한다.

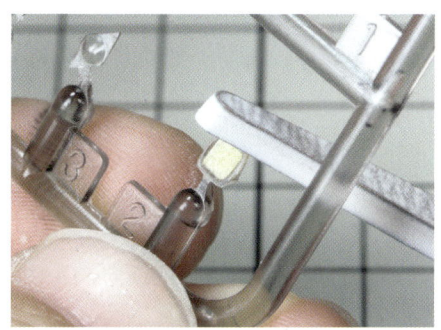
▲헤드업디스플레이도 잊지 말고 작업해 놓자. 사진은, 위쪽 수지 주입구를 처리하고 사포 스틱으로 게이트 자국을 지우는 모습.

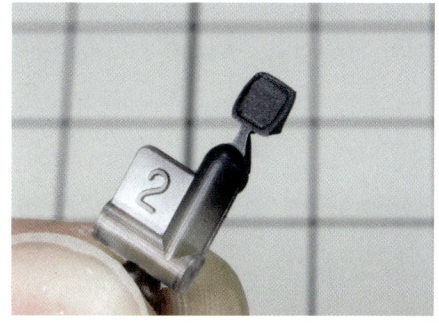
▲이 부품도 콕피트 안쪽과 같은 색으로 칠해준다. 중앙 패널은 앞뒤 양면에 작게 자른 마스킹 테이프를 붙여준다. 색은 C40 저먼 그레이를 뿌려 주었다.

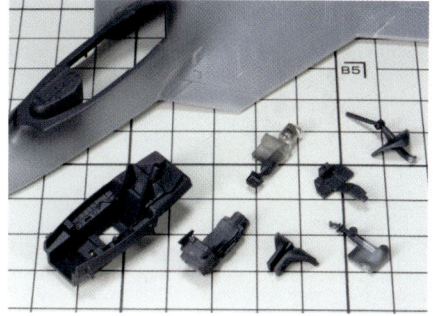
▲동시에 콕피트를 전체적으로 도색해 준다. Mr.컬러 C40 저먼 그레이는 검정색에 가까우면서도 아슬아슬하게 시커멓지 않다는 색감 덕분에 「공기 원근법」을 적용한 모형용 검정색으로 요긴하게 쓰인다.

15 데칼①

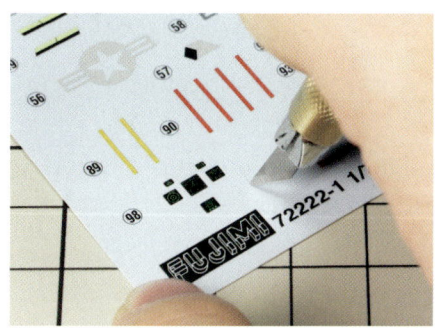
▲콕피트의 메인 패널용으로는 모니터 일러스트가 뚜렷하게 인쇄된 테칼이 들어 있다. 우선 디자인나이프로 이 데칼을 대지에서 잘라낸다.

▲데칼을 물에 적시고 잠시 기다렸다가 패널에 붙이고 나서, 물에 적신 면봉으로 밀착시킨다. 데칼 붙이는 일련의 과정은 P.52에서 해설하므로 그쪽을 참고.

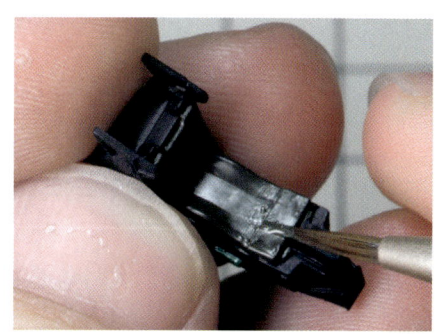
▲시트의 쿠션 부분은 붓으로 칠한다. 여기는 Mr.컬러 C54 카키 그린을 사용. 적당하게 가늘고 얇은 붓으로 오밀조밀 잘 칠해준다.

▲마크세터까지 써서 패널에 데칼을 붙인 모습. 데칼에 인쇄된 콘솔 표시는, 붓으로 표현하기 어려운 데다 문자까지 적혀 있으므로 대만족이다.

▲에나멜 흰색과 검정색을 섞어 만든 회색으로 콕피트 부위에 먹선을 넣는다. 에나멜 용제로 아주 묽게 만들고 붓에 적시면 몰드에 스며들기 좋은 농도가 된다.

▲먹선 넣기가 끝났으면, 이번에는 에나멜 용제에 적신 붓이나 면봉으로 여분의 도료를 닦아낸다. 이렇게 함으로써 먹선 도료는 부품의 골이나 패널 라인에만 남는다.

▲캐노피 안쪽의 바를 도색한다. 우선은 검정색으로 칠했는데, 이는 빛의 투과를 막기 위해서이다. 얇거나 작은 부품은 빛을 투과시킨다.(하지만 이 작업은 건너뛰어도 상관없다)

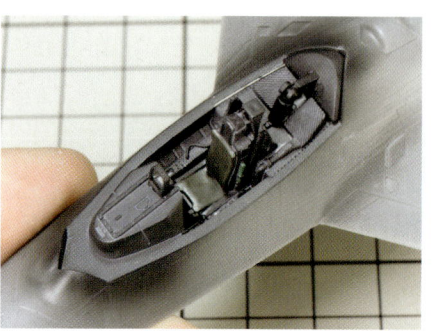
▲콕피트 주변을 조립한다. 시트 왼쪽의 녹색 봄베도 녹색 계열로 칠해주면 좋을 것이다(Mr.컬러 GX6 모리 그린[유광] 등이 적합).

▲캐노피 앞끝의 바를 Mr.컬러 GX1 쿨 화이트로 칠한다. 검은 바탕색에서도 발색이 잘 되므로 쓱쓱 칠해주면 끝.

16 어셈블

▲캐노피는 뒤끝 부분을 타미야 시멘트로 접착한 다음에, 잘 자리잡고 굳도록 마스킹 테이프를 붙여둔다. 이후의 작업에서 부주의하게 건드려 떨어지는 것을 막기 위해서이다.

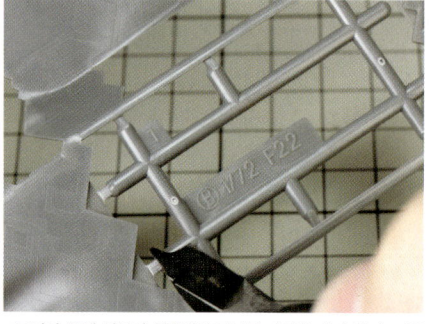
▲드디어 동체 하부의 웨폰베이 러너를 떼어낼 때가 왔다. 이쪽을 먼저 떼어내면 기수 하측의 강도가 걱정되기에 여태까지 건드리지 않았던 것이다.

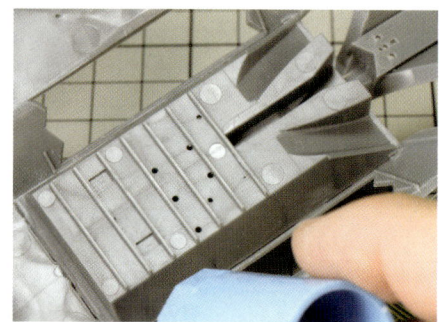
▲러너와 게이트를 처리하고 웨폰베이의 부품을 접착한다. 이 부품은 무수지 접착제로도 OK이지만, 부품이 확실히 들어맞는지 잘 확인할 것.

▲중앙 웨폰베이을 접착하고 나서 좌우 웨폰베이를 붙인다. 좌우를 구별하기 어려우므로 다시 한 번 확인해 두자. 또한 앞뒤 방향 및 붙이는 위치도 확인하고, 접착제를 흘려넣는다.

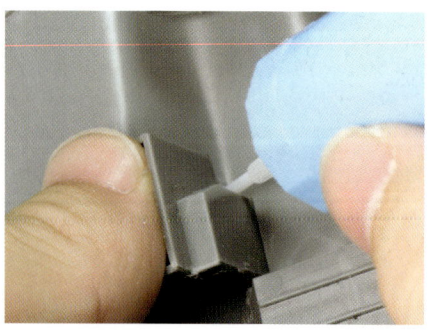
▲랜딩기어 수납고도 무수지 접착제로 고정. 여기도 틀어지지 않도록 확인하고 좌우 부품을 똑바로 구별해서 붙이도록 하자.

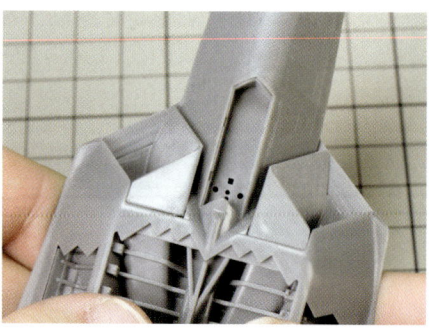
▲동체와 인테이크 부품을 포함하여 똑바로 붙였는지를 확인. 동체 측의 슬릿은 아무래도 좁아 보이는데, 동체 부품이 퍼져서 그런 듯하다.

▲디자인나이프를 날 세워 긁기 요령으로 동체 안쪽을 깎아낸다. 보통은 부품 표면 박피는 표면과 평행한 방향으로 하게 되는데, 이 부분은 안쪽을 조금 더 많이 깎아냈다.

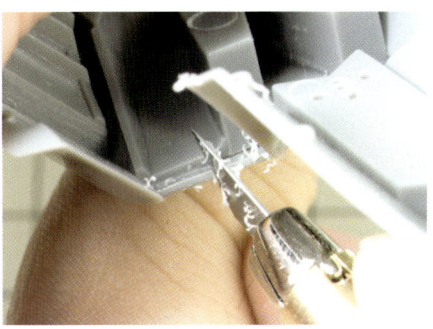
▲같은 요령으로 조금 경사를 주면서 인테이크 접착면을 깎아낸다. 당연하지만 지나치게 깎아내면 안 되므로 중간 중간 부품을 대서 확인해 보도록 하자.

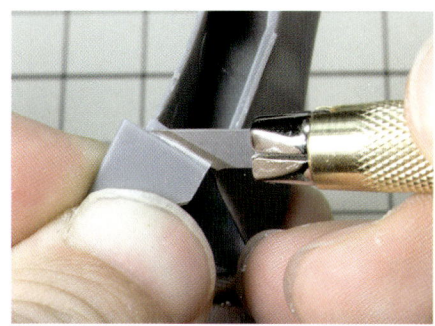
▲어디 부품을 깎으면 되겠다 하는 감과 눈썰미는 경험을 쌓아 키우는 수밖에 없지만, 이 후지미 랩터 경우에는 전체적으로 한 꺼풀 깎아내면 해결되는 것이 많다.

▲그러므로 인테이크 쪽에서 동체와 닿을 것 같은 부분 처리에 들어가겠다. 이 부분은 플라스틱이 조금 덧붙은 듯한 느낌이라서 수직으로 단차를 내준다.

▲인테이크 바깥쪽 부분도 가볍게 깎아준다. 이 정도 하고 나니 진짜로 접촉면 전체를 한 꺼풀 깎아내는 식이 되었다. 이 작업이 끝나면 접착은 하지 않은 채 그대로 놔둔다.

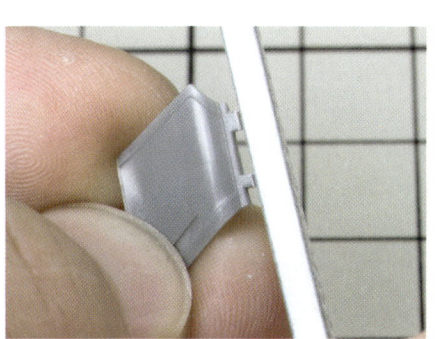
▲랜딩기어 덮개 등의 부품을 처리한다. 러너에서 떼어내고 게이트 자국을 처리하는 것뿐이지만, 일단 본체와 딱 들어맞는지는 확인해 둘 것.

17 흰색 도색

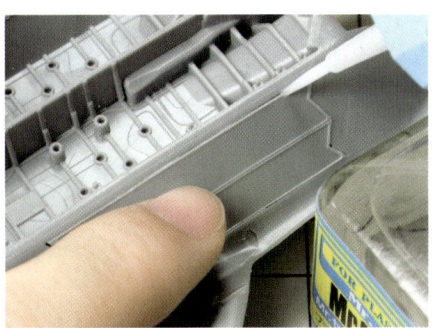
▲웨폰베이 덮개문 부품은 1부품짜리 닫힌 타입과 2부품짜리 열린 타입의 선택식. 한 쪽은 닫을 것이므로 이번에는 1장짜리 타입을 떼어낸다. 물론 게이트 자국은 처리.

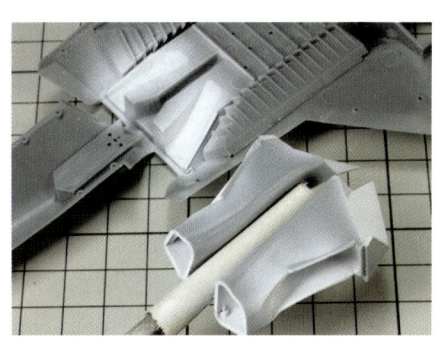
▲부품은 붙이는 방향을 확인하면서 무수지 접착제로 고정한다. 이 웨폰베이 덮개문은 제대로 딱 들어맞아서 놀랐다.

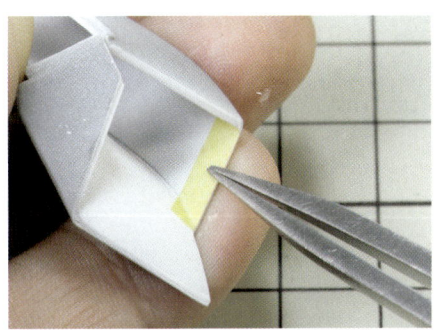
▲우선 인테이크에 흰색을 뿌린다. 이 부분의 도색은 콕핏과 동시에 진행하면 좋을 것이다. 동체 내부의 하얗게 칠해진 부분은 인테이크 덕트 역할을 일부 담당하므로 반드시 칠해준다.

▲인테이크의 흰색 도색부를 마스킹한다. 가늘게 자른 마스킹테이프를 기준이 되는 측면 벽부터 붙이면서 스타트.

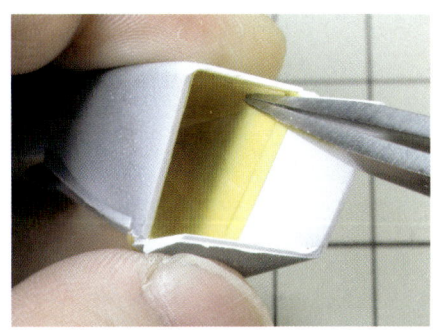
▲그 라인의 연장선을 따라 기수 측면 쪽으로 테이프를 붙여나간다. 테이프는 너무 길어도 밀착시키기 힘들고 너무 짧아도 똑바로 붙지 않으므로, 한 면씩 차례차례 붙이는 식으로.

▲그러고 나서 안쪽 깊숙한 부분을 마저 마스킹하면 이 작업은 종료. 아마도 이 과정 중에서 가장 어려운 마스킹 작업일 것이다. 힘내서 잘 마무리하자.

제1장 F-22 랩터를 만든다
가장 알맞은 1/72 랩터의 기본적인 제작법이란?

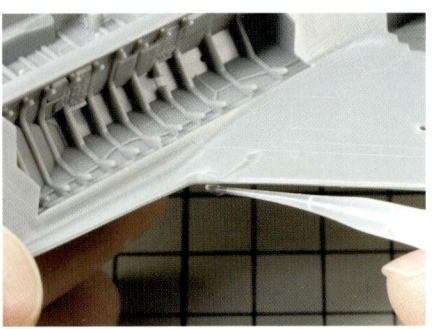
▲각종 작업이 끝나면 드디어 동체 접착에 들어간다. 당연히 인테이크는 붙이고 나서 작업한다. 어떻게든 세세한 왜곡이 생기게 되므로 순간접착제로 교정을 감행한다.

▲특히 인테이크 주변은 강한 힘을 가해 올바른 위치로 부품을 잡아주면서 무점성 순간접착제(하이스피드 등)를 쓴다.

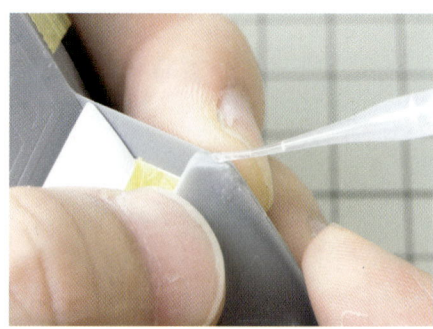
▲이 동체에서 가장 맞지 않는 곳이 바로 이 어깨 부분. 상하 부품을 맞추고 접착될 때까지 그 상태를 유지해 준다. 순간접착제가 괜한 곳까지 묻지 않도록 손가락 위치에 주의.

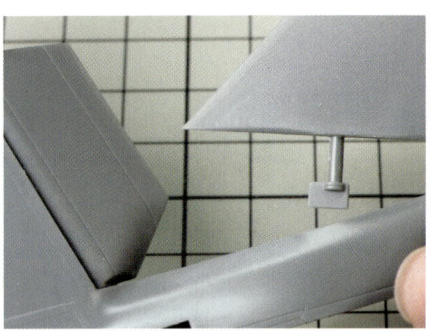
▲수평꼬리날개 붙이기를 잊고 있었는데, 다행히도 아직은 기수부터 어깨 부분까지만 접착해 놓았기에 무사히 넣을 수 있었다. 조종면(보조날개)도 아까처럼 잊지 말고 동체에 세트.

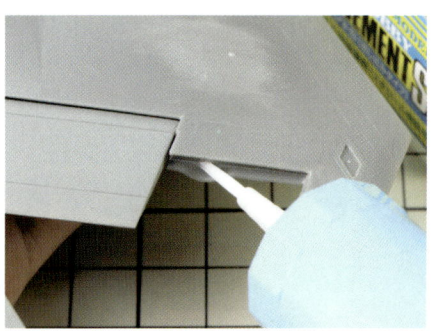
▲기체의 접합면 모두를 순간접착제로 붙일 필요는 없다. 상하 부품이 제대로 맞는다면 무수지 접착제로 충분하다. 그러므로 눈에 거슬리지 않는 부분부터 접착제를 흘려넣는다.

▲인테이크와 동체 접합선을 사포로 갈아 지워준다. 순간접착제를 바른 부분도 말끔하게 해주므로, 이 부분은 특히 신경 써서 600번부터 800번까지 동원.

18 전체 도색 준비

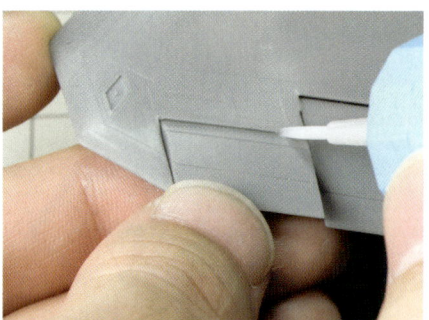
▲본체 접착, 접합선 처리가 끝나면 기체 꼬트머리의 조종면을 고정한다. 수직꼬리날개와 마찬가지로 라인이 잘 이어졌는지를 우선 확인한다.

▲그리고 무수지 접착제로 고정. 사진에선 안쪽 조종면의 가동 기믹이 살아 있지만, 이후에 수평 위치로 다시 맞추고 무수지 접착제로 고정했다.

▲캐노피를 밀봉하고 검테이프로 감은 나무젓가락 2개를 엔진에 꽂아서 고정. 인테이크에는 둥글게 만 티슈를 끼워넣어 도료의 유입을 방지한다.

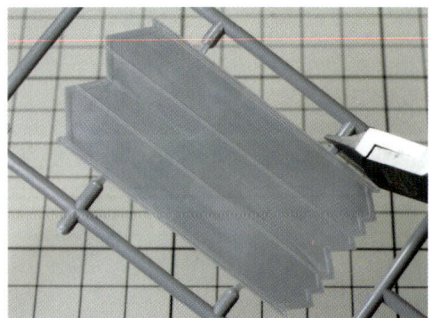
▲동체의 마지막 가공으로 웨폰베이의 반쪽 열기 개조를 하도록 하자. 우선 닫힌 상태의 1장짜리 부품을 떼어낸다. 게이트 처리까지는 여태까지 설명한대로.

▲쇠자를 대고 한가운데를 디자인나이프로 죽 긋는다. 처음에는 가볍게 힘을 주지 말고 자국만 낸 다음, 이후에 패널 라인을 새기듯 여러 번 긋다 보면 어느새 두 조각난다.

▲한쪽 패널을 웨폰베이에 붙인다. 제대로 정중앙 격벽 위치에서 쪼개졌는지 확인하고, 일단은 접착하지 말고 다시 떼어낸다.

19 도색②

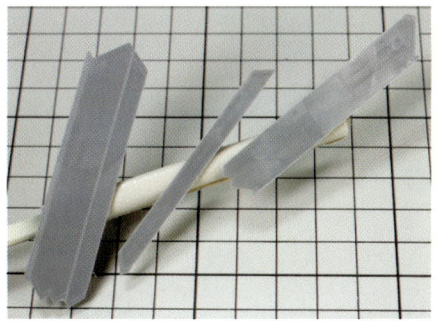
▲도색 준비로 웨폰베이는 나무젓가락에 붙여놓는다. 왼쪽이 이전에 떼어냈던 부품. 가운데와 오른쪽은 열린 웨폰베이에 쓸 것이다.

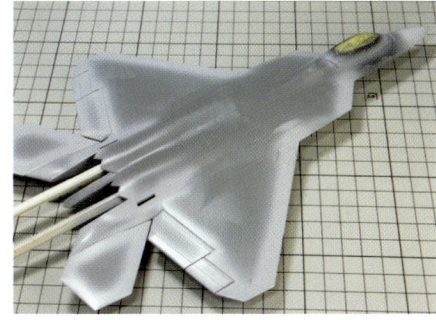
▲우선은 기체의 가장자리 부분에 Mr.컬러 C308에 흰색을 섞은 혼합색을 뿌린다. 어디에 색을 뿌릴지는 설명서를 보며 확인하도록 한다. 빼먹고 칠하는 것만큼은 엄금이다.

▲다 뿌렸으면 가장자리를 따라 마스킹테이프로 두른다. 직선적인 부분이 많으므로, 한 번에 한 면씩 붙인다는 느낌으로 테이프를 잘라서 붙이면 좋을 것이다.

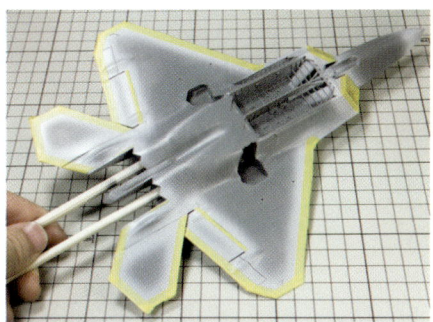
▲아랫면도 마찬가지로 마스킹해 준다. 위아래 모두 패턴은 거의 비슷하다. 이때 수직꼬리날개도 같은 색으로 모서리와 조종면 부근을 칠해주고 마스킹할 것.

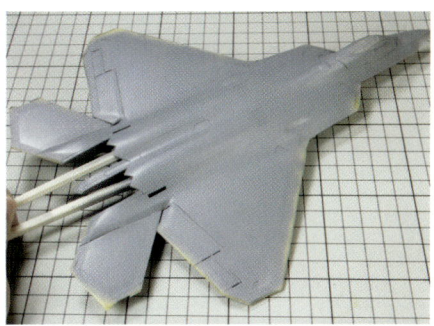
▲이어서 Mr.컬러 C307에 흰색을 섞어 기체 전체적으로 뿌려준다. 마스킹한 부분도 색이 입혀질 텐데, 도료를 너무 두껍게 뿌려 단차가 생기지 않도록 주의.

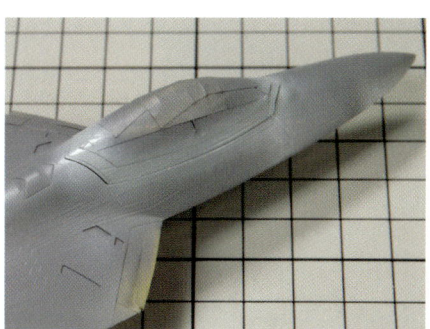
▲캐노피 부분을 칠한다. 이 부분은 Mr.컬러 C73 에어크래프트 그레이. 캐노피에서 마스킹한 쪽부터 창틀 바깥쪽을 향해 뿌린다.

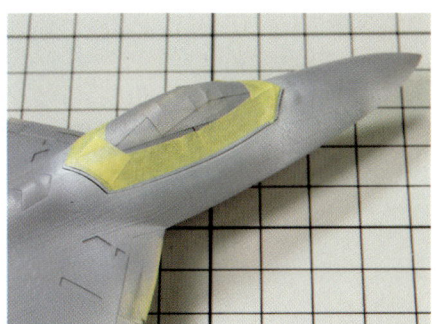
▲도료가 마르면 마스킹테이프로 에어크래프트 그레이 부분을 덮는다. 끄트머리 부분은 디자인나이프로 자르면 되는데, 캐노피 마스킹할 때와 똑같은 방법이다.

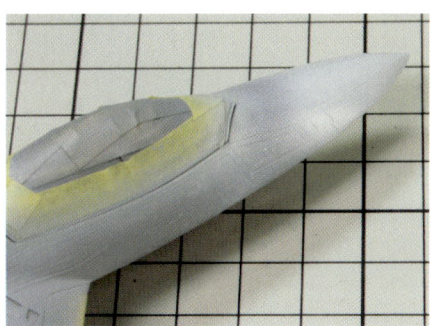
▲다음으로 기수의 레이더 부분을 칠한다. Mr.컬러 C13 뉴트럴 그레이에 GX1 쿨 화이트를 섞어 만든 옅은 그레이를 썼다.

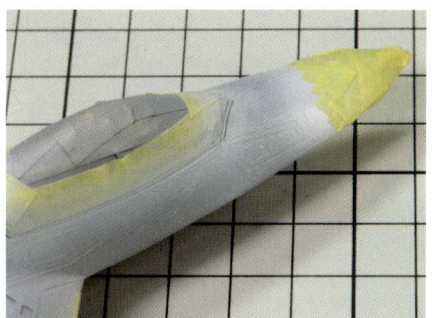
▲기수의 마스킹은 삐죽삐죽한 라인을 나이프로 따내기가 힘들기 때문에, 잘게 자른 마스킹테이프를 다닥다닥 붙이는 방법으로 마스킹. 테이프를 잔뜩 붙인다는 것은 꽤 수고로운 작업이다.

▲기수와 캐노피에 다시 한 번 C307 기반의 기체색을 뿌리고 Mr.컬러 C305를 위장색처럼 뿌린다. 최대한 가늘게 뿌리고, 설명서를 보면서 윤곽을 그리듯 뿌려준다.

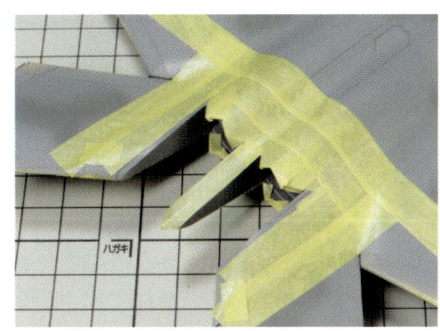
▲전체를 다 칠했으면 세부 도색이다. 뒤꽁무니는 금속색이 많이 쓰이므로 먼저 기체 끄트머리를 마스킹한다. 어디를 어떻게 칠할지는 설명서를 잘 보도록.

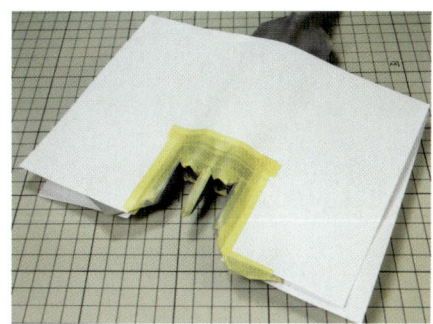
▲적당한 범위로 마스킹했으면 기체는 종이로 감싼다. 도료가 날려 묻지만 않는다면 뭐로 감싸던 상관없는데, 이번에는 프린터 용지를 잘라 붙였다.

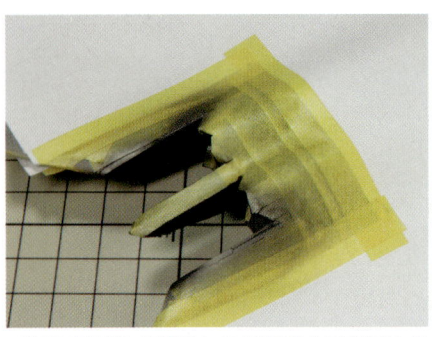
▲뿌려준 금속색은 스테인리스, Mr.메탈릭컬러 MC213으로, 문지르면 광이 나는 일품. 마스킹을 벗기고 면봉으로 문질러보자.

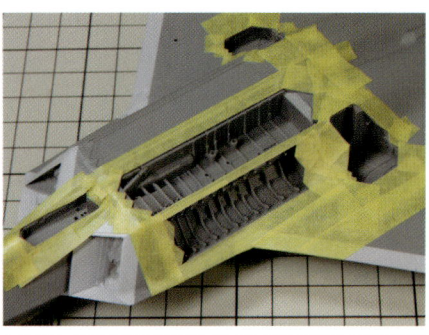
▲이어서 수납고와 웨폰베이를 칠하기 위해 마스킹. 삐죽삐죽한 가장자리들이 조금 성가시지만, 잘게 자른 마스킹테이프로 끈기 있게 붙이는 수밖에 없다.

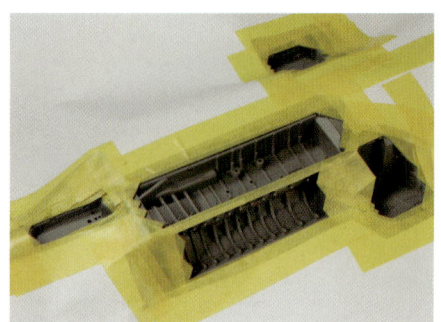
▲마스킹 테이프를 어느 정도 붙였으면 또 전체를 종이로 감싼다. 종이에 구멍을 내건 잘라 붙이건 적당히 처리해도 되지만, 마스킹테이프와 맞닿는 부분만큼은 틈새가 생기면 안 된다.

20 먹선 넣기

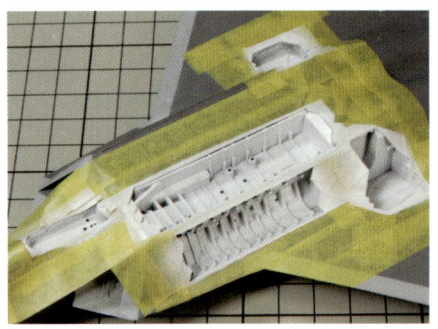
▲쿨 화이트를 웨폰베이 등에 뿌린다. 복잡한 면이 많고 삐죽삐죽한 모서리 때문에 뿌릴 각도가 안 나오기도 하지만, 기체를 빙빙 돌려가면서 세세한 곳까지 잘 칠해주자.

▲먹선은 타미야 에나멜 도료를 사용. 저먼 그레이 2에 플랫어스 1 정도의 비율로 섞어 살짝 온색계 그레이를 만든다.

▲조색된 도료에 에나멜 용제를 2배 가량 부어 묽은 상태로 만든다. 너무 진해도 안 되지만 너무 묽어도 안 되므로, 다음 공정에서 부품을 써서 확인하도록 한다.

21 데칼 붙이기

▲붓을 도료에 적시고, 날개 패널 라인에 댄다. 도료가 패널 라인을 따라 좌악 스며드는 것이 보일 것이다. 색이 제대로 안 나오면 너무 묽은 것이고, 도료가 잘 안 스미면 너무 진한 것이다.

▲먹선 넣기를 다 마쳤으면, 번져 나온 도료는 에나멜 도료에 적신 면봉으로 닦아낸다. 평평하고 넓은 표면이면 티슈로 해도 되지만, 보풀이나 먼지가 표면에 들러붙지 않도록 주의.

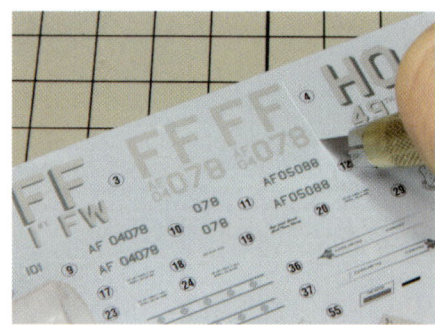
▲데칼은 대지에서 필요한 부분만 잘라내는 것부터. 이번에는 쓰지 않는 2색 패턴 마크를 써서 일단 연습부터 해보자.

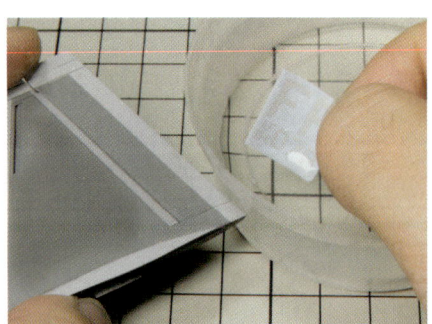
▲데칼은 물에 담가놓으면 대지에서 데칼이 들뜨기 시작한다. 물에 담그는 시간은 잠깐이면 되고, 오래 담그면 풀기가 빠져나가므로 엄금. 데칼은 샤브샤브 익히는 요령으로 다루면 된다.

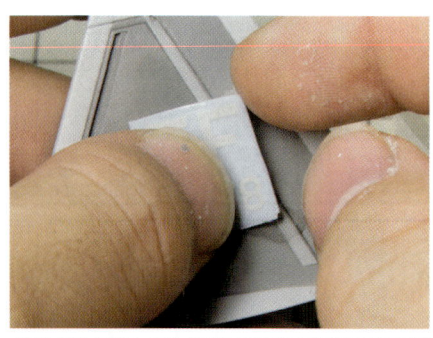
▲물에 적신 데칼을, 붙일 대상물 위에 대고 대지에서 움직이게 될 때까지 기다린다. 연습할 때에 데칼이 대지에서 떨어지게 되는 시간이나 타이밍을 익혀두자.

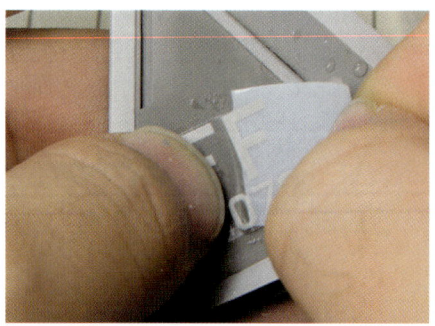
▲대지에서 데칼이 미끄러지듯 움직이게 되면 재빨리 붙일 자리에다 데칼을 얹으면서 대지를 잡아당겨 빼낸다. 이후에 면봉으로 표면을 굴리며 데칼에서 물기를 제거한다.

▲데칼은 붙였는데 사진처럼 이상하게 번득거리는 상태가 되고 말았다. 이를 「실버링」이라고 한다. 원인은 여러 가지가 있는데, 어쨌거나 이렇게 되었다면 해결책을 실행해 보자.

▲GSI크레오스에서 발매하고 있는 Mr.마크세터를 데칼 위에 바른다. 경우에 따라서는 이것만으로도 실버링이 없어지는데, 일단은 다음 과정으로.

▲디자인나이프 끝으로 데칼을 가볍게 두들긴다. 물론 도막에 상처를 내지 않도록 날끝을 대는 정도의 움직임도 괜찮다. 마크세터가 그 틈으로 스며들게 된다.

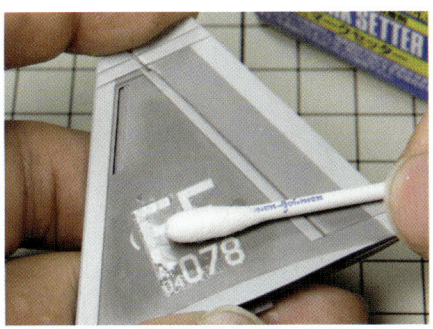
▲데칼 위를 면봉으로 굴리며 마크세터를 닦아낸다. 문지르듯 움직이다가는 데칼이 벗겨지므로 위를 데굴데굴 굴리듯 움직이는 것이다.

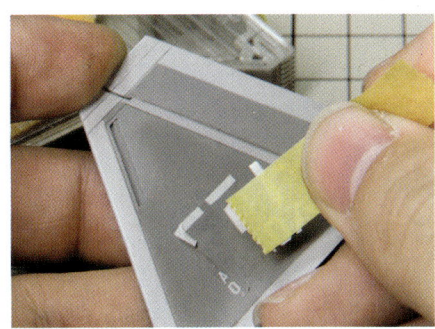
▲이렇게 연습을 다 마쳤으면 마스킹테이프로 데칼을 제거한다. 이를 보면 알겠지만, 데칼은 쉽사리 벗겨지므로 붙인 후에는 취급에 주의할 것.

▲데칼로 붙이도록 되어 있는 그레이 부분이 아무래도 사이즈가 맞지 않아서 칠하기로 했다. 작은 데칼들을 붙이기 전에 알게 되어 다행이다.

▲데칼은 크고 중앙에 가까운 부분부터 붙이게 되므로 이번에는 데칼의 오류를 빨리 발견할 수 있었다. 마스킹테이프는 손쉽게 떼어내므로 주의를 기울여 데칼 위치를 피해 붙인다.

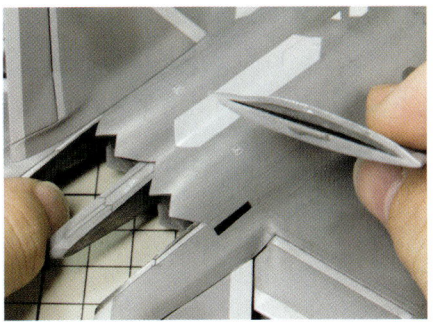
▲데칼 붙이기가 다 끝났으면 타미야 시멘트로 수직꼬리날개를 접착한다. 접착제가 삐져나오면 다 말아먹게 되므로 안쪽에 얇게 발라주는 수준에서 그쳤다.

▲스텔스기의 기체 도장 표현으로써 최근에 발매된 Mr.클리어컬러 GX가 딱 안성맞춤이라, 이번에는 두 도료를 써보기로 했다.

▲GX 클리어 실버는 도포한 표면에 은색 광택을 플러스해 주며, 빛의 반사로 은색처럼 보이게도 해주는 도료. 스텔스기 표현에 아주 적격이다.

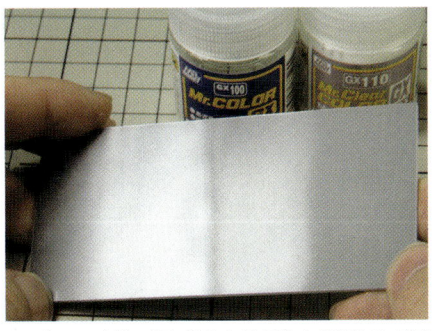
▲그대로 쓰기에는 은광 반사가 좀 진한 느낌이라 Mr.컬러 GX100 슈퍼클리어 III와 1:1로 섞어서 농도를 조절. 약간 마일드해졌다.

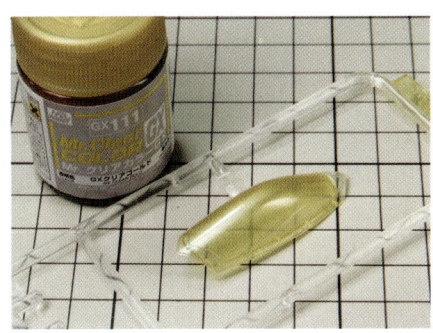
▲캐노피도 GX클리어 골드를 쓰면 선팅 같은 표현이. 캐노피 너머로 모눈이 흐릿하게 보이는 것을 알 수 있을 것이다. 이 도료를 쓸 때는 다른 작업 전에 캐노피 안쪽부터 뿌려준다.

제1장 F-22 랩터를 만든다 | 가장 알맞은 1/72 랩터의 기본적인 제작법이란?

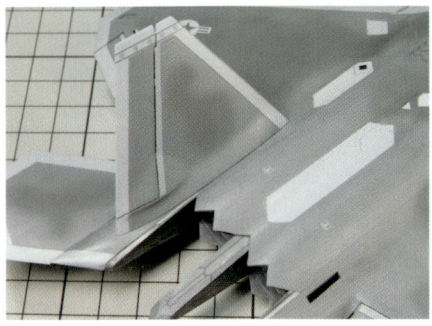
▲기체 전체에 클리어 실버를 뿌렸다. 어슴푸레 메탈릭 광이 나면서 그야말로 스텔스기답게 은근한 느낌을 준다.

▲무광을 뿌리면 어떻게 되나 궁금해서 사전에 테스트해 봤다. 그 결과, 반사광이 조금 더 마일드해지기만 하므로 효과는 충분히 유지된다.

▲그래서 기체 전체에 Mr.슈퍼클리어 무광을 뿌렸다. 전체를 감싸듯 균일하게 스프레이해 주면 아주 깔끔한 무광이 된다. 완성까지 이제 조금 남았다.

▲웨폰베이 커버와 알맹이를 붙이고, 바퀴를 붙이고……등등 최종 어셈블리에 들어간다. 도색 이후에는 접착제는 타미야 시멘트로만. Mr.시멘트 S는 도료를 녹이는 힘이 강하다.

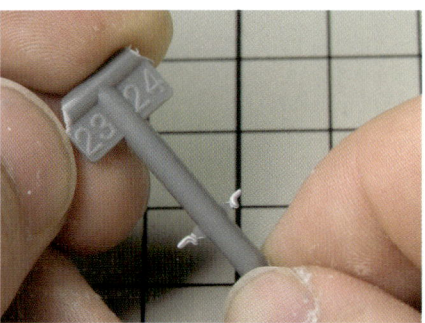
▲기수에 붙는 작은 피토관은 러너에 붙은 채로 작업하는 편이 분실을 방지할 수 있다. Mr.컬러 C8 실버로 칠하고, 게이트 자국은 붓으로 살짝 터치업만 해주면 된다.

▲부록품인 돌리는 올리브드래브로 칠하고 엔진도 각종 메탈 컬러를 써서 칠해 주었다. 마지막으로 캐노피의 마스킹 테이프를 벗기면 완성이다.

F-22 랩터
F-22 Raptor

후지미 1/72 스케일 플라스틱 키트
F-22 랩터
제작·글/**카스미 켄타로**

FUJIMI 1/72 scale plastic kit
F-22 Raptor
modeled by Kentaro Kasumi

랩터 모형의 대표격이라 할 수 있는 후지미 랩터. 기체 부품의 설계가 타이트해서 고전하기도 했지만, 표준적인 비행기 모형의 난이도를 기준으로 따지면 결코 어려운 부류에 드는 것은 아니다. 동체 맞춤이라는 난코스를 넘기고 나면, 이후에는 수수한 작업들뿐이고 틀림없이 완성을 볼 수 있을 것이다.

이 키트의 1번과 2번 도색 지시는 일본 본토에서는 처음으로 F-22가 전시된 2009년 요코다 기지 행사 당시의 기체이기도 하다. 그 당시에 직접 보며 충격을 받은 기체를 모형으로 만들 수 있다는 것은, 그야말로 최상의 기쁨이었다.

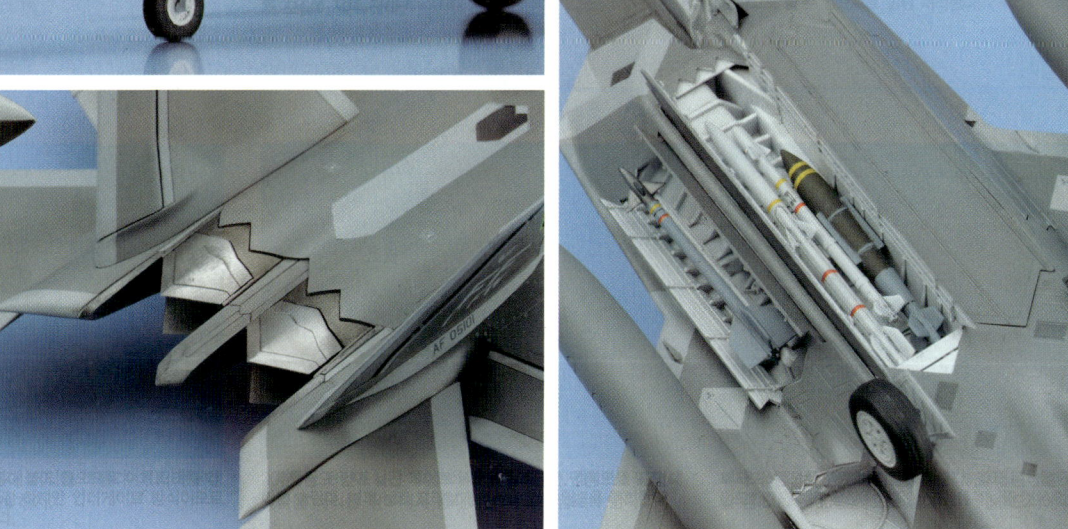

제1장 F-22 랩터를 만든다 | 가장 알맞은 1/72 랩터의 기본적인 제작법이란?

F-35B 라이트닝 II 항공자위대 사양
F-35B Lightning II JASDF

제2장
F-35를 만든다
멀티 컬러 부품과 데칼을 활용한 이지 모델링

```
F-35B 라이트닝 II 항공자위대 사양/JASDF
●발매원/후지미모형 ●2940엔, 발매 중
●플라스틱 키트 ●1/72, 전체 길이 21.7cm
FUJIMI 1/72 scale plastic kit
F-35B Lightning II JASDF
modeled by Kentaro KASUMI
```

후지미모형에서 발매하고 있는 1/72 스케일 F-35B 라이트닝 II는 스냅핏 방식이라 손쉽게 제작할 수 있는 플라모델. 랜딩기어, 웨폰베이나 리프트 팬의 도어는 핀으로 끼우는 식이라 탈착 가능하고, 엔진 노즐도 각도를 선택할 수 있는 등 각종 기믹이 가득하다. 더욱이 이번 「항공자위대 사양」은 부품이 색분할되어 최소한의 도색과 데칼만으로도 멋진 완성품을 만들 수 있다. 키트의 좋은 점을 살린 이지 모델링을 즐겨보자.

후지미모형 1/72 스케일 플라스틱 키트
F-35B 라이트닝 II 항공자위대 사양/JASDF
제작·글/카스미 켄타로

■키트에 대하여
미군의 최신 스텔스 전투기이자, 현재도 개발이 진행 중인 F-35. 항공자위대 F-X 채택이 정해진 것은 일반적인 A형이지만, 이 키트의 바탕이 되는 B형은 리프트 팬과 하향식 엔진 노즐로 수직이착륙을 하는 등 마치 SF 메카처럼 매력적인 시스템을 갖추고 있습니다. 후지미모형에서 발매하고 있는 「F-35B 라이트닝 II 항공자위대 사양」은 패키지를 보면 매우 공격적인 느낌이며, 헬리콥터 탑재 호위함 「휴우가」의 갑판에서 날아오르는 해상 위장색 F-35B라는 구도. 「가공 전투기란 모름지기 이래야지!」 하면서 신나게 만들고 싶은 마음을 한껏 부추겨 줍니다.

키트 내용도 스냅핏 방식이라 접착제 불필요. 더욱이 항공자위대 사양은, 기수는 블루, 바퀴다리는 흰색, 엔진 노즐은 흑철색 등등 각 부품마다 제각기 그에 걸맞는 색으로 성형되어 있습니다. 또한, 데칼에는 일장기 및 해상 위장색의 짙은 블루색 위장 패턴도 들어 있습니다. 캐노피 테두리의 라인까지 마련되어 있는 친절한 설계라서 항공기 모형의 필수 공작인 「캐노피 마스킹」조차 필요 없는, 참로로 수고를 덜어주는 사양입니다.

■제작
이 성형색과 데칼을 살려서 부분 도색으로 F-35B 자위대 사양을 완성하는 데 도전해 봤습니다. 우선은 기본인 콕피트부터. 전체를 그레이로, 시트는 카키 그린으로 칠해줍니다. 이곳은 캐노피를 닫으면 보이지 않으므로 적당히 해도 OK. 콘솔류는 데칼을 붙이고 먹선을 넣어주면 준비 완료입니다.

콕피트 제작과 동시에 동체 상면의 부분 도색을 진행합니다. 리프트 팬의 블레이드(흑철색), 그 주변은 흰색, 콕피트 주변은 검정색(카울링색)으로 차례차례 칠해나갑니다. 도료가 삐져나온 부분은 희석제에 적신 면봉으로 씻겨내면 되는 것이 이 제작법의 장점이지요. 노즈 색은 그레이로 지정되어 있는데, 인테이크 부품과 같은 러너라서 러너에 붙은 상태에서 흰색으로 칠해줍니다. 언더게이트 처리되어 있어서 칠한 후에

▶이 키트는 곳곳이 스냅 핏 방식이다. 일단은 결합 핀을 반 정도 쳐낸다. 가조립의 편의성 향상이나 부품 결합 시의 파손을 방지하기 위해서다.

▼맨 먼저 메탈릭 컬러로 리프트 팬 부분을 도색한다. 아직은 동체를 접착하지 않았으므로 안쪽에도 뿌려서 팬 안팎으로 빠짐 없이 칠해준다.

▶주날개 아랫면 표면에는 사출 성형 자국이 있다. 사진처럼 넓적한 평끌 같은 것으로 쳐내고 사포로 말끔하게 다듬어준다. 도색하지 않으므로 사포는 800번 정도까지 써서 매끈하게 해준다.

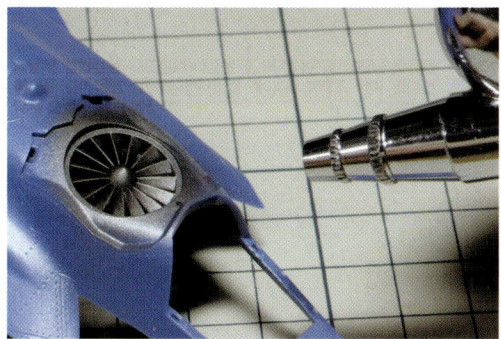

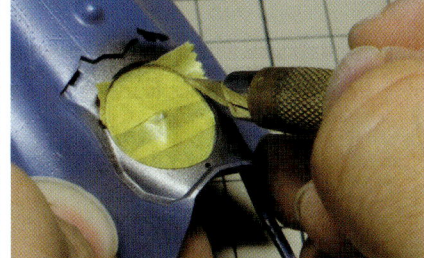

▲도색이 끝난 리프트 팬 부분을 마스킹한다. 테이프로 덮은 후에 모퉁이 부분을 따라 디자인 나이프로 커팅. 테이프는 확실히 밀착시켜 놓자.

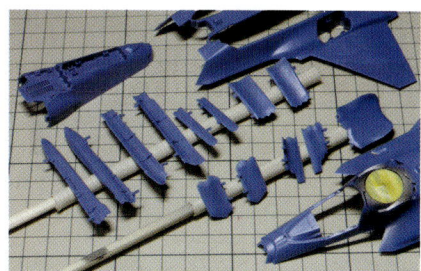

▲웨폰베이나 수납고 안쪽, 인테이크 등 기체 내부를 흰색으로 도색하는데, 그 밑준비를 한다. 나무젓가락에 양면 테이프를 말아서 부품을 붙여놓는다.

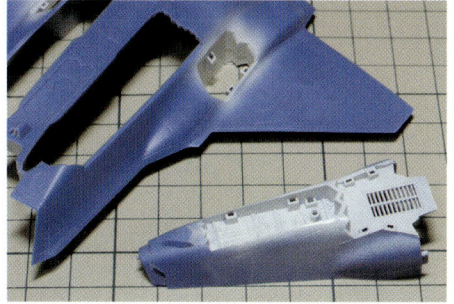

▲동체와 기수의 수납고를 도색한다. 흰색은 Mr.컬러 316번을 사용했다. 에어브러시로 뿌려주는데, 흰색은 여러 겹 칠해서 발색을 좋게 해준다.

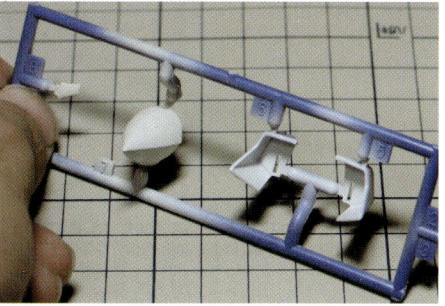

▲노즈콘이나 인테이크 안쪽, 블레이드 안테나 등은 러너에 붙은 상태로도 도색할 수 있다. 완성했을 때 게이트 부분이 겉으로 드러나지 않는 부품이기 때문이다.

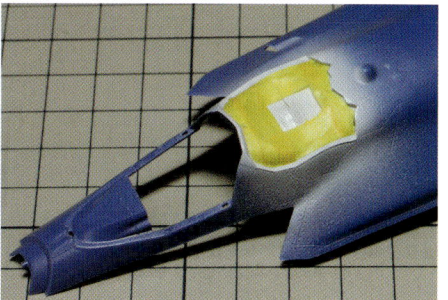

▲흰색을 도색했으면 그 부분을 마스킹한다. 리프트 팬과 마찬가지로 마스킹 테이프로 덮고 모서리를 따라 디자인나이프로 커팅해 주기만 하면 끝.

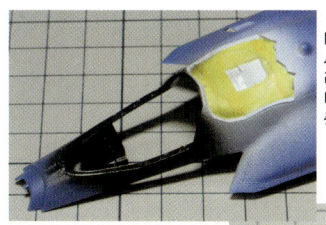

◀이번에는 기수 쪽을 도색한다. Mr.컬러 C71 미드나이트 블루를 사용. 패널 커버 부분만이 아니라 콕피트 주변도 칠한다. 다소 삐져나오더라도 빠뜨린 곳 없이 충분히 칠하도록 한다.

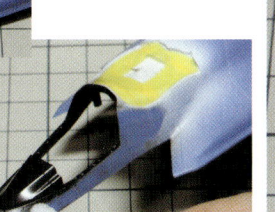

◀도료를 다 닦아낸 모습. 어디까지 칠해주면 될지 알 수 있을 것이다. 기체 표면은 성형색을 살리기 위해 삐져나온 도료를 이처럼 말끔히 닦아낼 필요가 있는 것이다.

▶면봉을 희석제에 적셔서 삐져나온 부분을 닦아낸다. 먼저 도색한 흰색까지 한꺼번에 깨끗하게 잘 닦아낸다. 이때 자칫 마스킹한 면은 물론이고 기껏 잘 칠해놓은 부분까지 닦아내지 않도록 주의해야 한다.

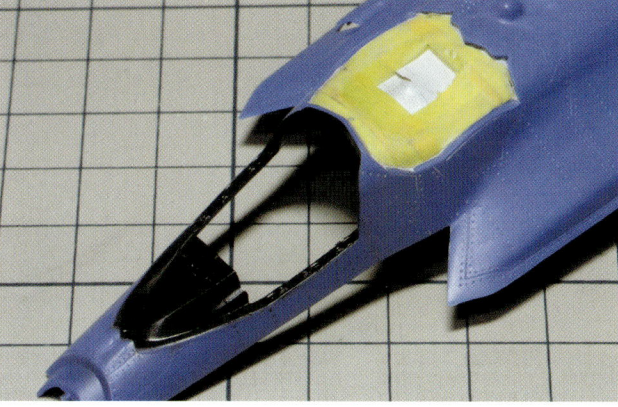

떼어내도 문제 없음. 동시에 바퀴 수납고나 웨폰베이 안쪽, 리프트 팬 도어 안쪽도 흰색으로 칠해놓습니다.

조립할 때의 포인트라면, 탈착식 패널의 편리함이나 손상을 방지하기 위해 핀 길이를 1/3 정도 컷하는 것. 특히 동체의 핀은 강도를 중시했기 때문인지 좀 지나치게 깁니다. 랜딩 기어 커버 등도 키트 그대로는 핀이 길어서 끼울 때 고생이고, 최악의 경우에는 끼울 때 부러질 수도 있습니다. 그리고 동체 아래쪽 핀을 잘라낼 때는 바퀴다리 끼우는 부분을 쳐내지 않도록 주의(말은 이렇지만 저도 실수로 쳐냈습니다). 비슷해 보이는 핀이 많으므로 가조립할 때 체크해 주던지, 기어 수납고 부분의 동체 안쪽에도 흰색을 칠해 놓던지 하는 식으로 실수를 방지하도록 합시다.

■데칼 붙이기와 마무리

자, 동체 조립이 끝났으면 데칼 붙이기입니다. 키트에 포함된 데칼은 유연성이나 신축성이 적당해서 몰드가 있어도 잘 들러붙습니다. 데칼을 물에 몇 초 담그면 순식간에 대지에서 슬라이드시킬 수 있으므로 미리 어디에 어떻게 붙일지 확인을 철저히 해놓도록. 특히 인테이크 앞끝부터 날개까지 뻗은 짙은남색 띠는 날개의 일장기 위치와도 관계있으므로 요주의하시길. 리프트 팬이 열린 상태에서 일부 데칼이 들어맞지 않는 부분은 데칼 색과 비슷하게 네이비 블루와 인디 블루를 섞어 만든 짙은남색을 붓으로 터치업해 줍니다.

전체적으로 남색 패턴이나 그레이색 테두리 부분을 붙였으면, 공중 급유 가이드, 코션 마크, 일장기와 부대 마크, 기체 번호 등의 마킹 데칼을 붙입니다. 데칼 위에 데칼을 붙이게 되므로 밑에 깔리는 것이 잘 마른 후에 덧붙이도록 합시다.

데칼이 마르면 먹선을 넣습니다. 에나멜 도료 블랙과 브라운 1:1에 흰색을 살짝 섞은 색을 먹선이나 리벳, 각종 수납고 내부 등등 각 부분에 흘려넣어 줍니다. 성형색 그대로가 아닌 느낌을 주기 위해 번진 먹선을 쓸어내면서 남겨놓는 식으로 전체적인 톤을 떨어뜨립니다.

마지막으로 반광 클리어 스프레이를 뿌리면 (물론 캐노피는 제외) 완성입니다. 「얼마나 손 안 대고 할 수 있나」 하는 점에 주안을 두었다…… 고 하면 의아한 표정을 지으실 지도 모르겠는데, 뚝딱 만들어도 나름대로 볼품 있게 완성시킬 수 있습니다. 역시 손쉽게 완성품을 늘릴 수 있다는 점에서 기쁠 따름입니다.

제2장 F-35를 만든다 | 멀티 컬러 부품과 데칼을 활용한 이지 모델링

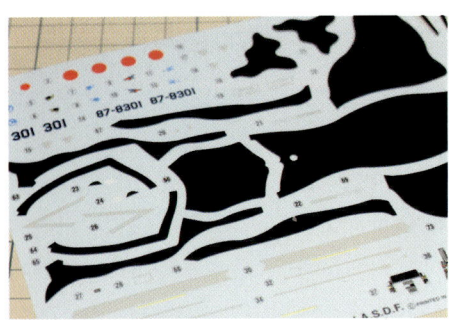

▲후지미 F-35에 딸린 데칼. 이 상품은 자위대 해상 위장색 사양으로, 그 질푸른 색을 모조리 데칼로 재현할 수 있다. 때문에 성형색을 살려 제작하기로 했다.

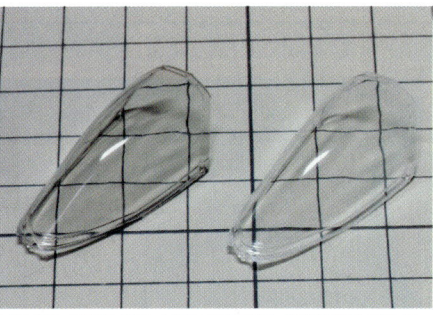

▲캐노피는 투명한 것과 스모크 색 두 종류. 취향에 따라 아무 거나 써도 되지만, 캐노피에 메탈릭 컬러 도료를 뿌려 최신 스텔스 전투기풍 표현을 해주기로 한다.

▲캐노피를 마스킹하고 나서 테두리에 검은색 도료를 뿌려 테두리 안쪽이 비치는 걸 막는다. 데칼 밑면은 흰색이라 완성 후에 캐노피 안쪽으로 다 비쳐 보이기 때문이다.

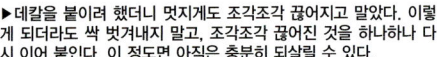

▲복잡한 면이나 대형 데칼인 경우에는 붙일 표면에 먼저 마크세터를 발라주면 붙이기 쉬워지는 경우가 있다. 이번에는 미리 조금 발라줬다.

▶데칼을 붙이려 했더니 멋지게도 조각조각 끊어지고 말았다. 이렇게 되더라도 싹 벗겨내지 말고, 조각조각 끊어진 것을 하나하나 다시 이어 붙인다. 이 정도면 아직은 충분히 되살릴 수 있다.

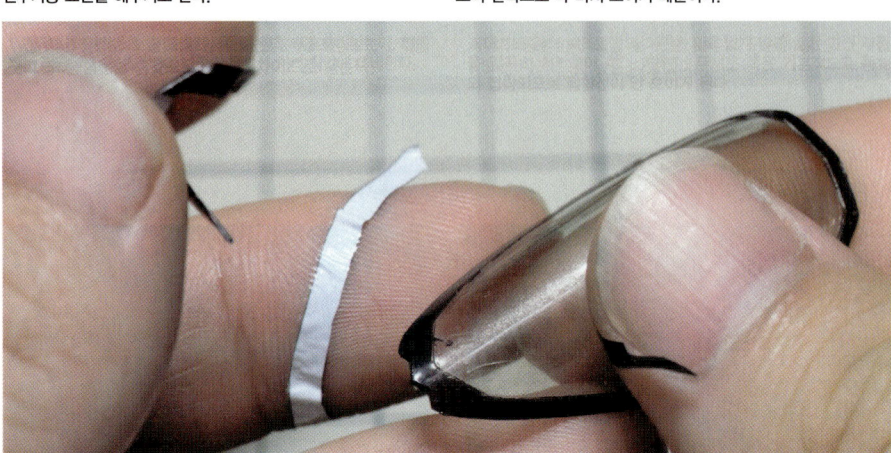

◀이제 미리 만들어놓은 콕피트를 넣고 동체 위아래를 붙인다. 무수지 접착제로 동체 각 부분을 접착하도록 하자. 동체 내에 끼우는 엔진 관련 부품들도 잊지 말도록.

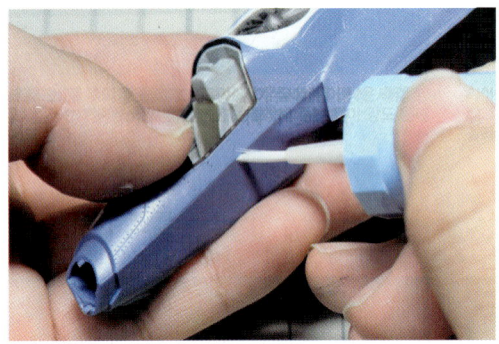
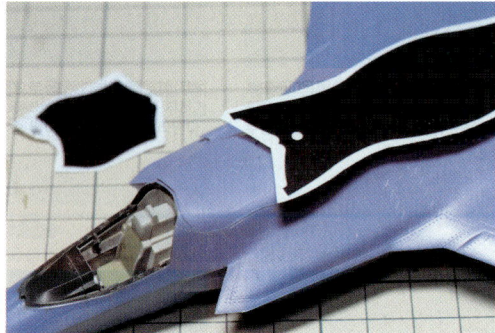

◀데칼은 물에 적시기 전에 반드시 어디에 붙일 것인지 확인해 둘 것. 콕피트 패널 같은 곳은 데칼의 투명 여백(니스)을 잘라낼 필요도 있는 등, 사전 확인은 필수 작업이다.

◀등골(스파인)의 돌기는 데칼 자체의 유연성만으로는 아무래도 커버하기 어려운 부분이었다. 마크세터를 듬뿍 발라서 데칼이 아주 부드러워질 때까지 기다린다.

▼면봉으로 데칼 표면을 굴리듯이 움직여가며 데칼에서 물기를 빼는 동시에 밀착시킨다. 데칼 표면에 패널 라인이 보일 정도로 밀착시키도록 한다.

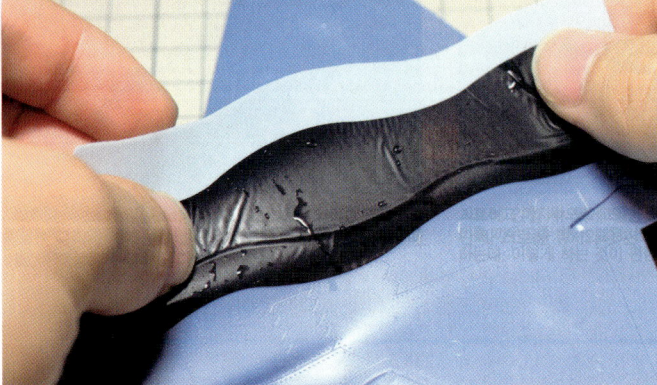
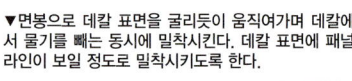

◀데칼은 물에 적셨다 바로 꺼내서 붙일 부분 위에 놓고 대지에서 들뜨기를 기다린다. 물에 적시는 시간은 아주 잠깐이면 충분. 오래 담가 놓으면 데칼의 풀기가 빠져 나중에 쉽게 벗겨지기 때문이다.

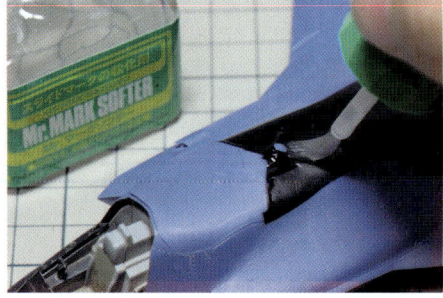
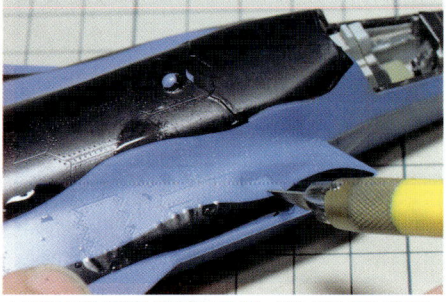

▲일단 대충 제자리에 붙인 모습. 그러나 동체 등골 한복판의 돌기 부분은 아무래도 잘 밀착시킬 수 없었다. 완전히 건조하기 전에 다시 한 번 손을 대보기로 한다.

▲마크소프터는 데칼을 유연하게 해주는 것이다. 세터로 잘 안되면 소프터로, 그런 수순이라 보면 된다. 어쨌거나 데칼이 흐믈흐믈해지므로 사용할 때는 신중하게 다루도록 한다.

▲몰드에 맞춰 데칼을 붙일 필요가 있는 부분. 이미 붙인 데칼도 디자인나이프로 잘라낼 수 있다. 잘 드는 새 날을 쓰도록 한다.

▶질푸른 남색의 터치업은 Mr.컬러 C14 네이비 블루를 사용했다. 리프트 팬 덮개를 떼어내고 데칼로 덮이지 않은 부분을 따라 그려준다. 데칼 어긋난 부분이 또 있으면 그쪽에도 세심하게 터치업해 줄 것.

▲중앙 부분의 짙푸른 색은 아무래도 돌기 때문에 일그러지면서 바탕의 옅은 색이 드러나게 된다. 하지만 나중에 터치업해 주면 문제없다.

▶주날개 앞전의 그레이는 붓으로 칠해준다. Mr.컬러 C308 그레이 FS36375를 사용했다. 붓국은 나중에 지울 수 있으므로 신경쓰지 않는다.

▲데칼 붙이기와 일련의 도색 작업이 끝나면 데칼 보호와 정착을 위해 반광 클리어를 뿌린다. 데칼 사이즈가 커서 데칼 위에도 먹선을 넣고 싶기 때문이다.

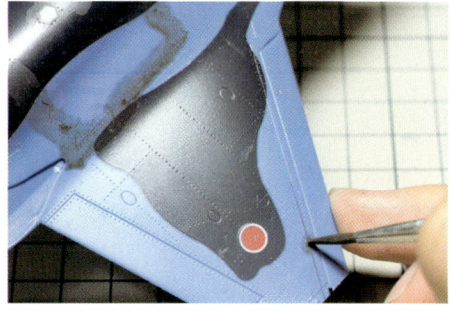

▲에나멜계 도료 XF-52 플랫 어스와 XF-63 저먼 그레이를 묽게 타서 먹선을 넣는다. 색감에 살짝 변화를 주기 위해 표면을 전체적으로 한 번 묽게 발라준다.

▲웨폰베이에도 먹선 넣기. 하얀 성형색과 도료 흰색의 차이를 먹선으로 커버한다. 먹선 넣고 다 닦아낸 다음에 마지막으로 반광 스프레이를 다시 뿌려주면, 완성!

▲랜딩기어를 떼어내고 커버 닫고 리프트 팬도 닫은 상태. 엔진 노즐은 정상 위치에 두어 비행 상태로. 웨폰베이는 열린 상태로 해줬다.

▲앞바퀴, 뒷바퀴 및 각각의 커버는 탈착 가능. 완성 후에도 비행 상태와 수직이착륙 상태를 즐길 수 있다.

신예 메이커가 내놓은
1/48 STOVL 스텔스 전투기

로키드마틴
F-35 라이트닝 II
Lockheed Martin F-35B Lightning II

F-35B 라이트닝 II
- 발매원／키티호크, 판매원／M,S모델
- 6090엔, 발매 중 ●플라스틱 키트
- 1/48, 전체 길이 32.5cm

KITTY HAWK 1/48 scale plastic kit
Lockheed Martin F-35B Lightning II
modeled by Masayuki YAMADA

항공자위대가 채택하기로 결정한 F-35A 라이트닝 II와 동시 개발 중인 STOVL(단거리 이륙/수직 착륙)기 F-35B는 리프트 팬이나 회전식 추력 변경 기구 등, 보기에 기능적인 재미가 듬뿍 있어서 모형화되는 케이스가 많은 것으로 보인다. 최신예 전투기라는 점 때문에라도 여러 스케일로 키트가 발매되어 있지만, 그중에서도 기체 뿐 아니라 엔진, 리프트 팬, 웨폰베이 등 내부에 이르기까지 세밀하게 재현되어 본격적인 스케일 모형을 즐길 수 있는 키티호크의 이 1/48 키트가 백미라 할 수 있을 것이다.

키트호크 1/48 스케일 플라스틱 키트
F-35B 라이트닝 II
제작·글/야마다 마사유키

■ **키트에 대하여**

F-94C 스타파이어에 이어 키티호크의 제2탄은, 미 해군/해병대 등에서 도입을 예정하고 있는 스텔스 STOVL 전투기, F-35B 라이트닝 II입니다. 완전한 신금형이며, 거의 양산형에 가까운 모습으로 모형화되었습니다. 또한 키티호크에선 일반 타입인 A형도 출시하고 있습니다.

■ **제작**

러너에는 중국계 키트의 특징(?)이나 마찬가지인 이형제 자국이 잔뜩 묻어 있으므로 충분히 세정해 줍시다. 또한 잘 보이는 부분의 밀핀 자국이 상당히 눈에 거슬리므로, 퍼티 등으로 복구해 놓습니다. 그리고 조립 전에 조립설명서의 부품 No.와 부품도를 꼭 대조해 주시길 바랍니다. 번호가 잘못 매겨진 것이 꽤 있기에 주의하면서 조립해야만 합니다.

우선은 콕피트입니다. 마틴베이커 US16E 사출 좌석은 꽤 분위기 있게 잘 나왔습니다. 시트 자료는 찾아보면 괜찮은 것들이 많이 있으니 마음에 드는 것을 참고하며 디테일업해 주도록 합니다. 만든이는 스톡 중에서 찾아낸 트루디테일의 1/48 현용기용 시트 벨트를 살짝 가공해서 세트했습니다. 조립설명서에는 세세한 도색 지시가 거의 없는데, 자료를 봐도 거의 검정색 한 가지로만 되어 있기에 GSI크레오스의 Mr.컬러 C33 무광 블랙을 기본으로 유광 검정 및 빨강·노랑 등을 더해 칠해줬습니다.

다음으로 엔진과 랜딩기어 부분인데, 바퀴 수납고만 조립하고 바퀴다리 등은 맨 마지막에 붙입니다. 수납고, 바퀴다리, 웨폰베이 등 동체 안쪽은 키트에선 C311 그레이로 지정하고 있지만, 해군이라는 점도 있어서 C316 화이트로 해줬습니다.

조립한 웨폰베이, 수납고, 엔진 등을 동체 하면 부품에 붙이는데, 리프트 팬, 인테이크 덕트, 샤프트, 엔진 본체를 모두 접착해 버리면 동체 상면과 맞붙일 때 문제가 생기므로, 엔진 본체만 동체 하면에 접착하고 나머지는 상면과 맞춰가면서 위치 결정. 각각의 접착 부위에 다소 틈새가 생기더라도 완성하면 거의 보이지 않기에, 보

◂콕피트 내부는 무광 블랙을 메인으로 유광 블랙이나 빨강·노랑으로 포인트를. 계기판은 데칼이 마련되어 있다.

▸마틴베이커 US16E 사출 좌석은 분위기 좋은 만듦새. 갖고 있던 에칭 시트 벨트를 추가해 주었다.

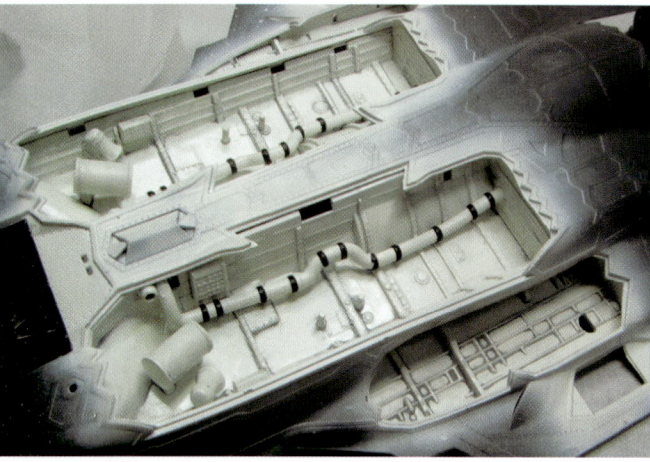

▲동체 하면의 웨폰베이 및 랜딩기어 수납고 제작. 키트 지정색은 C311그레이지만, 해군기이므로 C316 화이트로 도색.

▲동체 하면에 내부 부품들을 장착. 엔진 본체만 접착하고 나머지는 상면과 맞춰가면서 위치를 정해주면 좋다.

이는 부분 위주로 조립하는 편이 낫겠습니다. 상하면은 딱 들어맞는 편이 아니므로 주의를 기울여주시길.

다음으로 각 날개 조립인데, 거의 문제없으므로 부품 구분에만 신경 써서 조립해 주시면 됩니다. 날개 상하·좌우 접착부에는 틈새가 다소 벌어지므로 신경 쓰이는 분은 퍼티로 메워주도록 합니다. 이후에는 캐노피, 안테나, 항법등, 미뤄놨던 랜딩기어 등 세세한 부품을 붙이면 완성입니다.

그리고 이번에 각 해치나 패널을 풀 오픈했는데, 키트에 딸린 AIM-120, AIM-9 같은 미사일류는 웨폰베이에 수납할 수 없는 사양이라 너무나도 아쉽습니다…….

■도색

도료는 거의 다 GSI크레오스의 Mr.컬러를 사용. 기체 색은 C301(키트 지정색)이나 C305(후지미 1/72 지정색) 둘을 놓고 고민했지만, C305 그대로는 너무 밝아서 C301에 C305를 조금 섞고, 또 스텔스기라는 이유로 하세가와 1/48, F-22 랩터의 도색을 참고하여 SM04 슈퍼 스테인리스를 아주 조금 더했습니다.

레이돔, 각종 커버나 패널 모서리, 각 날개의 앞전 등은 C305에다 SM05 슈퍼 티탄을 더한 색으로 도색. 캐노피는 C46 클리어에 스모크 그레이, 클리어 오렌지, 골드를 미량씩 더하고 안쪽에서 뿌려줬는데, 오렌지색 느낌이 좀 강한 것 같습니다.

다 만들면 볼륨감 넘치고, 생각보다 멋있는 모습입니다. 일본 항공자위대도 F-35A뿐만 아니라 이 B형도 도입해보면 어떨까 하는 생각이 들 정도예요. 모처럼 헬리콥터 탑재 대형 호위함 「휴우가」나 「이세」를 띄웠기도 하고……. 데칼도 보너스로 일장기 외 십 수 개국의 국적 마크가 들어 있으니 여러 가지로 즐길 수 있습니다.

▲콕피트 내부는 잘 재현되어 있다. 앞열림식 캐노피는 리프트 팬 때문에 A, C형과 다른 형상이 되었다.

▲오른쪽에 조종간, 왼쪽에 스로틀이 있는 일반적인 방식이지만, 계기판은 대형 액정 패널 혼자서 대부분을 차지한다.

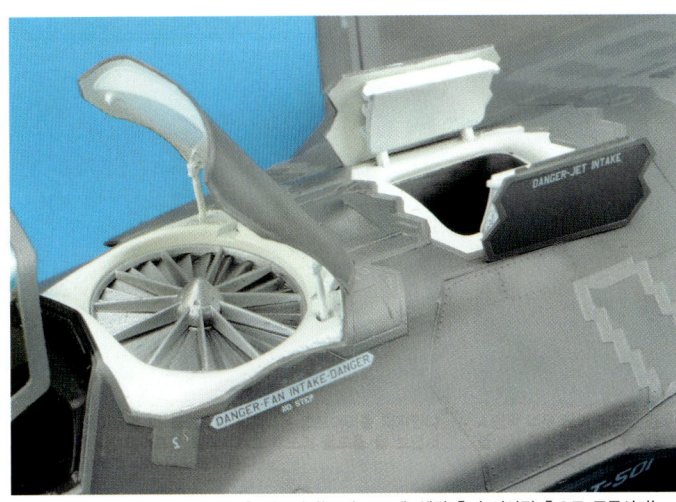

▲B형의 최대 특징인 STOVL 성능을 만들어내는 리프트 팬. 엔진 축과 이어진 축으로 구동시키는 팬이며 공기를 아래쪽으로 분출한다.

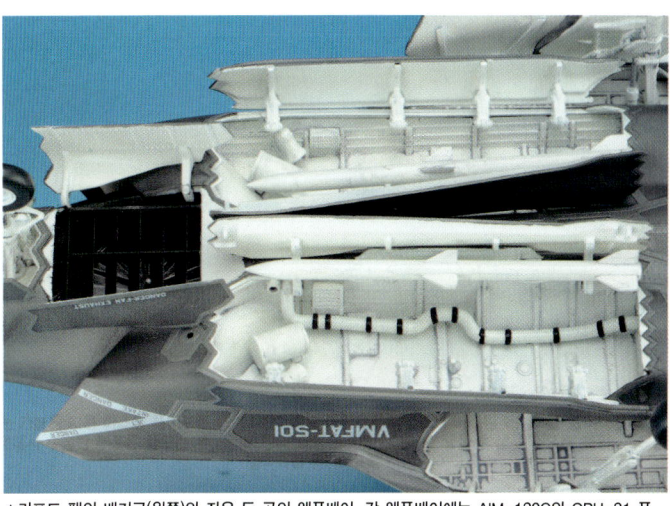

▲리프트 팬의 배기구(왼쪽)와 좌우 두 곳의 웨폰베이. 각 웨폰베이에는 AIM-120C와 GBU-31 폭탄을 1발씩 탑재할 수 있다고 한다.

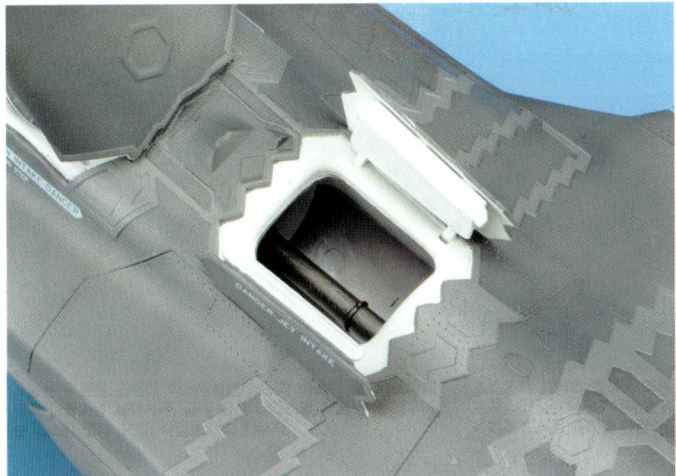

▲리프트 팬 흡입 도어 후방에 있고, STOVL 시에 열리는 메인 엔진용 보조 에어 인테이크 도어.

▲STOVL 시 꺾이면서 아래쪽으로 추력을 발생시키는 회전식 엔진 노즐. 노즐 끝도 스텔스를 고려한 형상으로 되어 있다.

제3장
비행기 모형 테크닉 강좌

비행기 모형 완성품이 돋보이는 원포인트 테크닉을 소개

이번 코너에서는, 위장 패턴의 요령이나 캐노피 광내기 등, 앞 장의 작례에서 소개하지 않았던 오밀조밀한 비행기 모형 제작 테크닉을 낱낱이 소개한다. 전부 다 범용적인 내용이므로 앞으로 만들 어떠한 비행기 모형에도 적용할 수 있을 것이다.

■ 베트남 위장색 칠하기

「베트남 위장색」으로 불리는 미 공군 위장 도색은 설명서에 지정되어 있는 GSI크레오스 Mr.컬러를 사용하면 간단히 재현할 수 있다.

총 4가지 색과 밑처리용 서페이서, 마스킹 테이프, 마스킹 졸 외에, 종이, 가위를 준비하도록 하자.

▲제작 중에 미처 못 알아챘던 작은 흠집이나, 수정하다 지워진 패널 라인 등의 몰드를 확인하기 위해 서페이서를 뿌려 체크.

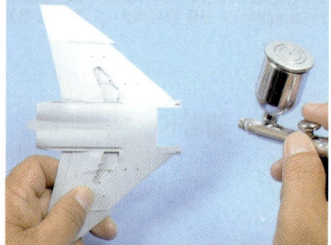
▲도색은 밝은 색부터 한다. 하면은 전체가 라이트 그레이이므로 거침없이 도색한다. 랜딩기어 수납부의 흰색은 라이트 그레이를 뿌리고 나서 주변을 마스킹하고 도색한다.

▲하면 도색이 완료되면, 상면 도색하다 도료가 묻지 않도록 하면 전체를 마스킹. 마스킹 테이프와 종이로 틈이 생기지 않도록 정성 들여 마스킹한다.

▲F-4 팬텀의 하면은 비교적 요철이 적지만, 작은 안테나 같은 요철 부분은 「마스킹 전용 마스킹 졸 neo」를 사용하면 편리하다.

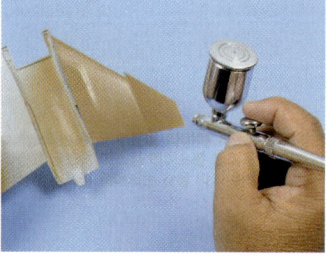
▲「베트남 위장」은 상면이 3색. 밝은 색부터 칠하는 것이 기본이다. 우선 C310 브라운 FS30219부터 도색한다. 위장 패턴을 참고해서 넓은 범위를 칠한다.

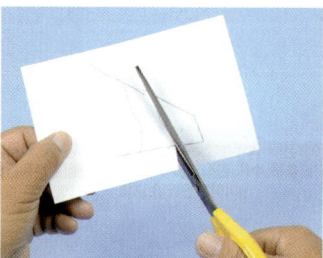
▲위장 도색은 형지를 사용하는 방법과 에어브러시 노즐을 조절하며 칠하는 방법이 있는데, 이번 위장색은 경계선이 비교적 뚜렷하므로 형지를 이용하기로 한다.

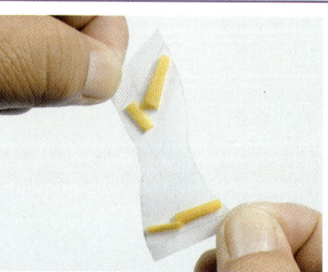
▲형지 고정은 양면 테이프로 하는 방법도 있지만, 위장 패턴의 흐릿한 경계선을 표현하기 위해 이번에는 마스킹 테이프를 말아 붙여 형지를 도색면에서 살짝 띄우고 도색한다.

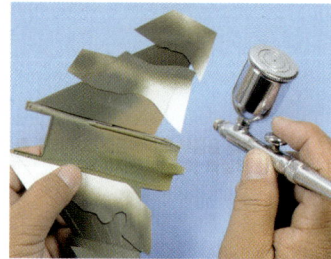
▲황갈색(tan) 부위의 도색을 끝마쳤으면, 형지를 붙이고 C309 그린 FS34079 부위를 도색한다. 이때 도료가 브라운 부분을 침범하지 않도록 주의한다.

▲최후의 도색 작업이 끝나면 형지를 조심해서 떼어낸다. 마스킹 테이프를 사용하고 있기 때문에 도료가 벗겨질 우려는 크지 않지만, 형지는 신중히 떼어내도록 하자.

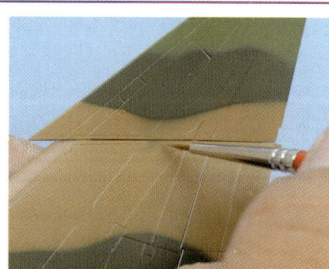
▲마지막으로 도료가 번진 곳이 없는지 체크한다. 작은 부분이면 붓으로 터치업, 크게 번진 경우에는 그 부분만 형지를 써서 다시 에어브러시로 수정한다.

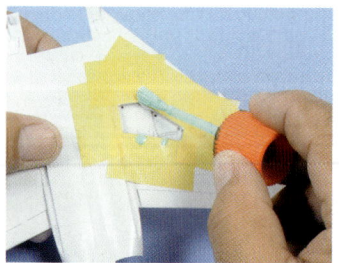
▲랜딩기어 수납고 내부는 기체 전체 도색 전에 미리 칠해놓고 마스킹하는 방법, 기체 전체 도색 후에 칠하는 방법이 있다. F-4는 수납고 주변이 평면이므로 기체 도색 후에 칠하기로 한다.

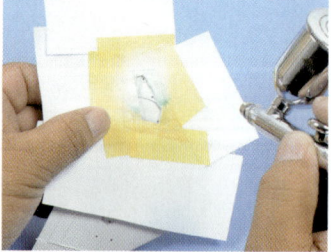
▲수납고 주변은 마스킹 테이프와 종이를 쓰고, 세세한 부분은 마스킹 졸로 마스킹해 준다. 도색하기 전에 틈새는 없는지 잘 체크하고 도색에 들어간다.

■노즐의 변색을 재현한다

▼이번에 노즐 변색을 재현하기 위해 사용한 도료들. GSI크레오스의 슈퍼 메탈릭 컬러와 Mr.컬러 C8, C28, C61.

▶샘플로는 아카데미 1/48 F-4B를 예로 재현한다. 기체 후미 노즐 부근의 무도장 부분을 사진은 작업을 끝낸 완성형.

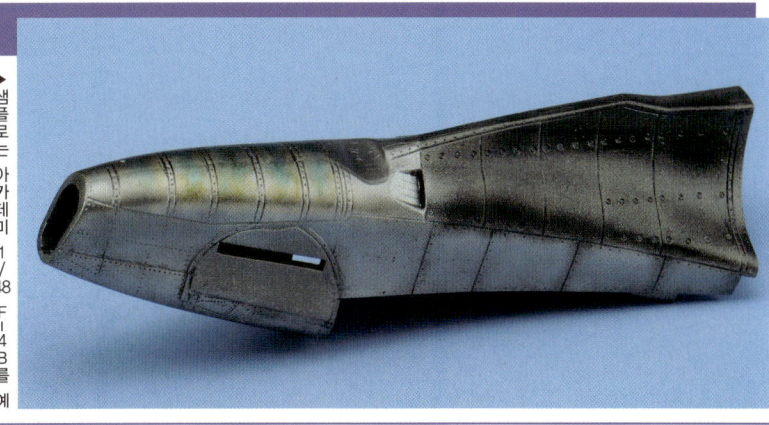

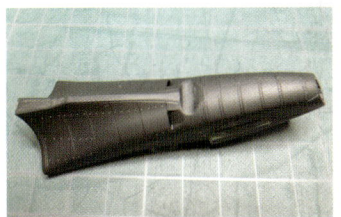
▲우선 상하로 분할된 부품을 접착하고, 접합선이나 파팅 라인을 처리한다.

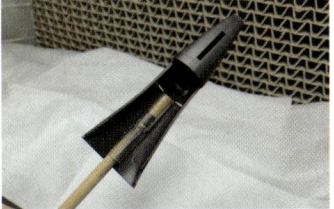
▲전체 도색할 때 손에 쥘 부분이 없을 경우에는 이렇게 붓자루에다 고정해 주면 편하다.

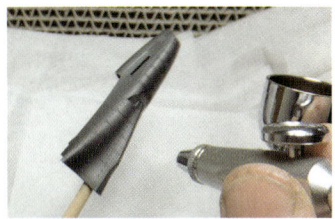
▲먼저 전체를 C28 흑철색으로 도색한다. 여기서 쓴 C28은 직접 조색한 것으로, C8 및 C30을 10% 정도 더한 것이다.

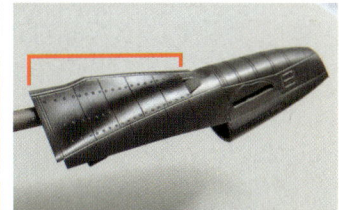
▲붉은 선 부분은 노즐의 배기구와 가장 가까운 곳이라 상당히 그을려 보이는 부분. C28 흑철색을 그대로 사용해서 도색한다.

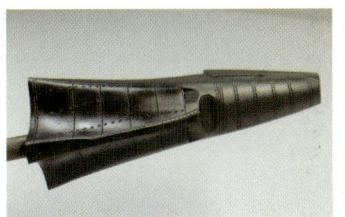
▲패널 라인을 살짝 남기듯이 색을 입혀간다. 컴프레서 압력은 약하게, 노즐은 최대한 조이고 도료도 묽게.

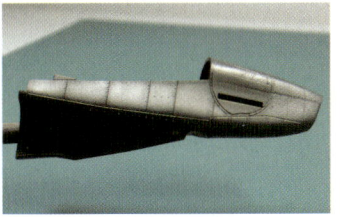
▲사이드는 거의 변색되지 않으므로 무도장 외판 색감으로, C28의 패널 라인을 살짝 남기듯이 SM03 슈퍼 아이언으로 도색.

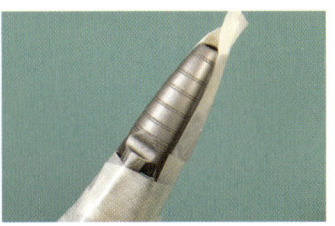
▲외판이 배기열에 달궈져 푸르스름하면서도 불그스름하게 변색된 상태를 표현한다. 우선 해당 부분만 남기고 마스킹.

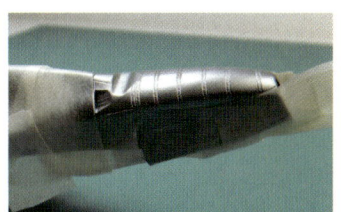
▲SM04 슈퍼 스테인리스를 뿌려준다.

▲실기 사진을 참고하며 C50 클리어 블루로 도색. 묽고 아주 약한 압력으로 패널 라인 사이사이에 뿌려준다.

▲블루 부위를 에워싸듯 C49 클리어 오렌지를 뿌려준다. 번졌을 경우 베이스 도료로 수정하면 OK.

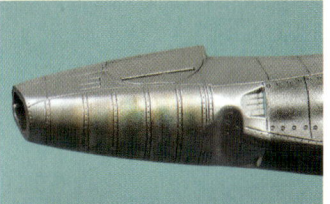
▲마지막으로 C181 슈퍼 클리어 반광으로 코팅해서 완성.

▲흑철색의 참고. 한가운데가 직접 조색한 색. 그 오른쪽이 C28의 원래 색. 반대쪽 왼쪽이 가이어컬러의 C20 건메탈.

■캐노피 손보기

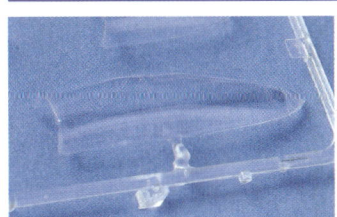
▲간단하게 캐노피 광내는 방법을 소개. 간단하게 광택이 늘고, 게다가 코팅을 겸해 정전기 방지도 된다.

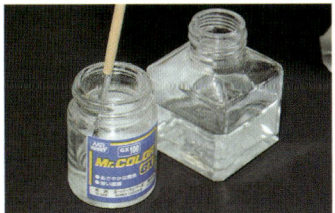
▲Mr.리타더 마일드를 20% 정도 더한 다음 잘 교반해 준 Mr.컬러 GX100 슈퍼 클리어 III에 쿠마노 붓을 담근다.

▲한 손에 캐노피 러너를 들고, 다른 손으로는 붓을 쥐고 슈퍼 클리어에 담갔다 빼며 병 입구에서 적정량으로 조절해준 다음에……

▲슈퍼 클리어에 담갔던 붓을 그대로 용제에 담근다. 이 일련의 행동은 아주 재빠르게 한다.

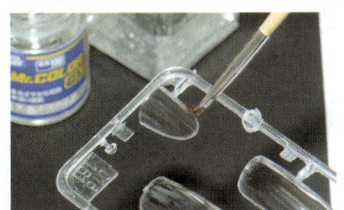
▲붓을 재빠르게 놀리면서 캐노피 전체에 도포해 준다.

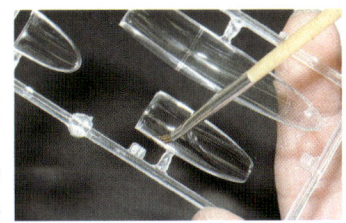
▲전체적으로 코팅해 주듯이 도포한다. 용제 덕분에 붓발림이 좋아져서 그리 어렵지는 않을 것이다.

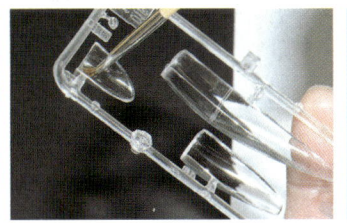
▲캐노피 안쪽도 마찬가지로 발라준다. 건조할 때까지 먼지가 앉지 않도록 밀폐된 곳에 보관한다.

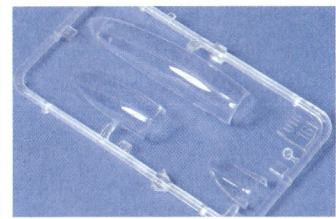
▲사진에서 F/A-18 단좌형 캐노피 쪽에 코팅을 해줬다. 기다란 복좌형은 키트 그대로. 사진으로는 티가 잘 안 나지만 효과는 발군.

■패널 라인의 부활

▲비교적 형상이 복잡한 패널 라인을 부활시킬 경우에는 가늘게 잘라낸 가이드 테이프로 즉석에서 템플리트를 만든 다음, 힘을 주지 않고 철필 샤프펜으로 긋는다.

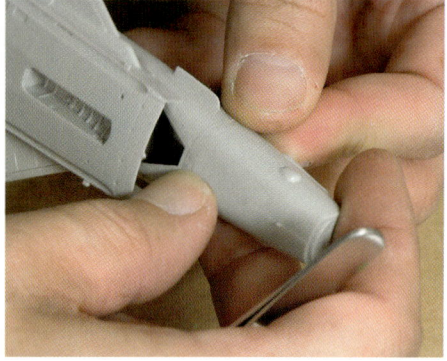
▲부채꼴 모양의 패널 라인은 서클커터로 잘라낸 가이드 테이프를 붙인다.

▲부채꼴 모양의 가이드 테이프는, 두꺼운 종이(키트의 빈 박스 재활용)에다 검테이프를 붙여 만든 「자작 매트」에 광폭 가이드 테이프를 붙인 다음, 서클 커터로 필요한 곡선을 커팅해서 제작하였다.

▲테이프 단면은 맨 상태 그대로는 미묘하게 비뚤어져 있기 마련이라, 곡선은 물론이고 직선도 쇠자와 커터로 선을 잡아주지 않으면 깔끔한 패널 라인이 그어지지 않는다.

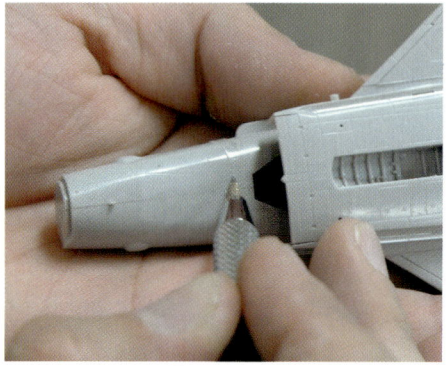
▲곡선 부분의 패널 라인은 특히 펜의 각도가 일정해지도록 그어주는 손가락에 신경을 집중해서 작업을 진행한다. 정확히 펜을 멈출 수 있도록 펜에는 힘을 주지 말고, 나머지 손가락에만 힘을 준다는 이미지로 작업한다.

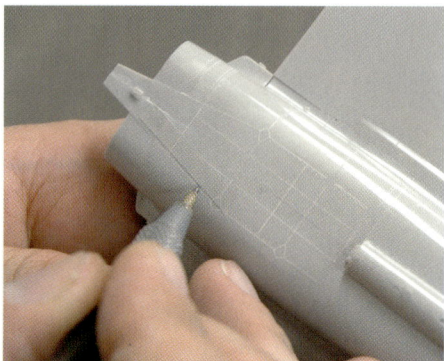
▲지워진 리벳을 복원하는 모습. 직선 패널 라인과 마찬가지로 리벳 라인도 가이드 테이프를 기준으로 삼아 작업을 진행한다. 이때 주의할 점으로는, 가이드 테이프에 펜 끝이 먹히지 않도록 주의를 기울일 것.

■체크 무늬의 도색과 마스킹

전투기 마킹에서 체크 무늬를 곧잘 볼 수 있는데, 보통은 데칼로 처리할 때가 많다. 그러나 데칼은 조정성이 떨어져서 꽤 잘 붙이지 않으면 어딘가 어그러질 경우가 많을 것이다.

여기서는 P-47D의 카울링과 RF-4E 팬텀의 꼬리날개에 그려진 체크 무늬 도색법에 관해 소개하고자 한다.

▲체크 무늬를 일정 간격으로 처리하려면 치수를 재는 작업이 필수적이다. 사진처럼 기준이 될 위치를 정하고 가늘게 자른 마스킹 테이프를 붙이면, 복잡한 곡선 카울링도 깔끔하게 처리할 수 있다.

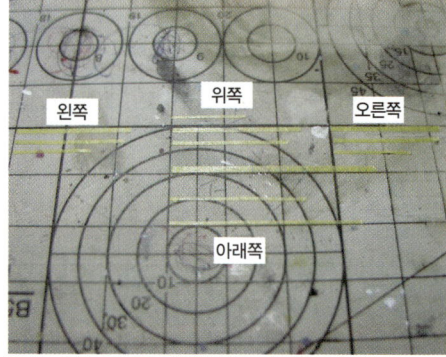
▲치수 재기에 사용한 마스킹 테이프는 커팅 매트에 붙이고, 각각의 길이를 잰 다음에 분할 수로 나눠 1코마의 길이를 도출해냈다.

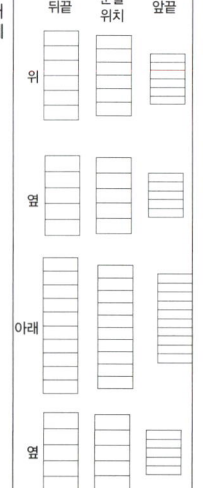
▶각 코마의 실제 길이에 맞춰 가이드가 될 데이터를 CAD 소프트웨어 등으로 작성하고, 실(스티커) 용지에 프린트한다.

▲체크 무늬 도색은 단번에 하지 말고, 왼쪽에 만든 가이드를 해당 위치에 붙인 다음, 맨 처음 사진처럼 1코마씩 마스킹해서 색상별로 나눠 작업하면 교차점이 딱 맞아떨어지게 할 수 있다.

▲그런 방식으로 도색을 다 끝마치면 아름다운 체크 무늬 카울링이 완성된다. (위 사진은 하세가와 1/32 P-47D 선더볼트. 모형 제작／은케이)

■마스킹을 활용한 체크 무늬 도색

▲응용편으로 RF-4E 특별 도장기의 예를 소개. 꼬리날개 도색은 카울링보다 편하지만, 평면이므로 더욱 정교하게 작업할 필요가 있다.

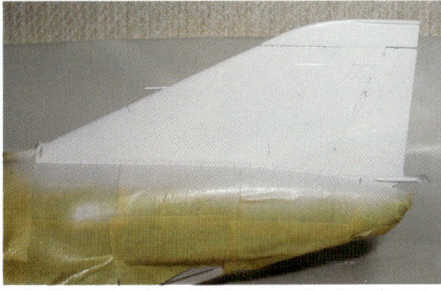
▲바탕색을 먼저 도색하고, 필요한 부분 이외는 마스킹. 이렇게 하지 않으면 체크 무늬 도색할 때 불필요한 부분의 도막이 너저분해진다.

▲체크는 각 변 길이가 7mm의 마름모꼴. 7mm 폭 가이드 테이프(점착성 염화비닐시트)를 여러 개 만들어 나란히 붙인 다음에 1코마 간격으로 떼어내고 그 자리는 마스킹 테이프를 다시 붙인다.

▲마스킹이 끝난 후에 1차 도색을 한다. 반투명 메탈릭 블루로 도색하기에 마감색은 미리 컬러칩을 만들어 정해놓았다.

▲컬러칩을 미리 만들어놓는 방법은 홍백 체크 무늬 때도 유효하므로 추천. 다음으로, 1차 도색한 부분이 잘 가려지도록 마스킹한다.

▲마감색의 색감은 1차 체크 무늬 도색 시에 확인할 수 없으므로 컬러칩과 대조해가며 조정한다. 이후에 클리어 코팅, 컴파운드 연마를 거쳐 완성하게 된다.

■복잡한 마킹의 도색과 마스킹

비행기의 패널 라인을 살려 마감하거나 데칼이 없는 마킹을 재현하고자 할 경우에는 마킹이나 국적 표식을 도색으로 처리해야 할 필요가 있는데, 그럴 때 조금 머리를 쓰면 겹도색하더라도 도막 두께를 최소화할 수 있다.

▲밑색으로 흰색을 도색한 후에 미리 만들어둔 마스킹 시트를 붙인다.

▲소 도안의 바깥둘레를 에워싸며 마스킹한다. 마스킹은 잘게 자른 마스킹 테이프 조각을 사용하고 있다.

▲빨간색이어야 하므로, 우선 피니셔즈컬러의 파운데이션 핑크를 엷게 뿌린다.

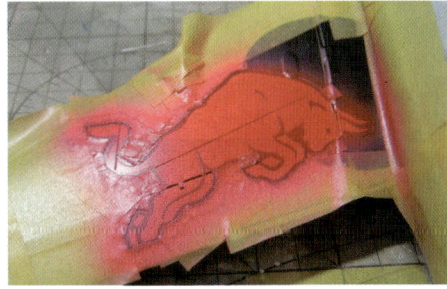
▲다음으로 빨간색을 뿌린다. 파운데이션 핑크가 밑색이라 빨간색의 발색이 좋아지기 때문에 결과적으로 전체 도막이 얇아지게 된다.

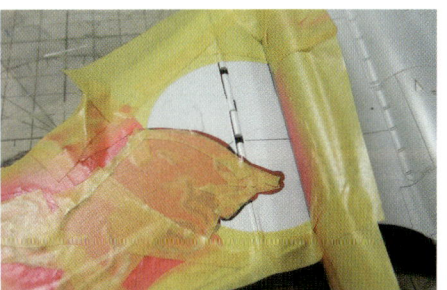
▲다음으로 태양(?)의 오렌지 옐로를 도색한다.

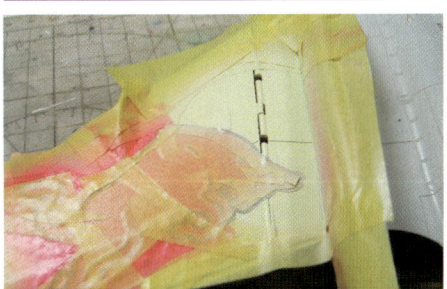
▲먼저 작업한 빨간색 부분을 마스킹하고, 태양의 밑색으로 피니셔즈컬러의 파운데이션 크림을 엷게 뿌려준다.

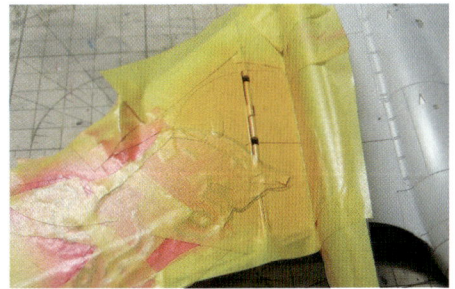
▲빨간색 부분과 마찬가지로 도막을 얇게 해주는 효과를 기대할 수 있다. 이후에 노란색을 뿌려준다. 색감 컨트롤이 상당히 편해진다.

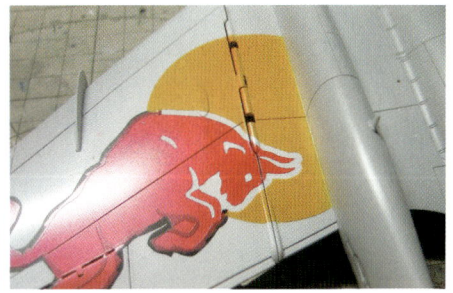
▲마스킹을 벗겨낸 모습. 밑색은 본색의 발색에 아주 중요하므로, 잘 이용하면 표현의 폭을 넓힐 수 있다.

REVELL 1/72 scale plastic kit
Sukhoi T-50
modeled by MÖBIUS 3

러시아가 현재 MiG-29나 Su-27 시리즈를 대신할 주력 전투기로 개발 중인 최신 전투기가 수호이 T-50(PAK FA)다. 랩터와 나란히 5세대 전투기로 화제를 모으는 기체이기도 하므로 각 모형 메이커에서 모형화했는데, 여기서는 그중 독일레벨 제품을 골라 그 제작법을 상세히 소개하고자 한다.

제4장 러시아의 최신 제트 전투기를 만든다
수호이 T-50
Sukhoi T-50

수호이 T-50
● 발매원/독일레벨, 판매원/하세가와 ● 3780엔, 발매 중
● 플라스틱 키트 ● 1/72, 전체 길이 30.7cm

2016년 배치를 목표로 개발 중인 최신예 5세대 제트 전투기

1 조립과 세부 공작

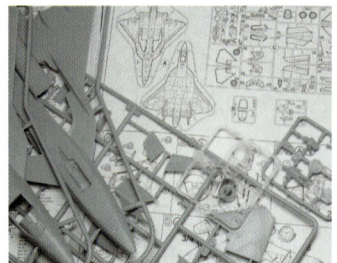
▲박스를 열면 우선 조립설명서 체크와 함께 러너나 부품에 빠진 것은 없는지부터 확인하자.

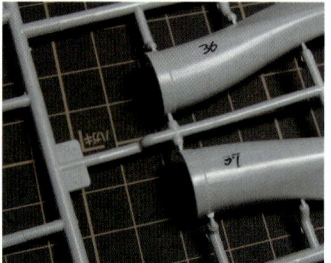
▲부품을 러너에서 떼어내면 부품 번호를 알 수 없게 되므로, 완성 후 보이지 않는 부분에 번호를 적어 두면 안심.

▲타이어 같은 정원 부품은 이쑤시개에 꽂아 전동 툴에 끼우면 정확한 형상을 낼 수 있다.

▲거친 사포에 댄 상태로 부품을 회전시키면 파팅 라인과 게이트 자국을 지운다.

▲작업 후에 정확한 정원 형상을 재현할 수 있었다. 트레드 패턴을 새길 때는 빼지 말고 그대로 계속 작업하도록 한다.

▲회전시키면서 에칭 톱을 대면 트레드가 새겨진다. 양손을 써서 확실히 잡아주는 것이 포인트.

▲부품을 떼어낼 때는 모형용 얇은날 니퍼가 편리하다. 떼어낼 때는 파손을 막기 위해 게이트를 조금 남기면서 잘라낸다.

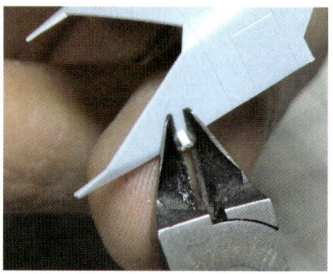
▲이어서 게이트를 완전히 커팅하는데, 지나치게 잘라내는 것을 방지하기 위해 게이트를 아주 조금 남긴다는 느낌으로 작업한다.

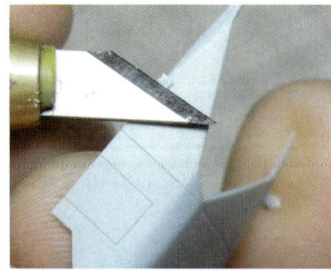
▲게이트 자국을 다듬기 위해 디자인나이프로 가볍게 쳐낸다. 게이트 자국을 말끔하게 쳐냈을 경우에 이 작업은 불필요하다.

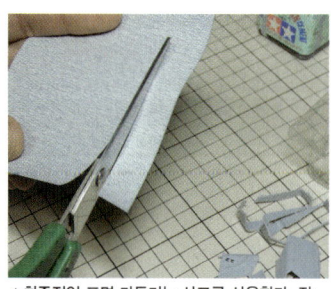
▲최종적인 표면 다듬기는 사포를 사용한다. 작업하기 편하도록 금속용 가위를 써서 잘게 자른다.

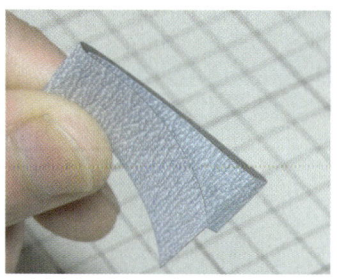
▲사진처럼 3등분으로 접으면 적당한 탄력이 생겨 부품을 다듬기 편해진다.

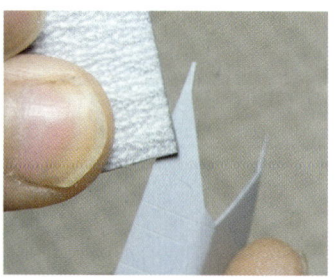
▲비행기 모형의 경우, 사포 번호는 표면 다듬기용 400번→마감용 800번이 베스트(클리어 부품은 제외).

▲작은 부품은 핀셋으로 집어 작업한다. 부품이 날아가기 쉬우므로 정밀도 높은 핀셋을 사용하도록 하자.

▲조립설명서와 다른 순서로 작업하게 되는데, 부위별로 모아서 다듬기를 해두면 이후의 작업이 수월하게 진행된다.

▲인테이크는 부품 접합선이 두 군데 있지만 눈에 띄기 쉬운 기체 안쪽만 처리한다.

▲GSI크레오스의 「녹인 퍼티」를 붓으로 몇 차례 발라주고 잘 건조시킨다. 건조될 동안 다른 부품을 처리하도록 하자.

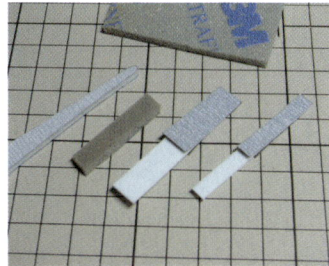
▲1mm 플라판을 가늘게 자른 막대에 양면 테이프로 사포를 붙이면 평면을 갈아낼 때 요긴한 도구가 된다.

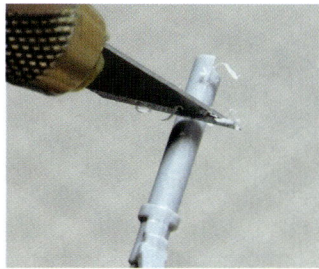
▲바퀴다리 같은 원기둥 부품의 파팅 라인은 디자인나이프 칼날 긁기로 처리한다.

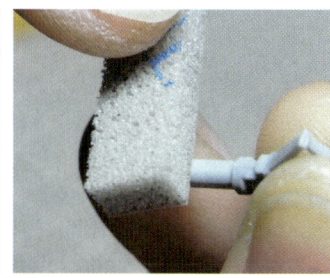
▲곡면 처리는 일반적인 사포로는 작업하기 어려우므로 3M의 「스폰지 사포」가 편리하다.

▲부품에 거스러미가 있는 경우에는 처리할 필요가 있는데, 특히 부품 접합면의 거스러미는 조립의 걸림돌이 되므로 깎아내도록 한다.

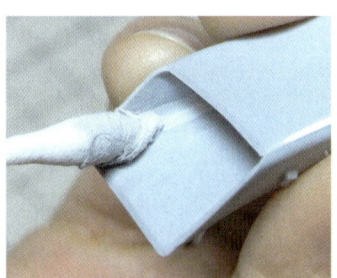
▲인테이크 접합선은 깎아내기 전에 Mr.컬러 시너를 살짝 묻힌 면봉으로 가볍게 문질러서 단차를 없앤다.

▲접합선 처리는, 양면 테이프로 감은 이쑤시개에 스폰지 사포를 붙이고 곡면에 맞춰 다듬어준다.

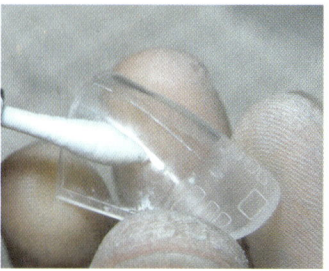
▲캐노피에 흠집이 난 경우에는 컴파운드로 연마해서 광택을 회복해 준다(하세가와의 「세라믹 컴파운드」를 사용).

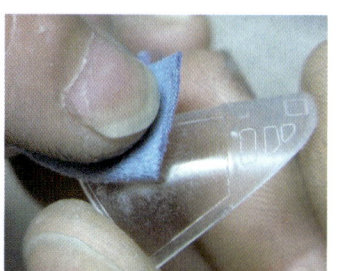
▲하세가와의 「슈퍼 폴리싱 클로스」는 결이 고우므로 추천(일반 안경닦이 천으로도 대용 가능).

▲몰드가 약한 부분은 패널 라인을 다시 새겨주는데, 처음에는 샤프펜으로 밑그림을 그려준다.

▲밑그림을 따라 비닐제 마스킹 테이프로 가이드를 만들어준다(모델러즈의 「하이테크 마스킹 테이프」를 사용).

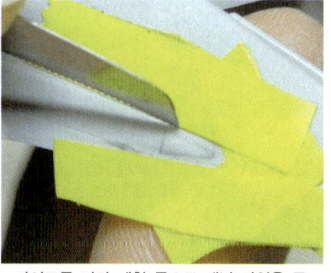
▲가이드를 따라 에칭 톱으로 패널 라인을 긋는다. 그어줄 때는 힘을 거의 주지 않는 것이 포인트.

▲곡선의 경우에는 프리핸드로 커팅한 가이드를 사용. 단번에 모양이 나오기는 어려우므로, 여러 개 만들어보고 그중 가장 잘 된 것을 사용한다.

▲곡선 패널 라인을 새겨줄 경우에는 에칭 톱보다는 철필 쪽이 더 적합하다.

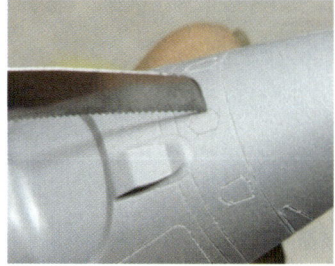
▲세세한 몰드 수정도 기본적으로는 앞과 똑같은 작업 요령의 반복이다. 몰드는 선의 집합체라고 생각하는 것이 좋다.

▲기다란 직선은 간단해 보이지만 에칭 톱은 어긋나기 쉬우므로 귀찮더라도 가이드를 붙여주면 실패를 예방할 수 있다.

▲콕피트 도색에 들어간다. 도료는 안료가 침전되기 쉬우므로 사용할 때는 잘 저어주도록 하자.

2 콕피트 도색

▲사이드 콘솔을 무광 블랙으로 도색하고 마스킹. 이제부터 따로 적지 않는 한 모두 에어브러시 도색이다.

▲다음으로 산뜻한 하늘색을 칠하는데, 검정색 위에선 발색하기 어려우므로 밝은 그레이를 먼저 뿌려준다.

▲그레이가 밑색이 되어주므로 하늘색이 곱게 발색했다. 참고로 빨강이나 노란색을 칠할 때는 밑색으로 흰색을 칠해주면 좋다.

▲도색한 부품은 양면 테이프로 감은 이쑤시개에 고정한 후, 발포 스티로폼 등에 꽂아 건조되기를 기다린다.

3 인테이크 조립

  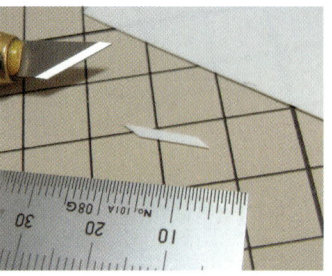 

▲인테이크 조립은 기사 본문에서 언급한대로, 조립설명서의 수순을 무시하고 사진처럼 접착한다.

▲이번 작례에선 신중하게 조정했다고 생각했는데도 인테이크 안쪽에 틈새가 생기고 말았다. 눈에 띄는 부분이므로 수정한다.

▲틈새와 같은 크기로 플라판을 커팅한다. 한 번에 딱 맞추기는 어려우므로 틈새에 여러 번 대면서 형상을 미조정해 준다.

▲GSI크레오스의 「순간접착 퍼티」는 틈새를 메우는 데 편리하다. 웨이브의 「검은 순간접착제」도 추천.

4 콕피트 마무리

  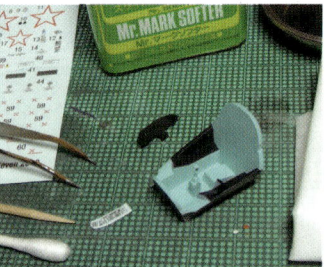 

▲틈새에 퍼티로 대충 발라 덮는다. 너무 많이 발랐다간 깎아내기가 크일이므로 몇 차례로 나눠 조금씩 발라 덮도록 한다.

▲순간접착 퍼티는 딱딱하고 스폰지 사포는 불균일하게 갈아내게 되므로 일반 사포로 표면을 균일하게 갈아낸다.

▲동체 접착 전에 도색 및 공작이 모두 끝났으므로 데칼을 붙여준다. 핀셋, 이쑤시개, 면봉을 준비한다.

▲데칼을 핀셋으로 집어 물에 담근다. 몇 초 후에 물에서 건져내 티슈 위에 놓아 여분의 물기를 빨아낸다.

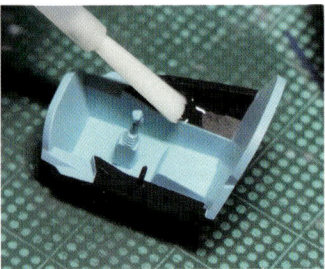 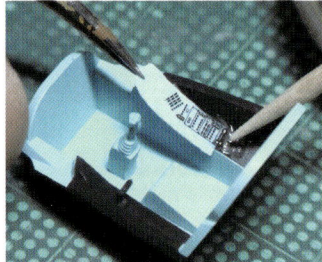 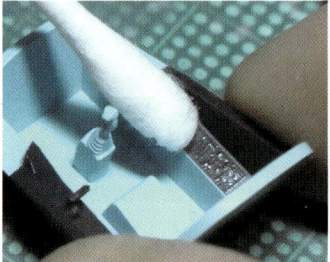 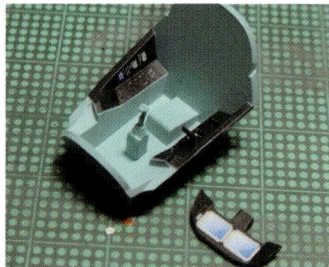

▲그대로는 데칼이 부품에 잘 밀착되지 않으므로 미리 마크소프터를 칠해놓는다.

▲이쑤시개로 데칼을 눌러주는 동시에 대지를 핀셋으로 슬라이드해서(당겨서) 정위치에 데칼이 오도록 해준다.

▲데칼이 부드러워지면 여분의 물기는 면봉으로 빨아낸다. 힘을 주면 데칼이 파손 및 변형되므로 주의할 것.

▲데칼 붙이기가 모두 끝나면 콕피트 전체를 플랫 클리어로 가볍게 뿌려 데칼을 보호해 준다.

5 동체 접착

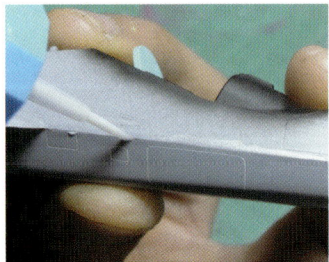 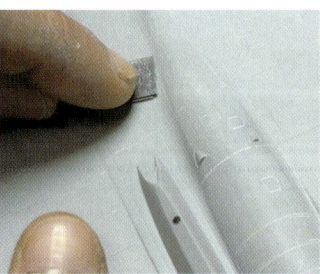  

▲콕피트, 인테이크를 붙인 다음에 동체를 접착한다. 부품 정밀도가 좋으므로 무수지 접착제를 사용한다.

▲오돌도돌한 표면은 사포로 문질러 도색에 대비한다. 최종적으로는 800번으로 마무리해 준다.

▲손이 닿지 않는 부분은 스폰지 사포가 편리. 사진처럼 모서리를 비스듬히 깎아내면 오목해져 골진 부분에도 잘 닿는다.

▲앞바퀴 커버는 키트 그대로 접착하면 푹 꺼지게 되므로, 가늘게 자른 플라판 막대를 안쪽에 대서 받침대로 해준다.

▲모형적인 변화를 주기 위해 수평꼬리날개에 패널 라인을 깊게 새긴다. 디자인나이프 날을 세워서 작업하면 더욱 강조효과가 있다.

▲뒷바퀴 커버는 개폐장치가 전혀 없기 때문에, 황동선을 심기로 한다. 일단 부품 전체를 맞춰 보고 구멍을 뚫을 위치를 정한다.

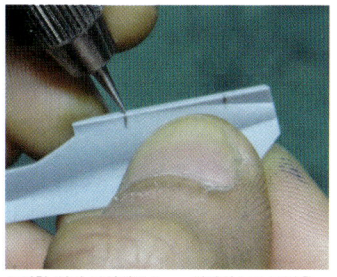
▲정한 위치 부위에 0.3mm 핀바이스로 구멍을 뚫는다. 뒷바퀴 커버는 얇기 때문에 관통하는 일이 없도록 신중하게 작업하자.

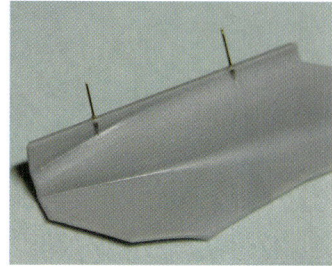
▲0.2mm 황동선을 구멍에 심고, 순간접착제로 고정한다. 동체 쪽의 결합될 부위도 여유를 감안해서 0.3mm로 뚫어놓는다.

6 피토관 공작

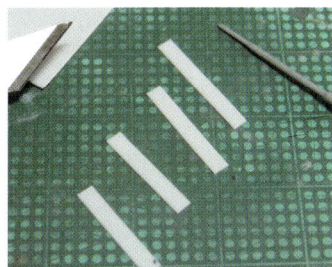
▲피토관 끄트머리의 안테나는 눈에 띄므로 추가. 잘게 자른 플라판 4장을 겹치고 한쪽 끄트머리만 순간접착제로 점찍듯 붙인다.

▲사진처럼 핀셋으로 집고 나이프로 모양을 깎는 식으로 한꺼번에 4장을 만들어준다.

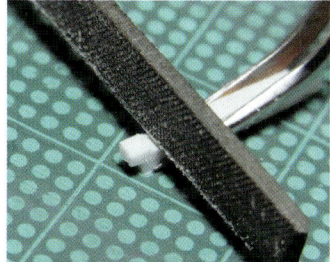
▲거칠게 대충 모양을 잡아줄 때는 줄이 효과적. 힘을 너무 주면 플라판이 쪼개지므로 조금씩 작업하도록 하자.

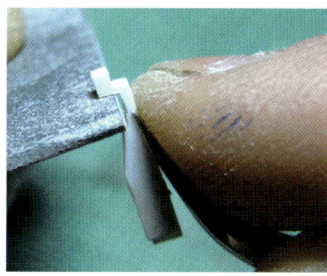
▲최종 다듬기는 일반 부품과 마찬가지로 사포를 써서 모양을 신중히 다듬어준다.

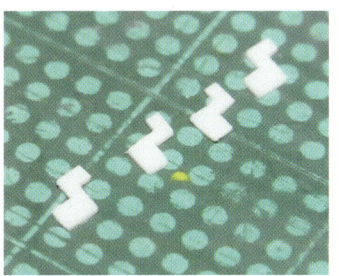
▲모양 다듬기가 끝나면 접착했던 끄트머리를 잘라내서 부품을 분리한다. 이제 똑같이 생긴 것이 4개 만들어졌다.

▲접착은 일반용 수지 접착제를 쓰는데, 접착제에 달린 솔은 미조정할 수 없으므로 종이 같은 데다 조금 덜어놓고 사용한다.

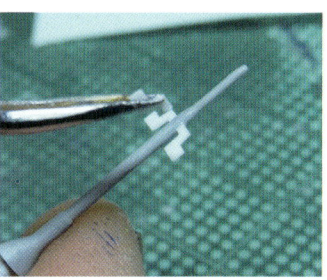
▲수평, 수직을 미조정하면서 접착. 위치가 완전히 정해지면 마지막엔 무수지 접착제를 가볍게 발라준다.

▲조립설명서 수순에 얽매이지 말고 같은 색 부분은 가능한 한 붙여서 일체화해 놓으면 도색 작업에서 수고를 줄일 수 있다.

7 세부 도색

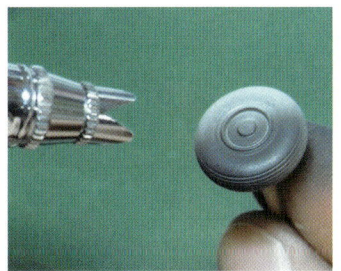
▲타이어는 미리 무광 검정으로 칠해놓는다. 그리고 암핀 구멍이 있는 부품은 이쑤시개에 꽂아서 칠하면 편리.

▲제트 노즐 안쪽은 세라믹 재질이라 흰색이므로, 금속색 부분을 마스킹해서 흰색 도색에 대비한다.

▲원통 부품 안쪽은 한 장으로만 마스킹하면 들뜨는 곳이 생기곤 하므로 몇 부분으로 나눠 마스킹한다.

▲노즐 판의 겹침을 표현하기 위해 흰색을 뿌린 후에 몰드를 따라 세로로 마스킹해 준다.

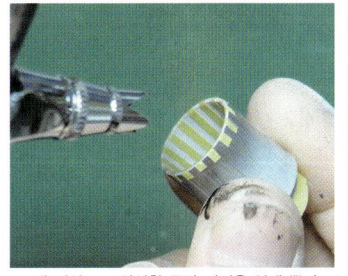
▲5배 이상으로 희석한 무광 검정을 옅게 뿌려서 노즐의 음영을 만들어준다.

▲노즐 음영이 확실히 표현되었다. 완전한 흰색은 너무 티나게 부자연스러우니 다시 무광 검정을 살짝 뿌려 자연스러운 색감을 내준다.

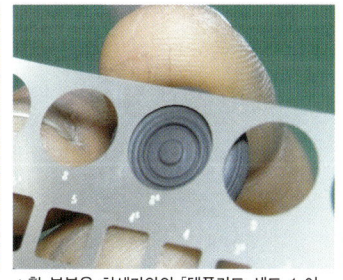
▲휠 부분은 하세가와의 「템플리트 세트 1」이 편리. 살짝 더 큰 지름을 고르는 것이 포인트다.

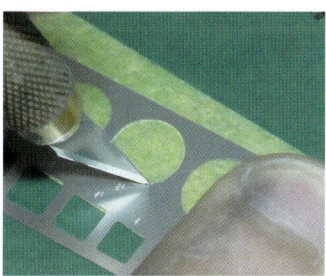
▲마스킹 테이프 잘라내기에서 가장 중요한 점은, 나이프 날은 꼭 새것으로 바꿔서 날이 잘 들도록 하는 것.

▲테이프의 한 곳을 잘라주면 지름의 미조정을 할 수 있다. 살짝 더 큰 지름을 고른 이유가 바로 이 때문.

▲테이프를 커팅해서 하나 만들어놓으면, 한 쪽을 도색하고 벗겨낸 테이프를 반대쪽 휠 마스킹에도 다시 쓸 수 있다.

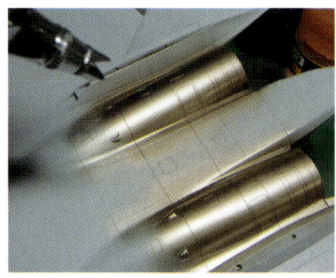
▲엔진 부분의 금속색은 좋은 악센트가 된다. 처음에는 변색된 철색, 골드, 클리어 오렌지를 섞은 기본색을 뿌린다.

▲실기는 리벳 라인을 따라 생긴 금속의 변색이 눈에 두드러지므로, 격자 모양으로 마스킹을 해준다.

▲기본색에 검정색을 섞어서 뿌린다. 다른 부분에는 도료가 묻지 않도록 마스킹해서 보호한다.

▲기본색에 클리어 레드나 실버 등을 더한 각종 잡색을 만들어 패널 라인별로 뿌려준다.

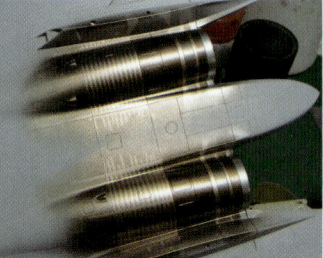
▲모형적인 존재감이 늘어나므로 금속색의 콘트라스트는 좀 부자연스러울 정도로 강한 편이 좋은 것 같다.

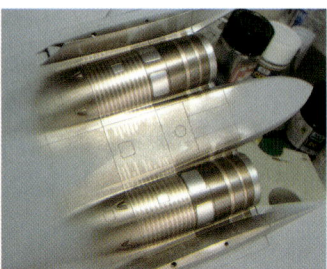
▲점검 패널은 실버로 도색해서 악센트를 준다. 또한 상면과 동시에 동체 하면도 같이 작업해준다.

▲완전 건조 후에 전체 도색에 대비해서 금속색 부분을 마스킹한다. 먼저 가는 마스킹 테이프로 빙 둘러가며 붙여주면 확실.

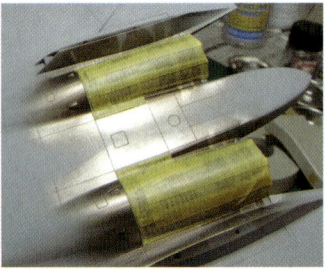
▲기체의 커브가 강하므로 마스킹 후에 이쑤시개로 모서리 쪽을 가볍게 눌러서 테이프가 완전히 밀착되도록 해준다.

▲캐노피 마스킹은 직선과 곡선, 2종류의 테이프를 사용한다. 곡선을 자를 때는 서클 커터가 편리.

▲캐노피 틀에 맞춰 커브를 붙인다. 테이프의 이음매는 들뜨기 쉬우므로 확실히 눌러 붙인다.

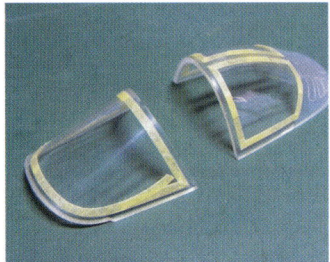
▲테두리 마스킹을 끝낸 모습. 곡률이 강해서 안쪽 마스킹은 GSI크레오스의 마스킹 졸을 사용한다.

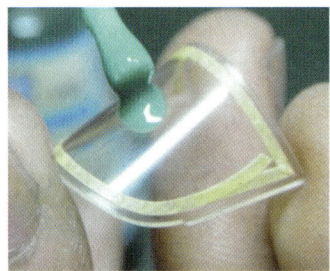
▲캐노피에 졸을 한 방울 정도 얹는다. 졸은 유동성이 커서 한 번에 다 바르려고 하면 타고 흐르게 된다.

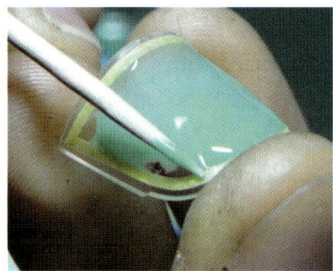
▲졸 병뚜껑의 솔은 미조정하기 힘들므로, 이쑤시개를 써서 모서리까지 얇게 발라 편다. 다 덮어주고 충분히 건조시킨다.

▲캐노피 안쪽 면도 마찬가지로 테이프로 테두리 마스킹한 다음 졸로 안쪽을 덮고 건조를 기다린다.

▲투명 부품은 처음에 바른 색이 안쪽을 통해 보이게 되므로 맨 처음엔 콕피트 색을 뿌려준다.

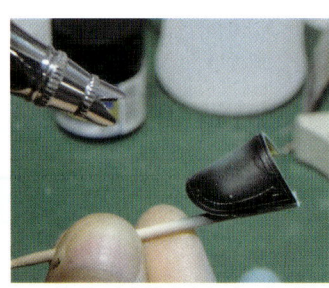
▲그 다음에는 검정색을 뿌린다. 이는 캐노피의 투과성을 막기 위해서이므로 실버 대신 뿌려도 된다.

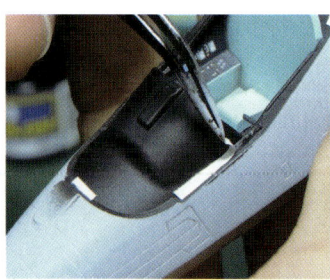
▲캐노피는 기체 본체와 함께 칠하게 되므로 투과 방지 도색 후에 가늘게 자른 양면 테이프를 테두리에 붙여 떨어지지 않게 한다.

▲엔진 부분 마스킹, 캐노피 마스킹을 끝낸 모습. 다음은 기체 도색 과정을 진행한다.

8 기체의 도색

▲본 작례에선 여러 색상을 섞어 오리지널 색을 조합했다. 이 경우에는 못 쓰는 플라판에 시험 삼아 칠해보는 것이 좋다.

▲미디엄 그레이를 전체에 칠한다. 이 기체는 인테이크 내부, 바퀴 수납고, 작은 부품도 같은 색으로 칠해준다.

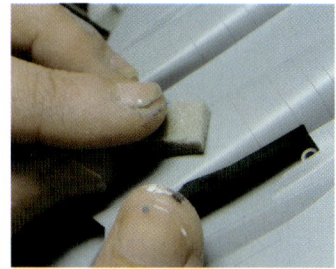
▲도색 후에 눈에 띄는 단차나 덜 마무리된 표면 처리는 다 마르고 나면 스폰지 사포로 처리해서 수정해 준다.

▲피토관처럼 가는 부품의 마스킹은 사진처럼 테이프를 감아주면 간단히 해결할 수 있다.

▲에어브러시 도색은 생각보다 훨씬 많이 도료 먼지가 발생하므로, 마스킹은 확실히 해주도록 한다.

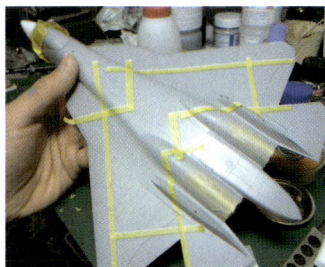
▲기체 상면의 흰색은 다크 그레이 색 작업 시 밸런스에 영향을 끼치므로 위치와 면적을 신중히 정할 필요가 있다.

▲모조리 테이프만 쓰면 아까우므로 넓은 면적은 프린터 용지 등을 활용하면 효율 좋게 마스킹할 수 있다.

▲도료 분진(반 건조 현상) 때문에 도색면이 거칠어질 경우가 있는데, 면봉에 에나멜 시너를 조금 묻혀 문질러주면 해결될 수도 있다.

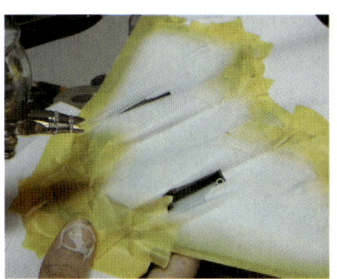
▲하면도 같은 방법으로 도색하는데, 바퀴 수납고는 맨 마지막에 마스킹 도색할 것이므로 현 시점에선 무시하고 진행한다.

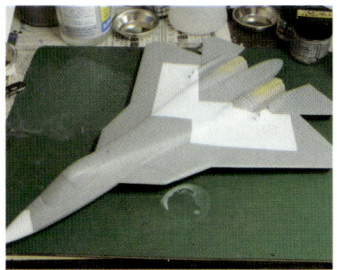
▲흰색 도색을 마친 상태. 흰색 계열 도료는 두껍게 뿌리면 패널 라인이 다 메워지기 십상이므로 얇게 여러 번 뿌린다는 것을 항상 의식한다.

▲다크 그레이 도색에 들어간다. 마스킹은 사진처럼 테이프로 벽을 만들어주고 뿌리면 분진 방지에 효과적이다.

▲흰색 도색 때 생기는 도료 단차는 어떻게 해도 피할 수 없지만, 눈에 거슬린다면 건조 후에 스폰지 사포로 살살 갈아 평탄화해 준다.

▲도색면의 색상은 같은 색도 마스킹한 상태와 벗겨낸 상태의 명도가 달라 보이므로 도색한 부분별로 마스킹을 벗겨내 일일이 확인한다.

▲만약 반 건조 현상(도료 분진)이 발생했더라도 심한 상태가 아니라면 에나멜 시너를 묻힌 면봉으로 문질러서 바로잡아줄 수 있으므로, 전전긍긍하지 말 것.

▲스트레이크 끝단이나 수직꼬리날개의 그레이는 색조가 미묘하게 다르기 때문에 미디엄 그레이와 흰색을 1:1로 섞어서 도색.

▲바퀴 수납고처럼 움푹 꺼진 부분은 반 건조 현상 때문에 꺼끌꺼끌하므로 도색 전에 거친 붓으로 쓸어서 도료 먼지를 털어낸다.

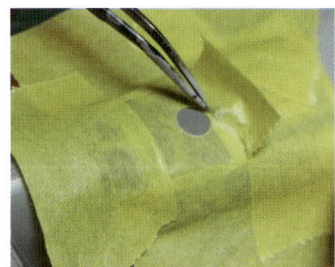
▲돌기물과 인접한 부분은 반 건조 현상 가능성이 크므로 정성껏 마스킹해 준다.

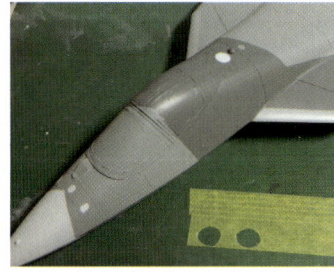
▲세부 도색까지 완료한 상태. 데칼 붙이기에 대비해 현 단계에선 도색면의 광택을 죽이지 않도록 한다.

▲색조에 변화를 주기 위해 10배로 희석한 흰색을 아주 신중히 뿌려주는데, 감을 잡기 어려우므로 테스트용 조각에 미리 연습.

▲불규칙하게 뿌려서 변화를 주는데, 지나친 것보다는 조금 모자란 듯한 정도가 좋다.

9 데칼 붙이기

▲도색을 다 끝내면 드디어 데칼 붙이기 과정에 들어가는데, 도색 과정에서 어질러진 작업 공간은 데칼이 분실되거나 파손되지 않도록 잘 정돈해 놓으면 안심이다. 외형이 비교적 단출한 키트이므로 데칼로 꾸며주면 볼품이 확 살아나게 된다.

▲큼직한 데칼은 마크소프터를 쓰면 연화 때문에 심하게 우글쭈글해지는데, 당황하지 말고 그대로 놔두면서 밀착시킨다.

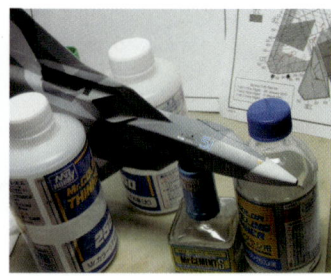

▲기수 측면은 각도상 데칼을 붙이기 힘든 곳이므로, 희석제 통 등을 써서 붙이기 쉬운 각도로 기체를 옆으로 돌려 세운다.

▲마크소프터는 큼직하게 한 방울 떨어뜨리면 표면을 타고 흘러 번지므로, 몇몇 곳만 작은 점 찍듯이 톡톡 찍어주도록 한다.

▲데칼 붙이기가 모두 끝난 상태. 키트의 데칼을 모두 붙일 필요는 없고 취향에 맞춰 골라 붙여도 문제될 것은 없겠다.

10 먹선 넣기와 웨더링

▲웨더링 작업 중에 데칼이 상할 가능성이 있으므로 데칼 부분은 클리어를 미리 뿌려놓는다.

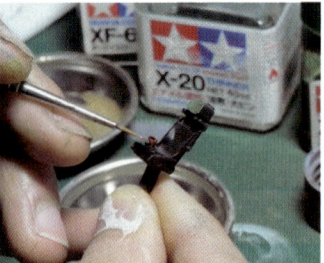

▲웨더링은 붓을 쓰게 되므로 작은 부품의 세부 도색도 이때 같이 작업한다.

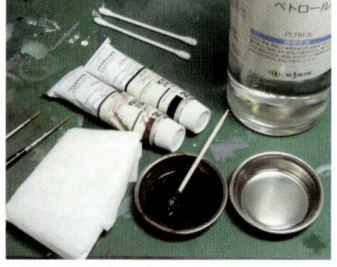

▲유화물감과 페트롤을 써서 기체 전체를 웨더링한다. 도료의 특성은 타미야 에나멜과 별로 다르지 않다.

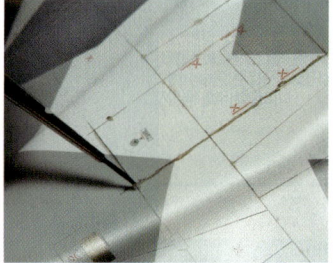

▲패널 라인의 교차점을 중심으로 유화 먹물을 흘려넣는다. 다음 단계에서 닦아낼 것이므로 번져나더라도 상관없다.

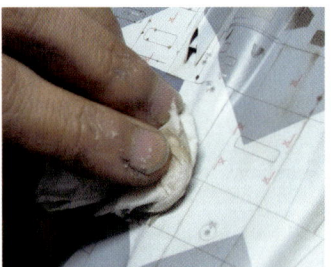

▲티슈에 페트롤을 소량 적셔서 번진 유화 먹물을 닦아낸다. 골진 부분은 면봉을 써서 닦는다.

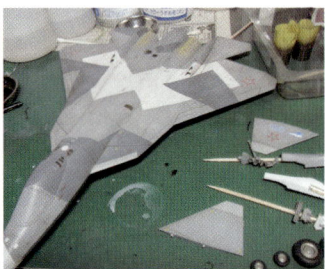

▲모든 부품을 웨더링했다. 정착이 약해서 거의 다 닦여나가기 때문에 섬세한 느낌으로 마무리되었다.

▲다른 금속색 부품과 달리 제트 노즐 부분만 무광으로 마무리해서 포인트를 주었다.

▲유화 먹선 보호와 전체적인 광택을 조절하는 의미에서, 기체 전체에 무광 클리어를 얇게 뿌려준다.

▲무광 클리어를 뿌린 후에는 금속색 부분의 마스킹을 핀셋으로 신중히 제거한다.

▲캐노피도 마찬가지로 마스킹을 벗기는데, 핀셋 끝에 투명 부품이 흠집이 나지 않도록 세심한 주의를 기울인다.

▲최종 조립에 들어간다. 앞바퀴 커버처럼 접착면적이 작은 부품은 모두 세메다인의 「슈퍼X2」로 접착한다.

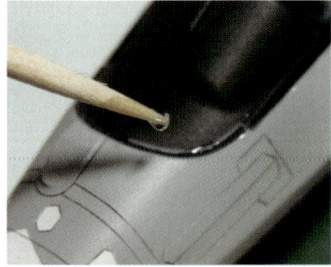

▲캐노피 접착도 슈퍼X2로 하지만, 삐져나오면 지저분해 보이는 곳이므로 소량을 점으로 찍어주고 이쑤시개로 얇게 펴발라 접착한다.

수호이 T-50 PAK-FA
Sukhoi T-50 PAK-FA

독일레벨 1/72 스케일 플라스틱 키트
수호이 T-50
제작·글 / **뫼비우스3**

■제작 수순
예외는 있지만 기본적으로 모든 비행기 모형은 제작 순서가 대개 정해져 있어서, 아래의 순서로 제작하는 것이 가장 효율적이라고 합니다.
① 콕피트, 엔진 주변 작업·도색
② ①의 부품들을 합쳐서 동체, 주날개 결합, 표면 처리
③ 마스킹, 전체 도색
④ 데칼 붙이기, 웨더링(순서는 다를 수 있음)
⑤ 바퀴 같은 작은 부품들을 접착하고 최종 조립

대체로는 위와 같은 흐름으로 완성하게 됩니다. 조립설명서대로 만들면 아주 조립하기 까다로워지는 키트도 많으므로 주의가 필요합니다.

■제작
콕피트부터 제작에 들어가는데, 상당히 단출한 부품 구성이므로 바로 도색·데칼 붙이기에 들어갈 수 있습니다.

눈에 거슬리지 않으면 무시해도 되는 작업이긴 한데, 에어 인테이크 내부는 접합선이 안쪽에 있으므로 이쑤시개 등을 이용해서 끈기있게 「퍼티 바르고 사포질로 갈기」를 해서 다듬습니다. C27, 28 부품은 이 단계에서 접착 지시가 있는데, 인테이크 주변 다듬기가 모두 끝난 다음에 붙이는 편이 낫습니다.

다음으로 인테이크 외부 부품, 동체 상·하면 접착에 들어갑니다. 조립설명서 순서대로는 상당히 틈이 벌어지게 되므로 C23, 24를 동체 하면에 붙이고 나서 인테이크 내부를 접착하고, 밖에서 외부 부품으로 덮는 편이 더 잘 들어맞게 마무리된다고 봅니다. 그래도 인테이크 내측이나 바깥 주변에는 단차가 생기기 마련인데, 이때는 가능한 한 바깥 둘레 쪽으로 단차를 몰아 접착하면 뒤처리가 훨씬 편해집니다.

콕피트, 인테이크를 동체에 붙이면 거의 비행기 형태가 나오는데, 이 키트는 방전 금형 표면이 꽤나 오돌도돌하고 패널 라인이 얕으므로 표면 처리를 확실히 할 필요가 있습니다. 우선 철필이나 에칭 톱으로 패널 라인을 다시 새겨줍니다. 철필은 강도가 높고 끝이 지나치게 날카롭지 않은 것, 에칭 톱은 구하기 쉽고 적당한 곡날에 얇은 것을 고르면 작업하기 쉽습니다.

기본적으로는 원래의 선을 몇 번 따라 그어 깊게 파주기만 하는 작업이지만, 거의 사라진 패널 라인의 경우에는 두꺼운 비닐제 마스킹 테이프를 가이드로 대고 처음부터 다시 새겨줄 필요가 있습니다.

패널 라인 새기기가 끝나면 이제 표면을 사포질하며 전체 도색에 대비하도록 합시다.

■도색
먼저 엔진 부위의 금속색을 칠하는데, 금속색을 몇 가지 만들어 패널 별로 나눠 칠해주면 아주 리얼한 느낌으로 마감됩니다.

충분히 건조시킨 후에 도색한 엔진, 캐노피를 마스킹하고 전체 도색에 들어갑니다. 색 분할 도색하는 팁으로 밝은 색부터 칠하라고들 하는데, 이번에는 미디엄 그레이, 화이트, 다크 그레이 순으로 칠하는 것이 형상적으로 가장 쉬운 길이라 생각합니다.

이어서 세부와 작은 부품 도색을 동시에 진행하고 데칼 붙이기에 들어갑니다.

데칼은 국적 마크나 기체 번호처럼 크고 눈에 잘 띄는 것부터 붙이면 위치가 어긋나는 것을 막을 수 있습니다. 그리고 코션 마크나 데칼 등은 상면부터 붙이는 편이, 실패해서 데칼 수가 부족해졌을 경우에 하면에서 가감하며 맞춰줄 수 있으므로 안심입니다.

■웨더링
실기가 최신 시제기라서 더럽혀진 모습을 거의 볼 수가 없는데, 그렇다고 전혀 더럽지 않은 것도 모형적으로는 볼품 안 나므로 유화 물감을 써서 먹선 넣는 정도로만 해줬습니다. 유화 물감은 타미야 에나멜보다 정착력이 약해서 닦아내면 거의 남지 않으므로 먹선이 두드러지지 않게 넣고 싶을 경우에 효과적이라고 생각합니다.

■조립
플랫(무광) 클리어로 전체의 광을 조절하고, 드디어 최종 조립에 들어가는데, 형상에 따라 접착제 종류를 골라 쓰면 강도 확보에도 도움이 됩니다. 앞바퀴 커버처럼 얄팍한 부품이나 캐노피 같은 투명 부품은 탄성 접착제(세메다인 슈퍼x2 등), 꼬리날개나 타이어처럼 붙인 후에 위치 미조정이 필요한 경우에는 스티렌용 접착제, 기수 피토관처럼 접합선이 패널 라인처럼 보여야 하는 경우는 스티렌용 접착제(무수지 타입)처럼 용도별로 나눠 쓰는 것이 좋습니다.

도색 후에 순간접착제를 사용하면 접착 강도가 거의 없으므로, 특수한 경우를 제외하고는 그리 추천할 수 없겠습니다.

제4장 러시아 최신 제트 전투기를 만든다 | 랩터, 라이트닝에 대항하는 러시아의 자객

랩터, 라이트닝에 대항하는 러시아의 자객

수호이 T-50 PAK-FA
Sukhoi T-50 PAK-FA

러시아 공군 T-50 PAK-FA
- 발매원/하비보스, 판매원/도유샤 ●5250엔, 발매 중
- 플라스틱 키트 ●1/72, 전체 길이 30.7cm

HOBBY BOSS 1/72 scale plastic kit
Russian T-50 PAK-FA
modeled by Masao KIKUCHI

미국이 주도하는 5세대 스텔스 전투기 개발에서, 유일하게 대항 가능할 것으로 주목받는 것이, 러시아가 개발한 T-50 PAK-FA이다. Su-27, MiG-29의 후계기로서 2010년에 첫비행, 스타일이 F-22 랩터를 닮았다고도 하지만, 여러 부분에서 러시아다운 느낌이 배어 있으며, 전투기로서의 순수한 매력은 랩터 그 이상의 감동을 준다. 이미 1/72, 1/144로 각 브랜드에서 키트화가 이루어졌으며, 그중에서 최신키트인 하비보스 1/72 키트를 제작해 보겠다.

하비보스 1/72 스케일 플라스틱 키트
수호이 T-50 PAK-FA
제작·글/키쿠치 마사오

■제작

2012년, 하비보스가 1/72로 모형화한 것은 러시아 공군이 2016년 배치를 목표로 하고 있는 T-50 PAK-FA 1호기입니다. 실용화에 이를 때까지 앞으로도 형태가 변화할 것이 예상되므로, 순수하게 모형으로서 최신예기를 즐겨보기로 했습니다.

부품 수는 적고 기체는 상하로 나뉜 큰 부품 두 개로 구성되어 있습니다. 만일을 위해 중성세제로 세정하고 나서 먼저 정석대로 콕피트부터 만듭니다. 1/48급의 커다란 시트에다 측면 패널과 계기판엔 몰드도 전혀 없는 수준이지만, 캐노피를 클리어 블루로 칠할 예정이라 키트 그대로 조립하기로 했습니다. 살짝 디테일업으로, HUD 부분의 투영 렌즈는「H아이즈(미니)」를 심어주고 하세가와의「편광 피니시 그린~마젠타」를 붙여 주었습니다.

동체 부품은 뒤틀림이 있어서 손으로 휘어서 수정. 피토관 기단부는 접착 후, 기수에 접착제를 많이 발라주고 마스킹 테이프 등으로 말아 튼튼히 접착. 순간접착제도 흘려넣어 줬습니다.

다 굳을 때까지 바퀴와 피토관을 만듭니다. 주날개 뒷전은 두꺼워서 최신예기답지 않기에

76

얇게 갈았습니다. 스트레이크 앞끝 등지에 생긴 틈새는 젤리형 순간접착제를 발라 형상을 다듬어 줍니다. 기체의 몰드가 얕아서 커터, 리벳 스탬퍼를 써서 강조해 줬습니다.

■도색

마킹은 첫비행 당시의 무도장 상태와 「블루 51」을 붙인 스플리터 위장 패턴 2종이 마련되어 있습니다. 이번에는 후자를 선택. 스플리터 위장은 밝은 색부터 어두운 색으로 마스킹하면서 칠해줍니다.

도료는 GSI크레오스의 Mr.컬러를 사용. 밑바탕의 흰색은 GX1 쿨 화이트에 C306 그레이를 섞고 C73 에어크래프트 그레이를 1~2방울 더해줍니다. 흰색을 마스킹하고 C73 에어크래프트 그레이를 에어브러싱. 성형색과 비슷한 색인데 이 색도 C316 화이트를 1~2방울 더했습니다. 진파랑 색 부분은 C72 미디엄 블루입니다. 각 색은 이웃 색을 미량 섞어서 색상이 튀는 것을 억제했습니다(헤이즈 효과).

엔진 부분은 C8 실버에 GX201 메탈 블랙을 얼룩지게 뿌리고 각종 클리어(레드, 오렌지, 그린 등) 색으로 변색 효과를 표현해 봤습니다.

데칼은 마크세터를 써서 붙이고, 건조 후에 반광 슈퍼 클리어를 뿌려 톤을 맞춰줍니다. 마지막으로 진하고 옅은 에나멜계 그레이 3색으로 명암이 반대가 되도록 먹선을 넣고 웨더링 효과가 나도록 앞뒤 방향으로 닦아내서 완성했습니다!

🟧 제작

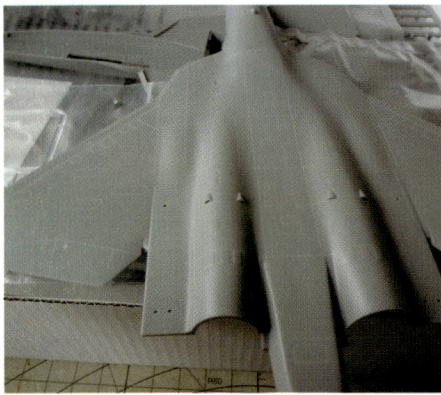
▲기체 상면 엔진 앞부분에 있는 에어 스쿠프는 디자인나이프로 파낸다. 테두리는 가능한 한 얇게 해준다.

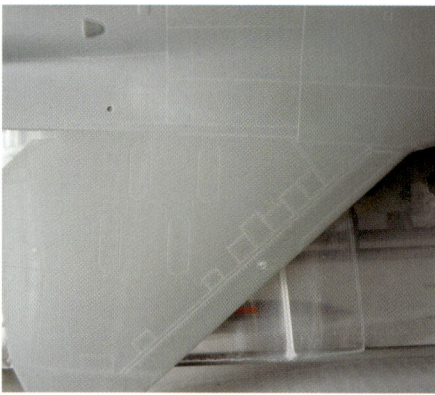
▲얇은 패널 라인과 리벳은 커터와 리벳 스탬퍼(0.25mm 지름)로 강조했다.

▲키트는 엔진 덕트도 재현. 밀핀 자국이나 접합선 처리를 해주고 내부색으로 도색해 줬지만 완성 후에는 거의 보이지 않게 된다.

▲콕피트는 거의 스트레이트 조립. HUD 투영 렌즈만 「H아이즈(미니)」를 박아주고 클리어 오렌지로 도색.

▲앞캐노피(윈드실드)는 녹인 퍼티로 틈을 메워준다. 만약을 대비해 기수에는 낚시용 추를 5g 정도 넣어주었다.

▲앞뒤 바퀴는 Mr.컬러 C73을 뿌리고 바예호 No.306 다크 러버를 붓칠. 바예호는 발림성이 좋아서 붓칠하기가 쉽다.

🟧 도색

▲흰색과 그레이를 도색하고 2.5mm 폭 마스킹 테이프로 위장색 패턴 위치에 맞춰 마스킹해 준다.

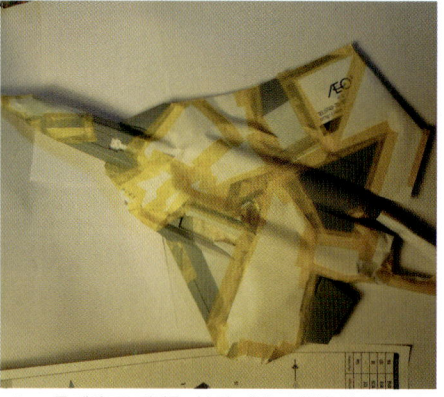
▲6mm 폭 테이프로 전체를 마스킹. 테이프 절약을 위해 시트지 사용. 얇고 표면도 매끄러운데다 구하기도 편하다.

▲마스킹을 모두 벗겨내고 전체를 체크. 부품꽂이는 배기 노즐 지름에 맞춰 가늘게 만 종이통 끝에다 양면 테이프를 붙인 것이다.

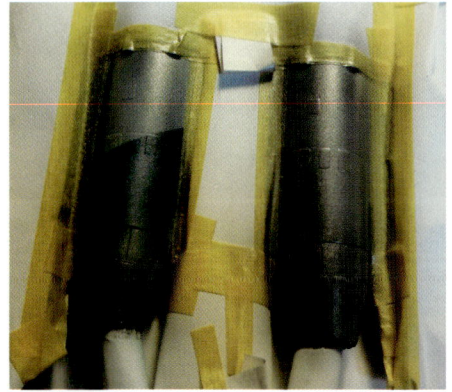
▲엔진 부분 도색. 도료가 번져나지 않도록 마스킹해 주고 C8 실버를 에어브러싱한다.

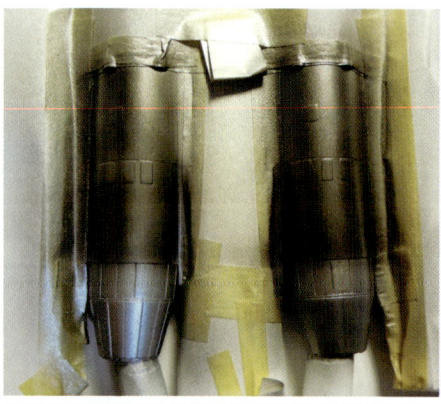
▲다음으로 GX201 메탈 블랙을 조금 랜덤하게 에어브러싱. GX 시리즈는 발색 및 은폐력이 좋고 도막도 튼튼해서 요긴하다.

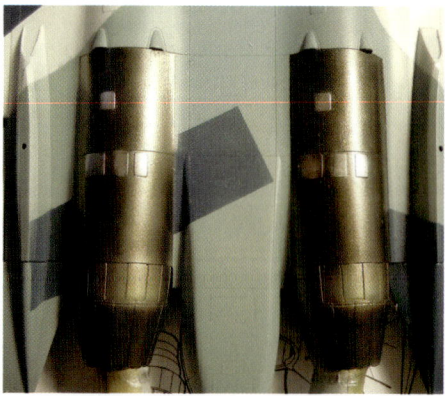
▲바이크의 변색된 배기관을 표현하는 요령으로 레드, 오렌지, 다크 그린 같은 클리어 색을 랜덤하게 뿌려서 마무리 효과를 준다.

▲기수. 황동선/파이프로 만든 피토관으로 대체했으며 HUD가 아이캐치가 된다. 기수 센서는 순간 접착제(젤리 타입)를 사용했다.

▲캐노피 상면. Su-27 계열과 마찬가지로 캐노피 앞부분에 IRST를 장비. 키트의 사출 좌석은 1/72 치고는 너무 큰 것 같다.

▲캐노피는 센터 프레임이 없는 것으로 선택. 색조의 통일감을 고려해서 클리어 블루로 옅게 뿌려 톤을 맞췄다.

▲앞바퀴다리의 라이트는 「H아이즈(미니)」로 교체. 자료가 없으므로 뒷바퀴까지 모두 에어 브레이크는 생략했다.

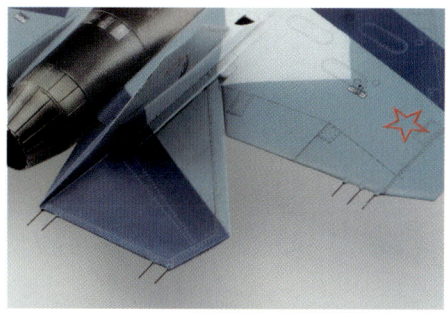
▲주날개 및 수평꼬리날개의 방전/피뢰침은 0.2mm 굵기 황동선을 길이에 맞춰 심었다. 주날개와 꼬리날개별로 길이가 다른 것도 눈여겨볼 점.

▲동체 하면. 키트에선 내부가 재현되지는 않았지만 에어 인테이크 사이에는 웨폰베이가 앞뒤로 두 군데 있는 것 같다.

▲배기 노즐은 P커터 등으로 선을 새겨넣었다. 금속감과 변색 효과는 모형적 데포르메로써 넣어준 표현. 자유로이 즐기며 만들어보자.

21년만의 뉴키트, 함재전투기형 플랭커

Su-33 플랭커 D
● 발매원/하세가와 ● 3780엔, 발매 중
● 플라스틱 키트 ● 1/72, 전체 길이 31.0cm

HASEGAWA 1/72 scale plastic kit
Su-33 Flanker D
modeled by Kozaburo NAGAO

제4장 러시아 최신 제트 전투기를 만든다 — 21년만의 뉴키트, 함재전투기형 플랭커

하세가와 1/72 스케일 플라스틱 키트
수호이 Su-33 플랭커 D
제작·글/나가오 코자부로

■ 아름다운 미사일 캐리어

수호이 Su-27 플랭커 전투기는 제가 좋아하는 기체입니다. 러시아기 중에서도 우아한 동체 라인에 쌍꼬리날개라는 발군의 스타일이 매력적이죠. 여태까지 1/72, 1/32로 만들어봤는데, 이번 Su-33으로 세 번째가 됩니다.

하세가와에서 Su-27 플랭커 C 이후 21년 만에 내놓은 플랭커 키트는 함재기형 Su-33 입니다. 완전 신금형 제품으로, 카나드 날개 추가, 더블 슬로티드 플랩과 접이 기구를 추가한 주날개, 더블화된 앞바퀴, 강화된 랜딩기어, 착함 훅 장비 등 Su-27과의 차이점도 제대로 재현되어 있습니다. 각 부품의 몰드, 패널 라인도 샤프하고 부품 맞춤성도 양호. 캐노피, 에어 브레이크 및 보조 에어 인테이크는 개폐 선택식. 액세서리도 풍부합니다. 공대공 미사일 5종 (R-60×2, R-73×4, R-27ET×4, R-27R×4, R-77×2)과 로켓탄 포트 B-8×4가 각각의 론처와 함께 들어 있습니다. 데칼은 항모 「아드미랄 쿠즈네초프」 탑재기용 마킹 4종이 들어 있으며, 세세한 코션 데이터도 다수 포함. 최신 고증을 빠짐없이 채워놓은 빼어난 키트입니다.

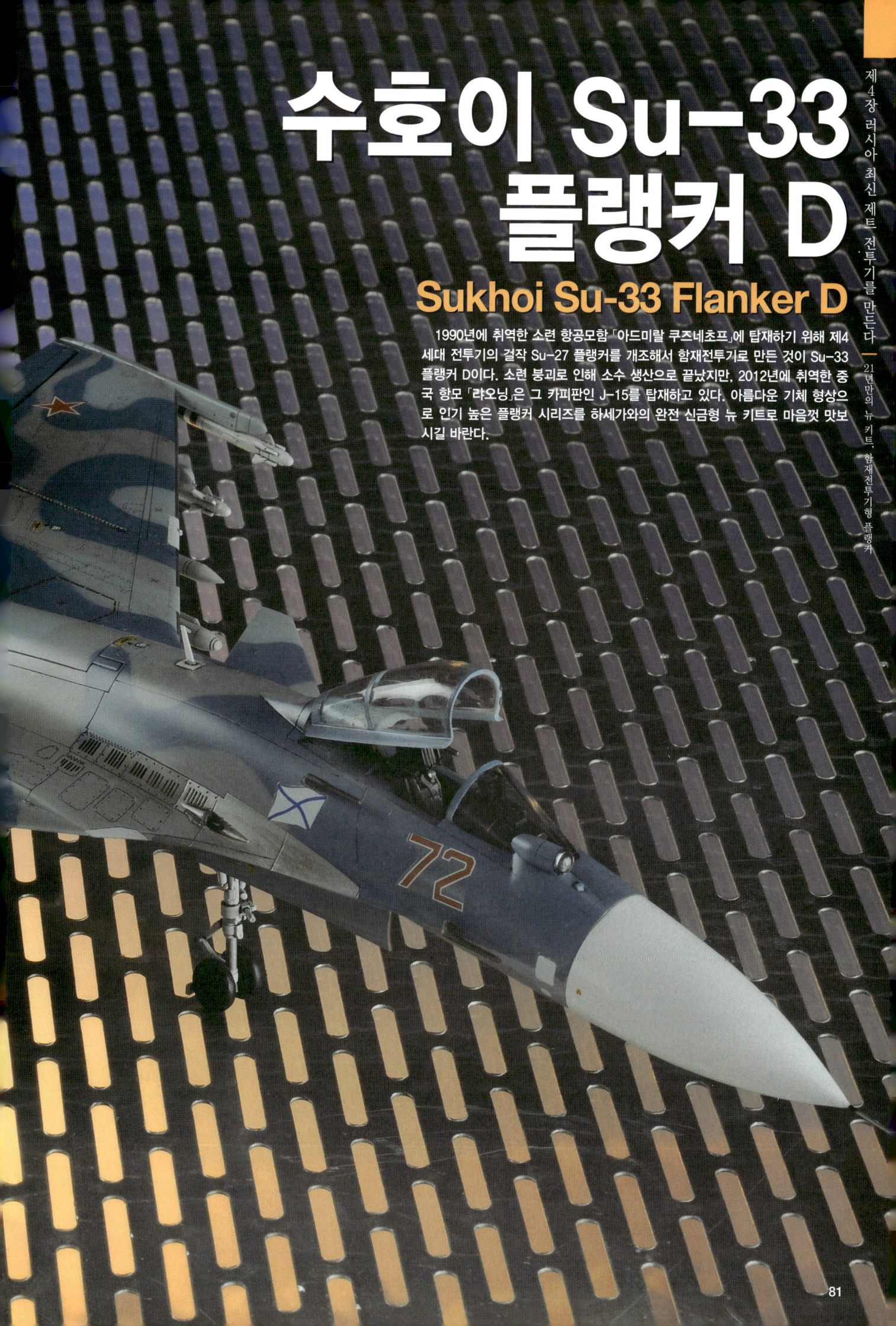

수호이 Su-33 플랭커 D

Sukhoi Su-33 Flanker D

1990년에 취역한 소련 항공모함「아드미랄 쿠즈네초프」에 탑재하기 위해 제4세대 전투기의 걸작 Su-27 플랭커를 개조해서 함재전투기로 만든 것이 Su-33 플랭커 D이다. 소련 붕괴로 인해 소수 생산으로 끝났지만, 2012년에 취역한 중국 항모「랴오닝」은 그 카피판인 J-15를 탑재하고 있다. 아름다운 기체 형상으로 인기 높은 플랭커 시리즈를 하세가와의 완전 신금형 뉴 키트로 마음껏 맛보시길 바란다.

제4장 러시아 최신 제트 전투기를 만든다 — 21년만의 뉴 키트, 함재전투기형 플랭커

제4장 러시아 최신 제트 전투기를 만든다 – 21년만의 뉴 키트, 함재전투기형 플랭커

▼기수. 지상기용 전자 기기에 더해 자동 조작, 착함 제어, 모함 데이터 통신 등 함재기용 기기가 추가되었다.

▼콕피트 주변. 캐노피 오른쪽 앞에는 DLS-27K IRST 장비, 왼쪽에는 수납식 공중 급유 프로브가 추가되었다.

■제작

　제작에 임하면서, 아무래도 제트기의 샤프함을 표현하고 싶은 마음에 에어 인테이크 앞끝 부품들의 두께를 얇게 깎아내고, 뒤쪽 라인과 동체 부품의 맞춤을 충분히 조정해서 접착. 또한 부품 C28, 29에는 성형 시의 밀핀 자국이 나 있으므로 퍼티 등을 써서 수정했습니다.

　시트 벨트의 별매 옵션 제품들은 에칭으로 된 것이 많은데, 저는 와인병 입구를 감싸는 얇은 아연판(현역 시절 술집 마담한테 얻은 것을 아직껏 쓰고 있습니다)으로 자작했습니다. 이것만 있으면 에칭으로 나오지 않은 곡면도 OK입니다.

　캐노피 단면이 Ω 모양일 경우에 한가운데를 가로지르는 파팅 라인을 지울 때는 라인 주위에 마스킹 테이프를 붙이고 물사포질로 6000번까지+컴파운드로 연마합니다. 마스킹 테이프로 사포에 쓸리는 범위를 최대한 작게 해주는 것이 포인트입니다. 캐노피 도색 시에는, 마스킹한 다음 창틀 부분에 프라이머를 발라두면 도료도 잘 먹고, 얇으면서 아름답게 도료가 입혀집니다.

　수직꼬리날개 앞전에는 작은 에어 인테이크가 있는데, 인테이크 부품 두께를 극도로 얇게 깎아내서 접착한 다음에 0.14mm 플라판으로 칸막이를 만들어 붙였습니다. 얼핏 보면 눈에 잘 띄진 않지만 제트기의 샤프함이 한껏 돋보이게 됩니다.

■도색

　1/32 모형 제작할 때 조색했던 도료를 사용했습니다. 다크 블루는 실기 사진 등을 참고해서 조금 진하게 조색. 도료는 GSI크레오스의 Mr.컬러 C72 미디엄 블루+C74 에어 수피리어러티 블루입니다. 제작 시에는 조색 상태를 보기 위해 얇은 플라판에다 테스트 도색했었는데, 그 판을 보존해두면 컬러 샘플로서 귀중한 데이터가 됩니다. 전체 도색 후에 에나멜 X18 세미 글로스 블랙+X9 브라운을 전체에 입혀주고, 다 마르면 모시 메리야스 천으로 닦아냅니다. 도색면이 좀 더 차분히 가라앉은 색감으로 마감됩니다.

　위장 패턴은 조립설명서의 도장 패턴도를 모형 크기로 확대해서 잘라내 형지로써 사용합니다. 동체처럼 커브가 강한 부분은 다른 형지를 사이에 끼워 적절하게 조정. 키트와 형지 사이에, 마스킹 테이프를 둥글게 말아서, 조금 띄워 붙입니다. 형지 틈새로 도료가 뿌려져 묻었더라도, 에나멜 도료를 모시 메리야스 천으로 닦아내는 웨더링 마감 단계에서 그 부분을 의식하며 문질러주면 거의 눈에 띄지 않게 됩니다.

　미사일 도색할 때 앞날개 앞전의 흰색 라인은, 우선 흰색 부분 이외(즉 도색할 부분)를 마스킹하고 흰색을 에어브러싱. 다음으로 흰색 부분의 위치와 폭을 확인하고 마스킹한 다음에, 다른색

제4장 러시아 최신 제트 전투기를 만든다 21년만의 뉴 키트, 함재전투기형 플랭커

▲기수 바로 뒤에 추가된 카나드. 플라이바이와이어로 착함 시의 피치 다운을 제어하는데, 좌우 독립 가동은 되지 않는다.

▲캐노피는 연 상태와 닫은 상태 선택식. 30도 경사진 사출 좌석은 K-36DM에서 K-36K로 변경되었다.

▼착함 시의 무게를 떠받치고 충격을 흡수하기 위해 앞바퀴는 더블 타이어 방식이 되었으며, 올레오의 스트로크도 길어졌다.

▲주날개 폭은 변경되지 않았지만 면적은 약 10% 확대, 접이 기구를 내장. 플랩은 2단 슬로티드 방식을 채택하였다.

▼항모 격납고에 적응하기 위해 수직꼬리날개는 약간 낮아졌다. 랜딩기어도 두꺼워졌으며 뒷바퀴는 고압 타이어로 변경되었다.

부분의 마스킹을 벗기고 에어브러싱하면 깔끔하게 칠해집니다.

본 기체는 전체 길이 31cm, 전체 폭 21cm나 되는 크기라서, 들고 작업하기 쉽도록 각 부품의 도색 완료 후에 바퀴를 붙이고, 그 다음에 미사일을 붙이고, 꼬리날개 등은 맨 마지막으로 돌렸습니다. 앞뒤 바퀴를 붙일 때는 평평한 장소에 기체를 놓고 좌우 주날개 양끝이 같은 높이에 오도록 주의하시길 바랍니다. 이 점은 모든 비행기 모형을 만들 때 공통되는 것이긴 하지만……. 기체 번호는 제 나이(?)와 같은 「72」로 했습니다.

완성하고 위에서 보면 아름다운 스타일, 밑에서 보면 AAM 12발을 가득 매단 미사일 캐리어라는 양면성을 보이며 매력으로 가득한 기체가 되었습니다. 플랭커는 현재도 진화하고 있으며, 인도 공군의 Su-30MKI, 러시아 공군의 최신형 Su-35S 등도 키트화될 날을 기대하고 있습니다.

▲플랭커의 특징이었던 기다란 꼬리 부분은 점유 면적을 감소시키기 위해 단축. 패러슈트 수납통도 폐지되었다.

▲무장용 파일런은 두 군데 추가되어 총 12개소. 기존의 공대공 미사일 외에 대함 공격용 미사일 등도 장착 가능해졌다.

▲꼬리 부분에는 착함용 어레스팅 훅을 추가. 긴급 기동 시의 출력을 높인 AL-31F 시리즈 3 엔진을 탑재한다.

제5장
최신 제트 전투기 작례 모음
개발국 독일에서 만드는 라지 스케일 유럽 최강 전투기

유로파이터 타이푼
Eurofighter Typhoon with Full Engine

유로파이터 타이푼 w / 엔진 디테일
- 발매원／독일레벨, 판매원／하세가와
- 15540엔, 발매 중 ● 플라스틱 키트
- 1/32, 전체 길이 49.5cm

REVELL 1/32 scale plastic kit
Eurofighter Typhoon with Full Engine
modeled by YONKEI

영국, 이탈리아, 스페인, 독일 4개국이 공동 개발한 4.5세대 전투기 유로파이터 타이푼. 현재는 개발국뿐만 아니라 오스트리아, 사우디아라비아, 오만에도 배치가 진행되고 있으며, 카나드 델타익을 채택한 디자인은 스텔스기에는 없는 박력과 멋이 넘쳐난다. 개발국 독일에서도 인기가 높은 모양이고, 독일레벨은 이에 호응하듯이 크게는 1/32 스케일부터 작게는 1/144까지 각종 스케일로 타이푼을 출시했으며, 이들 모두 실기의 특징을 잘 잡아내었다.

독일레벨 1/32 스케일 플라스틱 키트
유로파이터 타이푼
제작·글／욘케이

■ 키트에 대하여

1/32 스케일로는 트럼페터에 이어 모형화된 독일레벨의 유로파이터 타이푼. 개발의 한 축을 담당한 독일의 키트인 만큼, 아웃라인을 제대로 살려냈으며 다른 메이커의 타이푼보다도 실기의 특징을 확실히 잡아낸 굿 키트라고 생각하는데, 완성하려면 시간이 조금 걸릴지도 모르겠습니다. 다른 메이커의 최신 고정밀 키트에 비해 완성도가 조금 처지는 면도 부정할 수 없기에, 이번에는 스트레이트 조립이 아니라 꼼꼼히 손을 대 완성해 봤습니다.

■ 제작

부품 분할은 꽤 잘 되어 있는데, 접합면 마무리가 그저 그래서 맞춤성이 좋지 않습니다. 그래서 각 부품을 접착하기 전에 접착면을 줄로 매끈하게 다듬어서 각 부품이 틈새 없이 딱 맞붙도록 해줍니다. 접착제도 저점도 순간접착제를 사용해서 건조 후의 수축을 방지. 이 방법은, 먹선 넣을 때도 철필이나 패널 라인 커터 날이 걸리지 않아서 작업을 효율 있게 진행할 수 있습니다.

부품별로 패널 라인 깊이가 일정하지 않아서 철필로 얕은 패널 라인을 가볍게 그어주면서 수정. 이어서 주날개도 실기 사진을 참고하며 리벳을 찍어줬습니다.

이 키트의 최대 약점이라고도 할 수 있는 것이, 아이리스 판이 붕 떠보이는 엔진 노즐입니다. 이번에는 플라판과 스톡 부품을 이용해서 그럴듯해 보이도록 자작했습니다. 간단하게 디테일업해 주고 싶을 경우에는 아이리스의 레진

▲기수의 카나드. 타이푼은 기체 부분별로 4개국이 분담해서 생산하지만, 최종 조립만큼은 각 운용국에서 행하고 있다.

▲시야가 넓은 캐노피. 캐노피 앞 좌측의 돌출부에는 파이어러트 적외선 추적 센서를 장비했다.

▲동체 밑의 2차원식 에어 인테이크. 카나드와 더불어 스텔스 특성이라는 면에서는 불리하다고 한다.

제 타이푼용 엔진 노즐 부품「EF 2000A early exhaust nozzles(품번 2125)」및「EF 2000A late exhaust nozzles(품번 2126)」로 대체해 주면 효과적입니다.

F-22 다음으로 격투전 성능이 좋다고들 하는 타이푼인 만큼, LANTIRN(Low Altitude Navigation and Targeting Infrared for Night) 포드를 탑재해서 정밀 유도 폭격 능력도 매우 높아 마치 애니메이션에 나오는 만능 전투기 같은 성능을 지니고 있습니다. 집에 있던 스톡 부품 중에서 다음과 같은 무장 부품을 픽업하여 달아줬습니다.

- LANTIRN AN/AAQ-14, AIM-9, GBU-24 레이저 유도 폭탄은 타미야의 F-14A에서 유용.
- AIM-120 암람, GBU-12 레이저 유도 폭탄은 아카데미 F/A-18에서 유용.

■무도색? 프라이머 사양으로 도색

타이푼이 그다지 인기 없는 중요 요인은, 재미를 전혀 못주는, 단조롭기 짝이 없는 그레이 단색 제공 위장색에 있다고 생각합니다. 좀 더 임팩트 있는 기체는 없는 건가? 하고 인터넷에서 실기 사진을 검색하던 차에, 눈에 익지 않은 오렌지 끼 있는 브라운과 노랑색과 황토색의 중간색? 그런 식의 생소한 색으로 칠해진 기체를 발견했습니다. 조사해 보니까 제식 위장색을 칠하기 전의 밑칠 상태 그대로 비행하고 있는 것 같습니다(경악). 항공자위대에서는 생각조차 못할 운용법입니다.

영·독 양국 공군 사양으로 20여 장의 이미지를 입수했는데,「황색/황토색」부분은 촬영 환경에 따라 색상 변화가 커서「바로 이 색!」이라고는 할 수 없지만 모형적으로는 거부감 없는 색이라 판단했습니다. 이번에는 밝은 계통 색으로 했지만, 실제로는 영국 공군용 색인「헴프(hemp)」쪽이 훨씬 근접한 색감 같다는 느낌도 듭니다.

▲NATO 4개국이 채택한 타이푼 가운데, 이번에는 영국 공군 사양인 F.2로 제작. 도색도 제식 위장색을 칠하기 전의 밑칠 상태로 해봤다.

▲다채로운 무장이 가능한「스윙롤」을 표현하기 위해 다른 키트에서 LANTIRN 포드, 미사일, 레이저 유도 폭탄 등을 유용.

▲EJ200 터보팬 엔진의 노즐은 이 키트의 최대 약점. 플라판 등으로 비슷해 보이게 자작했다.

유로파이터 타이푼
Eurofighter Typhoon

스윙롤에 대응하는 1/72 최신 키트

유로파이터 타이푼 단좌형
- 발매원/하세가와 ● 3360엔, 발매 중 ● 플라스틱 키트
- 1/72, 전체 길이 22.0cm

HASEGAWA 1/72 scale plastic kit
Eurofighter Typhoon Single Seater
modeled by YONKEI

하세가와 1/72 스케일 플라스틱 키트
유로파이터 타이푼 단좌형
제작·글/욘케이

다양한 임무에 대응할 수 있는 「스윙롤 파이터」로 불리며, 한때는 항공자위대의 차기 F-X 최고 유력 후보로 손꼽혔고 현재도 일본 내에 열렬한 팬이 존재하는 유로파이터 타이푼. 1/72 스케일로는 독일레벨, 에어픽스 등 여러 메이커가 이미 발매했지만, 2012년에 하세가와가 내놓은 키트는 최신 제품답게 샤프한 몰드와 쉬운 조립성을 모두 갖추고 풍부한 액세서리도 포함하였기에, 그야말로 「스윙롤 키트」라 할 수 있다.

■ **하세가와의 디지털화(?)된 키트**

현용기 팬 대망의 타이푼이 하세가와의 1/72 스케일 키트로 등장했습니다. 저한테 온 것은 테스트샷이었지만, 놀랄 정도로 맞춤성이 좋아서 작업에 전혀 스트레스 없이 진행했습니다. 더욱이 특필할 만한 점으로서, 날개 앞전의 젖혀짐처럼 실기의 복잡한 라인이 완벽히 재현되어 "디지털화?"된 하세가와의 진화를 엿볼 수 있습니다.

「멀티롤 파이터」를 넘어 「스윙롤 파이터」로까지 불리는 타이푼답게, 이 키트의 최대 세일즈 포인트(?)는 유럽 사양 웨폰이 풍부하게 포함되어 있다는 점입니다. 내용물은 1500리터 드롭 탱크 3개 외에도 스톰섀도우×2, 타우러스 KEPD350×2, 3연장 브림스톤×2, 미티어×4, ALRAM×4, ASRAAM×4, IRIS-T×4, AIM-120×4로, 이것만 해도 독립된 제품이네! 하고 외칠 수준입니다.

■ **이번에도 리벳 찍어줬습니다**

실기 사진을 보면 날개 상면의 나사 자국(?) 같은 것이 의외일 정도로 눈에 띈다는 것을 알아차리게 되었습니다. 이를 토대로, 도색 가이드를 확대 카피해서 실기 사진에서 산출한 라인을 그어 만든 「자작 정밀 도면」을 준비. 타이푼뿐만 아니라 최신 현용기 경우에는 리벳 찍기의 기준이 되는 패널 라인이 극단적으로 적어졌기에, 이런

▲ 초판 생산분에는 특전으로 범용 전시 스탠드가 포함. 엔진 노즐에 끼우는 형식이므로 기체의 가공이나 접착 불필요.

▲카나다나 각종 돌기물이 눈에 띄는 기수 주변. 파일럿 피규어는 HMSS(헬멧 장착식 심벌러지 시스템)를 착용.

▲기하학적인 에어 인테이크는 물론이고 주변의 슬롯이나 핀까지 아주 샤프한 몰드로 재현되어 있다.

▲실기 사진으로 산출한 리벳을 기체 표면에 추가. 리벳 찍기용「자작 정밀 도면」을 만들면 수월해진다.

▲타우러스 KEPD350, ASRAAM 등 유럽계 무장 액세서리도 풍부하게 포함. 별매 웨폰 세트를 쓰면 풀 무장도 가능.

자작 도면 제작은 귀찮더라도 실패하지 않기 위한 보험이라 할 수 있습니다.

도면이 있으면 나머지는 간단. 도면으로 산출해 낸 시작점과 끝점을 가이드 테이프로 잇고, 그 라인에 맞춰 초경합금 철필로 리벳을 찍어줍니다. 1/72 스케일에서는 0.5mm 피치 이하로 리벳을 찍어주곤 하는데, 현용기 경우에는 더 넓은 간격도 괜찮을 것 같다는 생각이 듭니다.

■캐노피에 살짝 추가 공작

투명하고 아름다운 캐노피는 비행기 모형의 최고 차밍 포인트인데, 이번에는 클리어 스모크를 뿌려 중후한 느낌을 노려봤습니다. 포인트는「가볍게 살짝」. "너무 옅은 거 아냐?" 싶을 정도가 딱 알맞은 느낌. 두 번 덧뿌리기는 금물입니다.

■도색 전의 밑처리

리벳을 찍을 경우에 반드시 필요한 작업,「표면 정리」에 대해 설명하겠습니다. 리벳을 모두 찍어준 다음에 리벳 구멍 주위로 밀려 올라온 찌꺼기는 마무리용 1000번 사포로 갈아서 없앱니다. 리벳 구멍에 박힌 플라스틱 찌꺼기는 부드러운 칫솔과 소독용 알코올로 벅벅 문질러서 씻어냅니다.

■도색과 데칼

도색 가이드에는 영국 공군기 2종과 독일 공군기 1종이 제시되어 있습니다. 이번에는 영국 공군기를 선택. 그레이 위장색은 기본적으로는 키트에 지정된 GSI크레오스 Mr.컬러 C308과 C306을 사용했는데, 완전 단색은 너무 단조로우므로 일부러 몇몇 패널은 도색 가이드와 다른 색으로 칠하여 강조해 줬습니다. 데칼은 GSI크레오스의 마크세터와 마크소프터를 1:1로 혼합한 것으로 밀착시켰습니다.

중국 공군 J-20 전투기 "블랙 리본"

첫 비행과 거의 동시에 모형화된 미스터리어스 흑룡

중국 공군 J-20 전투기 "블랙 리본"
- 발매원/트럼페터, 판매원/인터얼라이드
- 3990엔, 발매 중 ●플라스틱 키트
- 1/72, 전체 길이 30.8cm

TRUMPETER 1/72 scale plastic kit
Chinese J-20 Mighty Dragon
modeled by Masutaro JIN

2011년 1월, 돌연 첫 비행 당시의 영상이 발표되며 화제를 모은 중국의 스텔스 전투기 J-20 "블랙 리본". 현재까지 프로토타입 2기가 확인되어 있는데, 아직껏 성능은 미지수이며 신비의 베일에 감싸여 있다. 참고로 J-20은 정식 명칭이 아니며 "블랙 리본"이라는 애칭도 일부 마니아가 붙인 것으로, 현재 발매 중인 트럼페터의 1/72 및 1/144 키트에는 J-20 "마이티 드래건"으로 명명되어 있는데 진상은 아직 확실하지 않다.

트럼페터 1/72 스케일 플라스틱 키트
중국 공군 J-20 전투기 "블랙 리본"
제작·글/진 마스타로

■ 키트에 대하여

중국 트럼페터제 1/72 키트로, 자국의 최신예기라는 점 때문인지 상당한 기합이 들어가 있다. 조립하기 쉽고, 부품 정밀도나 샤프한 몰드 등 기존 트럼페터 제품에 비해 질적 향상이 현저한 데다, 웨폰베이의 몰드를 비롯한 디테일도 불만하게 재현되어 상당히 잘 나왔다. 무도색으로도 볼품 있게 완성할 수 있도록 런너 단위로 색 분할되어 있으며, 콕피트나 작은 부품의 런너는 색상이 다른 것으로 두 개씩 동봉, 그래도 해결되지 않는 부분은 데칼로 대응하는 식으로 다색화에 철저하다는 점도 특징이다. 또한 실기는 캐노피에 ITO 코팅 처리를 한 것 같지는 않지만, 키트의 캐노피 부품은 아주 당연한 듯이 아주 얕은 스모크 처리가 되어 있기도 하다.

■ 제작

무엇보다도 실기 자료가 매우 단편적이라 키트 그대로 만들 수밖에 없다. 조립설명서에 틀린 곳은 없지만 조금 알기 어려운 부분도 있으니 주의해서 신중히 조립할 것을 권한다. 따로 지시된 것은 아니지만 만일을 위해 엉덩방아 방지용 추를 기수에 넣었는데, 앞바퀴다리가 가늘기 때문에 너무 많이 넣지 않도록 주의하자.

■ 도색

조립설명서에선 기체 색은 GSI크레오스의 C137 타이어 블랙으로 지정했지만 실기 이미지를 본 바로는 건십 그레이 정도의 명도로 보이므로, 컬러 GX1 쿨 화이트와 GX2 위노 블랙으로 중간색 그레이를 조색해 봤다. 또한 프로토타입 스텔스기를 이미지해서 펄 도료를 극소량 혼합한 클리어를 오버 코팅하여 광택과 메탈릭감을 주기도 했다. 자료가 적은 현재야말로 조금은 마음대로 해볼 수 있는 좋은 기회일지도. 이미지는 「파이어 폭스」에 가깝지만.

제5장 최신 제트 전투기 작례 모음 | 중국 공군 J-20 전투기 "블랙 리본"

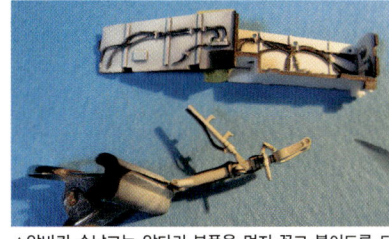
▲앞바퀴 수납고는 앞다리 부품을 먼저 꽂고 붙이도록 되어 있다. 따라서 도색과 먹선까지 미리 해주고 조립.

▲계기판은 데칼을 쓰지 않고 도색으로만 표현해 줬다. CRT는 흰색으로 밑칠한 후에 수성 클리어 그린을 두껍게 칠해서 화면이 켜진 분위기를 내준다.

◀기체 상면의 크림 옐로 색 부분은 데칼이 마련되어 있지 않으므로 마스킹해서 도색으로 표현.

▶기체 하면. 내부 재현은 안 되어 있지만 F-22와 흡사한 웨폰베이 커버 몰드가 새겨져 있다.

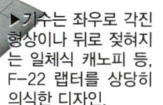

▶기수는 좌우로 각진 형상이나 뒤로 젖혀지는 일체식 캐노피 등, F-22 랩터를 상당히 의식한 디자인.

◀스텔스 효과에는 불리하다고 하는 카나드 델타익을 채택. 기체는 상당히 커서 1/48 스케일과 엇비슷한 크기의 대형 전투기이다.

▶기체 간편 지표기 적은데도 랜딩기어 수납고 내부나 콕피트 등의 디테일이 세밀하게 재현되어 있다.

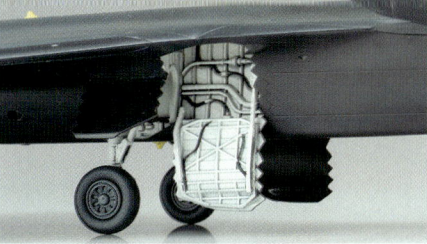

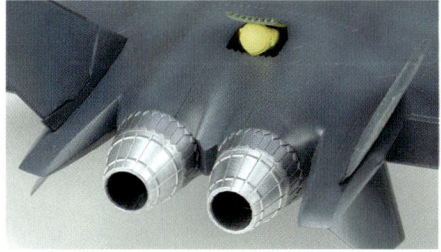
◀엔진 노즐은 추력 편향이 아니라 고정식인 것 같다. 노란색 원통은 드래그슈트 수납통, 수직꼬리날개는 방향타 없는 전유동식.

F-22A 랩터
F-22A Raptor

1/48 스케일 최초의 양산형 랩터

F-22A 랩터
- 발매원/아카데미, 판매원/GSI크레오스
- 5880엔, 발매 중 ● 플라스틱 키트
- 1/48, 전체 길이 39m

ACADEMY 1/48 scale plastic kit
F-22A Air Dominance Fighter
modeled by Daisuke YOKOCHI

이탈리에 이어 2008년에 발매된 아카데미의 1/48 F-22A 랩터는 샤프한 몰드와 교묘한 부품 구성으로 실전 배치 후의 양산형 랩터를 잘 재현한 키트로 환영받았다. 하세가와 키트가 발매된 현재도 어레스팅 훅 재현, BGU-32 폭탄, 600갤런 드롭 탱크 같은 부속 액세서리나 카르토그라프 데칼 덕분에 아직껏 경쟁력을 유지하고 있는 존재로, 견실하게 만들고 도색에도 힘을 들이면 지금에 와서도 전혀 손색없는 완성작이 나올 것이다.

아카데미 1/48 스케일 플라스틱 키트
F-22A 랩터
제작·글/요코치 다이스케

■키트에 대하여

2008년에 아카데미에서 발매한 F-22A 랩터는, 1/48 스케일로는 이탈리에 이어 두 번째로 모형화된 것입니다. 세부까지 잘 리서치되었으며, 웨폰베이 내부 배선 등도 적당히 재현되어 있습니다. 기체 표면은 또렷하고 깊은 패널 라인이 새겨져 있으며, 독일레벨의 1/72 제품과 비슷한 부분도 있습니다. 데칼은 카르토그라프제 고품질이 들어 있으며, 액세서리는 600갤런 드롭 탱크가 2개, AIM-9M, AIM-09X, GBU-32가 각 2발씩, AIM-120C가 6발 들어 있습니다.

■제작

제작 시의 주의점인데, 우선 메인 웨폰베이 앞이 에어 인테이크 밑부분을 겸하고 있으므로 신중하게 만들어주시길. 웨폰베이를 메인, 서브 순으로 기체에 접착하고 나서(이 시점에선 뒷바퀴 수납고는 아직 붙이지 않는다), D32, D29와 D31, D30 인테이크를 D9에 접착하지 말고 좌우 각기 기체에 접착합니다. 그런 다음 인테이크 밑부분의 접합선을 퍼티로 메우고 다듬어줍니다. 인테이크 바깥면에 상당히 심한 수축이 나 있으므로 주변 몰드를 보호한 다음에 GSI크레오스의 화이트 퍼티로 조금씩 바르며 메워주었습니다.

랜딩기어 수납고는 조립설명서에서는 전부 한 번에 조립하도록 되어 있지만, 랜딩기어는 나중에 따로 붙일 수 있으므로 맨 마지막에 작업해도 됩니다. 익단 항법등은 그대로 끼우면 상하 부품에 닿아 튕겨 날아가므로 E3 부품 쪽을 얇게 다듬습니다. 앞바퀴는 좌우 분할된 액추에이터와 포크가 지나치게 가늘어서 황동 파이프, 황동선으로 교체. 황동선은 강도를 확보하기 위해 포크를 통과해서 타이어에 박히도록 합니다. 수

1. 서페이서를 뿌리고 표면을 연마하여 매끈하게 해주고 나서 밑색으로 세미 글로스 블랙을 뿌렸다.
2. 기체의 기본 도색이 끝난 상태. 이후에 셰이딩과 워싱으로 색이 어두워지므로 밝은 색으로 칠했다.
3. 셰이딩을 해준 후에 클리어를 2~3회 뿌리고 데칼 붙이기. 마지막에 플랫 클리어를 뿌린다.
4. 플랫 클리어 건조 후에 연마하고 먹선과 워싱 작업까지 마친 상태.
5. 건메탈로 연료 자국이나 오일 자국을 그려넣고 완성. 이번에는 붙이지 않았지만 600갤런 보조 탱크도 들어 있다.

 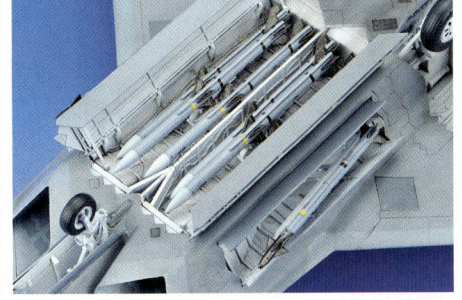 

▲캐노피는 클리어 부분과 프레임 부분이 분할식. 무수지 접착제로는 캐노피가 지저분해질 가능성이 있어서 목공용 본드로 접착했다.

▲웨폰베이는 개폐 선택식. AIM-120C, AIM-9X를 가득 탑재하였다. 이에 더해 AIM-9M, GBU-32 폭탄 등도 선택해서 탑재할 수 있다.

▲노즐도 개폐 선택식이다. 조립설명서에는 화살표가 잘못 들어가 있으므로 주의.

평꼬리날개도 플라스틱 텐션으로만 고정하므로 0.5mm 황동선으로 보강했습니다.

노즐 부분은 개폐 선택식이지만 조립설명서의 화살표가 잘못 들어가 있으므로 주의. 주날개, 수직꼬리날개 둘 다 뒷전이 두꺼우므로 얇게 가공했습니다. 캐노피는 드물게도 프레임과 분할 성형되어 있지만 앞쪽의 클리어런스가 작기 때문에 무수지 접착제로는 캐노피가 지저분해질 우려가 있어서 목공용 본드로 접착했습니다.

웨폰베이 커버는 아주 얇게 성형되어 있는데 부분적으로 수축으로 인한 왜곡이 보여서 수정해 주고 서페이서를 뿌려놓습니다. 보통은 서페이서는 뿌리지 않고 세정한 다음에 반광 검정으로 도색하는데, 사포를 댄 부분이 많아서 이번에는 GSI크레오스의 서페이서를 약하게 뿌려 도색 밑준비를 했습니다.

■도색

세정, 서페이서 작업이 끝난 기체를 오래 썼던 스폰지 사포와 라프로스 페이퍼로 연마하고, 패널 라인에 낀 먼지를 이쑤시개나 에칭 톱으로 제거하고 나서 세미 글로스 블랙으로 밑칠을 해줍니다.

기본 색상은 라이트 고스트 그레이(FS36375)로 노즈, 인테이크 부분, 주날개, 꼬리날개 모서리를 먼저 도색해 준 다음에 마스킹, 이후에 라이트 그레이(FS36251), 다크 그레이(FS36176) 순서로 뿌려줍니다. 랩터는 그레이 3색으로 얼핏 보면 간단해 보이지만, 각 색상의 차이는 쉽게 말해 명도 차이밖에 없습니다. 실기 사진을 보면서 각 색의 명도 차를 정했는데, 지정색을 그대로 칠하면 지나치게 어두워 보이고, 그래서 평소처럼 흰색을 20~25% 섞은 색으로 밝게 칠해보려 했더니 국적 마크나 꼬리날개 코드레터가 안 보이게 되었습니다.

기본 도색이 끝나면 스모크에 검정과 레드 브라운을 섞어 만든 색으로 셰이딩을 해주고, 라이트 고스트 그레이와 흰색을 반씩 섞은 색으로 하이라이트를 넣어줍니다. 그리고 나서 클리어를 2~3번 뿌린 다음에 스폰지 사포로 연마해서 귤껍질처럼 우둘투둘 앉은 먼지를 없애주었습니다.

이후에도 클리어를 한 번 더 뿌리고 데칼을 붙였으며, 플랫 클리어를 뿌리고 사포 연마해 줬습니다. 맨 마지막에 먹선을 넣고 건메탈로 연료 자국이나 오일 자국을 그려준 다음 작은 부품들을 붙이면 완성입니다.

■마지막으로

2005년에 실전 배치된 F-22 랩터도 시간의 경과로 인해 눈에 띄게 더러워진 기체나 패널을 교체해서 주변부와 색이 다른 기체가 있습니다. 그런 사진은 인터넷의 각종 사이트에서 쉽게 찾아볼 수 있으므로 이를 참고하여 웨더링을 해주면 어떻겠습니까.

5세대 시대의 개막을 알린 랩터 5세대 키트

세계 최초로 실전 배치된 5세대 전투기로서 데뷔했던 랩터. 그렇지만 프로토타입에서 실전 배치까지 시간이 너무 걸린 데다 자료도 적어서, 본격적인 양산형 랩터 모형은 2008년 독일 레벨의 1/72 키트부터 등장하기 시작했다. 기체 표면의 릴리프(부조)스러운 몰드, 웨폰베이 내부 재현, 개폐 선택식 노즐 등 기본적인 구성은 우수한 제품으로, 이후에 개발된 각 메이커의 키트에도 크게 영향을 끼쳤으며 현재도 1/72 키트로서 으뜸가는 품질을 즐길 수 있다.

로키드마틴 F-22A 랩터
● 발매원/독일레벨, 판매원/하세가와 ●4830엔, 발매 중
● 플라스틱 키트 ● 1/72, 전체 길이 약 26cm

REVELL 1/72 scale plastic kit
Lockheed F-22A Raptor
modeled by Daisuke YOKOCHI

F-22A 랩터
Lockheed F-22A Raptor

독일레벨 1/72 스케일 플라스틱 키트
F-22A 랩터
제작·글/ **요코치 다이스케**

■ 키트에 대하여

독일레벨의 1/72 F-22 랩터는, 이탈레리에 이어 등장한 양산형 랩터 키트입니다. 이탈레리 키트는 싼 값에 나쁘지 않은 품질이었지만, 디테일에 관해서는 불만이 조금 남아 있었기에, 레벨에서 랩터를 발매한다는 것을 알게 되었을 때는 기대하지 않을 수가 없었습니다.

몰드는 꽤 섬세해서 상당한 수준. 넙적한 형태라 도색으로 볼륨을 강조해 주면 좋을 것 같습니다. 웨폰베이 내부도 아주 세밀하게 재현되어 있고, AIM-120을 밑으로 내리는 LAU-142/A 론처도 제대로 된 모양새로 들어 있습니다. 그 밖의 작은 부품들도 1/48급으로 잘 나와서 러너에서 떼어낼 때는 니퍼뿐 아니라 에칭 톱이나 아트 나이프로 조심해서 자를 필요가 있습니다. 무장 액세서리는 AIM-120 6발, AIM-9M/X 각 2발씩, BGU-32 JDAM 2발, 600갤런 탱크 2개가 들어 있습니다.

레벨의 현용기 키트를 만드는 것은 처음이라 도색 지시에서 헷갈리기도 했지만, 부품이 잘 들어맞아 조립에는 문제없습니다. 일제 키트 외엔 만든 적 없는 분들께도 추천합니다.

▼ 콕피트 내부는 아주 좋은 품질. 캐노피가 스모크 처리되어 있어서 완성 후에 잘 보이지 않는 것이 안타까울 따름이다.

▼ 웨폰베이는 개폐 선택 가능. 모형적으로는 열린 상태를 추천. 탑재 무장은 AIM-120 2발, AIM-9X 2발, GBU-32 JDAM 2발을 선택.

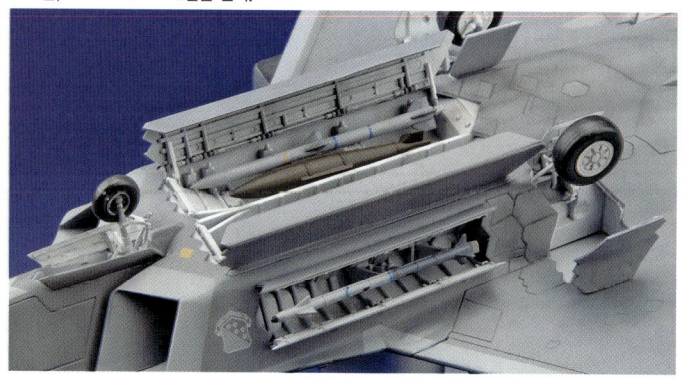

▲추력 편향 노즐은 개폐 선택식. 동체 하면의 어레스팅 훅도 내린 상태로 선택했다.

▲면적이 넓은 수직꼬리날개. 마킹은 테일 코드 「FF」 밑에 제1 전투항공단을 나타내는 「1st FW」가 붙은 것.

■ 키트 제작

우선 콕피트부터. ACES 인젝션 시트, 조종간, 스로틀 레버 등이 정밀하게 재현되어 있어서 색만 칠해줘도 충분합니다. 도색은, 거의 검정으로 보이는 다크 그레이를 기본색으로 뿌린 후에 조립설명서의 색 지정 및 사진을 보며 추정한 색으로 칠해줬습니다.

메인 웨폰베이 안쪽은 아주 멋진 몰드. 무장은 AIM-120 2발과 GBU-32 JDAM 2발을 선택, 론처도 LAU-142/A와 BRU-47A를 2개씩 플라스틱용 접착제로 확실히 접착해 줬습니다. 서브 웨폰베이의 LAU-141/A는 결합 핀 없이 그냥 붙이게 되어 있어서 이 또한 도색 전에 확실히 접착해 줍니다. 그 밖에는 조립에 딱히 어려운 곳은 없지만 인테이크 주변은 틈새가 생기므로 순간접착퍼티를 썼습니다.

조립이 끝나면 기체의 패널 라인을 에칭 톱으로 가볍게 그어줍니다. 패널 라인이 조금 거칠거나 라인 교차점에 플라스틱 가루가 끼었으면 무수지 접착제를 가는 붓으로 부드럽게 눌러주듯 발라주면서 다듬어줍니다. 600갤런 탱크는 페리 비행 이외에는 사용하지 않으므로 이번에는 붙이지 않았습니다.

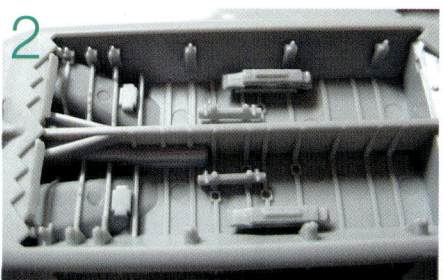

1. 콕피트는 총 8개의 부품으로 구성. ACES 이젝션 시트는 1/48급으로 정밀한 몰드라 다른 키트에 유용하고 싶을 정도.
2. 메인 웨폰베이 내부는 세밀하게 재현되어 있으며, AIM-120을 밑으로 내려주는 LAU-142/A 론처도 따로 부품화.
3. 왼쪽 랜딩기어 부분. 바퀴다리는 작업 과정에서 맨 처음으로 박스짜기해서 동체에 접착하게 되므로 파손되지 않도록 주의할 것.

■ 도색

우선 기체 전체를 고운 스틸울로 문질러주고 중성세제로 확실히 세정. 다음에는 밑도색으로 검정에 가까운 다크 그레이를 뿌려줬습니다.

기본 도색은, 맨 처음에는 가장 밝은 FS36375, 마스킹한 후에 FS36251, 맨 마지막으로 구름 모양 위장 패턴을 FS36176으로 붓칠. FS36375는 GSI크레오스의 Mr.컬러 C308이며, FS36251, FS36176은 두 색 다 C307에 미디엄 블루와 블랙을 섞어 조색했습니다. 조립설명서의 레벨 컬러 지시는 알기 어려워서 GSI크레오스 대응 차트도 추가해 줬으면 하는 바람이 있습니다.

기본 도색 후에 검정+마호가니+반광 클리어로 만든 셰도 색으로 포스트 셰이딩. C307+클리어로 하이라이트를 넣어주고, 반광 클리어, 데칼 붙이기, 무광 클리어. 다시 한 번 데칼 위에 셰이딩하고, 작은 부품들 붙여준 다음 먹선 넣어주면 완성입니다. 랩터는 깨끗해 보이는 이미지이긴 한데, 웨폰베이 후방이나 바퀴 주변 APU 배기구 부근은 지저분한 모습이 눈에 띄므로 사진을 참고하며 웨더링해 줬습니다.

F-35B의 시조, 구 소련이 낳은 STOVL 초음속 전투기

제5장 최신 제트 전투기 작례 모음 | 야코블레프 Yak-141 프리스타일

야코블레프 Yak-141 프리스타일
Yakovlev Yak-141 Freestyle

러시아 야코블레프 Yak-141 프리스타일 초음속 VTOL 전투기
- 발매원／아트모델, 판매원／바우만
- 5040엔, 발매 중
- 플라스틱 키트
- 1/72, 전체 길이 약 26cm

ART MODEL 1/72 scale plastic kit
Yakovlev Yak-141 Freestyle
modeled by Kikuo TAKEUCHI

야코블레프 Yak-141 프리스타일은, 옛 소련 해군이 개발한 수직이착륙 제트 전투기. Yak-38 포저의 후계기로 1987년에 첫 비행. 벡터드 스러스트 가능한 엔진 노즐, 통합 조종 시스템 등 선진적인 기술을 쏟아부어 만든 세계 최초의 STOVL 초음속 전투기였지만, 소련 해군의 재정 부족으로 시제기 3기만 만들고 프로젝트는 종료. 소련 붕괴 이후 야코블레프는 로키드마틴과 기술 제휴했으며, 그 성과는 F-35B 라이트닝 II에 반영되었다고 한다.

아트모델 1/72 스케일 플라스틱 키트
러시아 야코블레프 Yak-141 프리스타일 초음속 VTOL 전투기
제작·글／타케우치 키쿠오

■키트에 관하여
1980년대 후반에 등장했으며, 벡터드 스러스트 가능한 엔진 노즐, 전방의 리프트 엔진, 통합 조종 시스템 등의 각종 STOVL 노하우가 현재의 F-35B 라이트닝 II로 이식되었다고 하는 야코블레프 Yak-141입니다. 시제기만 있는 마이너 기체인 탓에 모형화는 지난한 상황이었습니다. 1/72 키트는 예전에 애니그랜드에서 레진 키트로 발매한 적이 있고, 2010년에 우크라이나의 아트모델에서 인젝션 키트로 내줬습니다.

키트는 플라스틱 인젝션 부품이 메인이고 엔진 노즐과 사출 좌석은 레진 부품으로 넣어준 구성. 표면 몰드는 섬세하며 2발씩 들어 있는 R-27과 R-73 미사일 핀도 아주 얇게 잘 성형되어 있습니다. 특징인 가변식 노즐은 STOVL 모드와 순항 모드 선택식입니다.

■제작
이른바 상급자용 키트로, 솔직히 말해 조립은 쉽지 않습니다. 부품 접합용 핀도 거의 없는 데다, 조립설명서도 좀 알기가 어렵고, 동체는 비행기 키트에선 진기하게도 「박스 조립」 방식으로 되어 있기에 각 부분을 바르게 조립하려면 부품마다 다듬기 및 조정이 필수입니다. 부품 간의

▲기수 쪽에는 리프트 엔진 2기를 탑재. 상면 도어는 개폐 선택식. 전방 흡기구는 열린 상태다.

▲밑에서 본 리프트 엔진. 상승 시에는 이물질 흡입을 막기 위해 메인 엔진 흡기구를 닫고 뒤쪽의 디플렉터 2장을 펼친다.

▼계기판이나 사이드 콘솔은 데칼로 재현. 레진제 사출 좌석은 아주 좋은 품질이다.

▲메인 엔진 노즐은 레진제로, VTOL 모드와 순항 모드 선택식. 순항 시에는 전방의 접개식 도어가 펼쳐진다.

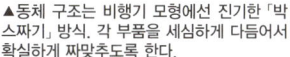
▲동체 구조는 비행기 모형에선 진기한 「박스짜기」 방식. 각 부품을 세심하게 다듬어서 확실하게 짜맞추도록 한다.

▶미사일, 파일런 등은 0.5mm 황동선을 꽂아 확실하게 세팅. 수직꼬리날개에도 황동선을 꽂아넣어 고정했다.

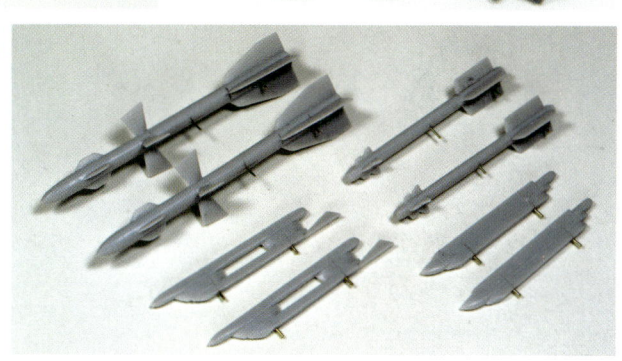

맞춤성을 최대한 조정해서 퍼티 사용량을 최소화하려고 신경 썼지만, 그래도 생기는 틈새나 단차는 타미야의 폴리에스터 퍼티(폴리퍼티)를 사용해서 처리했습니다. 수직꼬리날개 부품은 3군데에 0.5mm짜리 황동선을 꽂아넣고 동체와 위치를 맞춰서 확실하게 고정되도록 해줬습니다. 랜딩기어, 미사일, 파일런에도 0.5mm 황동선을 꽂았습니다.

이번에는 스톡 부품 중에서 파일럿을 골라 태워 이륙 상태로 제작했습니다. 이에 맞춰 날개 앞전 및 뒷전 플랩을 다운 상태로 해주기 위해 에칭 톱으로 컷. 도색 후에 접착합니다. 그리고 엔진 노즐 내부는 "분사 중"임을 묘사하기 위해 형광 오렌지로 도색해 봤습니다.

■도색

도색 가이드에는 소련 해군 시절의 "77"과 야코블레프의 테스트 기체 "141" 2종류가 게재되어 있는데, 데칼에는 기번 "48", "75"도 들어 있으므로 3기가 제조된 yak-141의 모든 기체를 만들 수 있습니다.

작례는 박스 그림이기도 한 그레이 2색 위장 "141"을 선택. GSI 크레오스의 Mr.컬러 C308 그레이와 C13 뉴트럴 그레이를 사용, 레이돔 부분은 C305 그레이입니다. 측면의 위장 패턴은 오른쪽만 나와 있어서 반대쪽은 실기 사진을 참고로 추측해서 그려줬습니다.

슈퍼호넷에서 진화한 최강 전자전기

EA-18G 그라울러
EA-18G Growler

EA-18G 그라울러
- 발매원/하세가와 ●6195엔, 발매 중
- 플라스틱 키트 ●1/48, 전체 길이 약 38cm

HASEGAWA 1/48 scale plastic kit
EA-18G Growler
modeled by Daisuke YOKOCHI

2009년부터 실전 배치가 시작된 EA-18G 그라울러는 미 해군에서 EA-6B 프라울러를 대신하여 항모에서 운용하는 전자전 기체. F/A-18F 슈퍼호넷이 베이스로, 최강 전자전기라고도 불린다. 이탈리에리에 이어 2011년에 발매된 하세가와의 1/48 스케일 키트는 실기와 마찬가지로 F/A-18F 슈퍼호넷 블록 Ⅱ 사양의 키트에 그라울러 전용 부품을 추가하여「정상적 진화」를 이룬, 완전 재현판이 되었다.

하세가와 1/48 스케일 플라스틱 키트
EA-18G 그라울러
제작·글/요코치 다이스케

■실기에 대하여

EA-18G 그라울러는 노령화된 EA-6B 프라울러의 후계기로서 F/A-18F 슈퍼호넷 블록 Ⅱ를 베이스로 만든 전자전기입니다. 외견상의 차이점으로는, 날개 끝에 수신, 식별용 AN/ALQ-218(V)2가 있고, 무장 스테이션에 방해용 ALQ-99 재밍 포드를 장비. 동체 상부에는 통신 방해용 AN/ALQ-227 CCS 안테나와 벌지 모양의 MATT 안테나, 기체 뒤쪽 측면에 중·광대역 LBI 안테나가 탑재되어 있습니다. 레이더는 AN/APG-79가 탑재되면서 기계 주사식에서 전자 주사식으로 진화, 각 모드의 동시 병용 및 탐지 거리 확대 등으로 블록 Ⅱ에 비해 전투력이 2배가 되었다고도 합니다. 또한 주날개 위의 펜스와 앞전의 도그투스가 없어졌으며, 블록 Ⅱ의 특징인 열교환기도 신형으로 바뀌었습니다.

■키트의 제작

오랜 기다림 끝에 2011년에 하세가와에서 내놓은 1/48 EA-18G 그라울러를 제작했습니다. 또한 본 작례는 테스트샷 부품을 사용했기에 일부 부품은 제품판과 다른 점이 있다는 것을 미리 알려드립니다.

1/48급 대형 키트를 만들 때는 집중력이 살아 있는 동안에 캐노피 연마나 작은 부품 제작부터 시작합니다. 캐노피 연마는 샌딩 스틱, 1000번 사포, 네일 폴리셔 순번으로 나아가며, 하세가와의 세라믹 컴파운드와 코팅 폴리머로 마감해 줍니다. E형에 비해 커다란 복좌용 캐노피는 확실히 눈에 띄는 부분이므로 신경을 써서 정성껏 연마해 줍시다. 다른 부분은 고만고만하더라도, 캐노피만큼은 투명도가 높고 프레임 부분의 투가가 없기만 해도 아주 잘 만든 것처럼 보이거든요. 어레스팅 훅 혹은 훅 부분이 단순히 귀이개 모양이므로, 샤프트 부분에 0.5mm 구멍을 뚫고 귀이개 끝을 반원형으로 도려낸 다음에 몰드를 추가.

인테이크 덕트 안쪽 면의 파팅 라인 처리는 대개 캐노피 연마와 동급으로 또 우울해지는 작업이지만, 이 키트는 맞춤성이 정말 좋기에 아주 편합니다. 인테이크 덕트 안쪽 면의 밀핀 자국을 지우고 화이트 서페이서를 붓으로 두껍게 칠해 준 후, 무수지 접착제를 써서 조립. 하루 동안 건조시키고 나서 파팅 라인에 가는 평붓으로 서페이서를 발라 덮듯이 칠해주고 다시 건조시킨 후에 스폰지 사포로 갈아주기만 해도 매끈한 안쪽 면이 완성되었습니다. 동체에 붙일 때는 인테이크를 기체 하부 부품 A23에 접착하고 나서 A23 속에 덕트를 집어넣듯이 조립해 주면 채프/플레

▲기수. 벌컨포가 비탑재라는 점 외에도 각 부분의 패널 라인이나 메시 부분 수정을 빠짐없이 해준다.

▲복좌용 대형 캐노피. 마감을 잘했는지 못했는지가 확연히 눈에 드러나므로 온 정성을 다해 연마한다.

▶날개 끝에는 수신, 식별용 AN/ALQ-218(V) 2 포드를 장비. 주날개 앞전 도그투스는 독특한 형상으로 변경되어 있다.

어 디스펜서 주변 및 후방의 단차를 최소화할 수 있습니다.

사출 좌석에는 부록으로 들어 있는 파일럿 피규어를 태웁니다. 앞, 뒷좌석 모두 다리 안쪽이 계기판에 걸리므로 보이지 않는 부분을 커팅하고 다리 안쪽도 전동 툴로 깎아주고 나서 가조립하며 걸림 여부를 확인한 다음에 세팅했습니다.

콕피트를 완성했으면 기수 조립으로 넘어갑니다. 부품 C5, 12, 14를 접착할 때는 동체 측 단면에 맞도록 A23과 맞추면서 접착합니다. 그라울러는 벌컨포를 탑재하지 않으므로 기수 상면의 머즐을 메우라는 지시가 있는데, 동시에 하면의 메시 부분도 퍼티로 메우도록 합니다. 기수와 동체 접착은 LEX 전방 라인이 불연속이 되기 십상이므로, LEX를 마스킹 테이프와 플라판으로 모양을 잡아주고 나서 다듬질을 해주도록 합니다.

■도색
도색 전의 탈지 작업은 퀴클와이퍼와 연료용 알코올로 해줬습니다. 기본 도색은 유광 검정, GSI크레오스의 Mr.컬러 C307, C308 순으로 칠해줍니다. 이들 그레이 색은 GX1 쿨 화이트를 20% 정도 섞어서 먹선 넣기 작업으로 인한 어두워짐을 방지. 그리고 패널 라인을 따라 바탕색보다 조금 밝은 색을 뿌려줍니다. 예전에는 라인을 따라 검정이나 스모크를 뿌리곤 했는데, 표면 정보량을 늘리고자 하면 전체적으로 어두워지고, 바탕색 명도를 올려도 데칼 색과 잘 매칭이 안 되어 한계가 있고, 그래서 최근에는 이런 방식으로 칠해주고 있습니다.

도색이 끝나면 클리어를 뿌리고 데칼을 붙이는데, 데칼에서 섀도우 호크스의 수직꼬리날개에 붙이는「AJ」와 매의 실루엣이 흰색인 것은 오류. 실기는 바탕색이 C307 그레이이므로 데칼을 대지 채로 오려낸 다음에 스텐실해서 도색했습니다. 마지막으로 에나멜 건메탈로 먹선을 넣고 작은 부품들을 접착해 주면 완성입니다.

▼주날개 밑에 장착된 보조 연료 탱크, ALQ-99 재밍 포드, AGM-88E AARGM은 박력 만점이다.

▼동체 밑에도 ALQ-99 재밍 포드를 장비하며, 주날개 밑과 합쳐 총 3기를 탑재한다. 이 밖에 에어 클리너 측면에는 AIM-120을 장비.

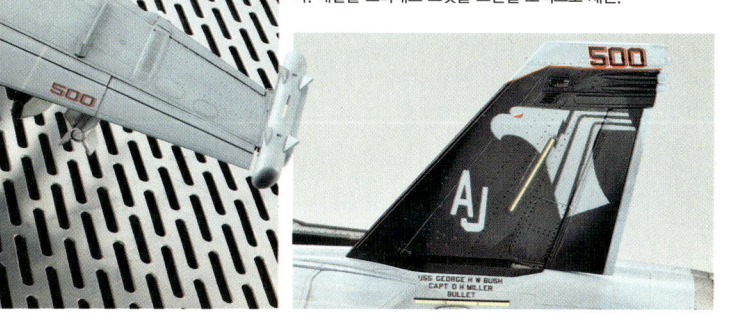
▼수직꼬리날개의「AJ」와 매의 실루엣은 C307 그레이가 올바르다. 데칼을 오려내고 그것을 스텐실 도색으로 재현.

U.S. Navy UCAS X-47B

제5장 최신 제트 전투기 작례 모음 — X-47B 무인 공격기

노스롭그러먼이 개발하고 미 해군이 운용을 예정하고 있는 무인 스텔스 공격기 X-47. 항모 운용을 전제로 주날개의 접이식 기구나 어레스팅 훅을 시제기 단계부터 장비하고 있는 점이 주요 특징. 2011년부터 대형이자 실전적인 B형이 첫 비행을 하고 항모 운용 테스트를 목표로 개발 중. 현 시점에서 B형은 3가지 타입이 존재하며, 2012년에 플라츠에서 1/72 키트화한 것은 그중 수많은 센서가 부착된 최신 타입이다.

미 해군 무인 폭격기 X-47B
- 발매원/플라츠 ● 2730엔, 발매 중
- 플라스틱 키트 ● 1/72, 전체 길이 약 8.3cm

PLATZ 1/72 scale plastic kit
U.S. Navy UCAS X-47B
modeled by MÖBIUS 3

항모 운용을 목표로 하는 대형 무인 스텔스 공격기

X-47B 무인 공격기

▶ 기수 상면에 있는 에어 인테이크 실기와 모양은 다르지만 인테이크 안쪽의 벽을 커팅해서 깊이 있는 느낌을 연출했다.

▶ 기체 다크 하면, 기본색은 블루 그린이지만, 색조가 다른 다크 그린 2색을 패널별로 칠해서 변화를 주었다.

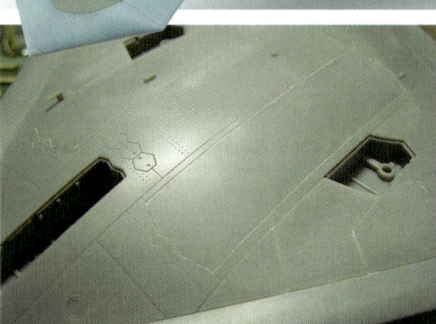

▲무장창과 전방 랜딩기어 커버는 닫힌 상태로. 인입식 암을 잘 다듬어내는 가공만으로도 딱 들어맞게 닫힌다.

▲랜딩기어에 붙이는 랜딩기어 커버는 0.5mm 플라판 등을 사용해서 형상을 수정했다.

▲실기의 배기 노즐에는 凸 모양의 돌기가 있으므로, 플라판을 잘게 자른 조각을 붙여 재현했다.

플라츠 1/72 스케일 플라스틱 키트
미 해군 무인 폭격기 X-47B
제작·글/**뫼비우스3**

■조립

부품 수가 적고 부품 맞춤성도 문제없으므로 조립은 금방 끝납니다. 날개는 접은 상태도 선택할 수 있고 에어 브레이크도 개폐 선택할 수 있는 등, 형상은 단순하지만 변화는 풍부한 키트라고 하겠습니다. 원포인트 추가 공작으로는, 배기 노즐 위에 0.3mm 플라판으로 凸 형상을 추가해 주면 볼품이 확 좋아지므로 추천합니다.

조립설명서대로 따르면 무장창은 연 상태로만 되어 있는데, 암 부분을 잘라내고 커버를 접착하면 본 작례처럼 닫힌 상태도 재현할 수 있습니다. 또한 실기는 평소에 전방 랜딩기어 커버(부품 B8, B9)가 닫혀 있기 때문에 그와 똑같이 재현했습니다.

■도색

실기 자료를 찾는 과정에서 발견한, 공장 조립 과정 상태를 재현했습니다. 기체에 그레이색 위장색을 뿌리기 전의, 이른바 표면 처리를 끝낸 상태이며 이 상태로 비행 테스트를 실시하기도 했습니다. 도색은 다크 그린 표면 처리제(아마도 징크 계열)와 기체 테두리를 빙 둘러 감싸듯이 밝고 선명한 블루 그린(스텔스 도료일 가능성 있음) 두 색으로 구성됩니다.

맨 처음에 인테이크 내부의 글로스 화이트를 칠해주고 완전 건조 후에 마스킹. 기체색 도색은 먼저 블루 그린을 기체 모서리에 뿌려주고 마스킹한 후에 다크 그린을 뿌리게 되는데, 모형적인 연출로서 기체색에 블랙과 화이트를 섞어 조색한 색을 여럿 준비해 패널별로 따로 칠해서 색조에 변화를 주었습니다. 라이트 그레이색 전파 투과 도료가 칠해진 센서류 부품들은 접착 전에 미리 도색을 마쳐놓습니다.

신품이므로 웨더링은 물론이고 먹선 넣기도 하지 않았습니다. 그레이 위장색으로 도색할 경우에도 패널 라인이 깔끔히 처리된 스텔스기라는 점을 고려해 먹선용 색으로 옅은 색조를 고른다면 자연스러워 보일 것입니다.

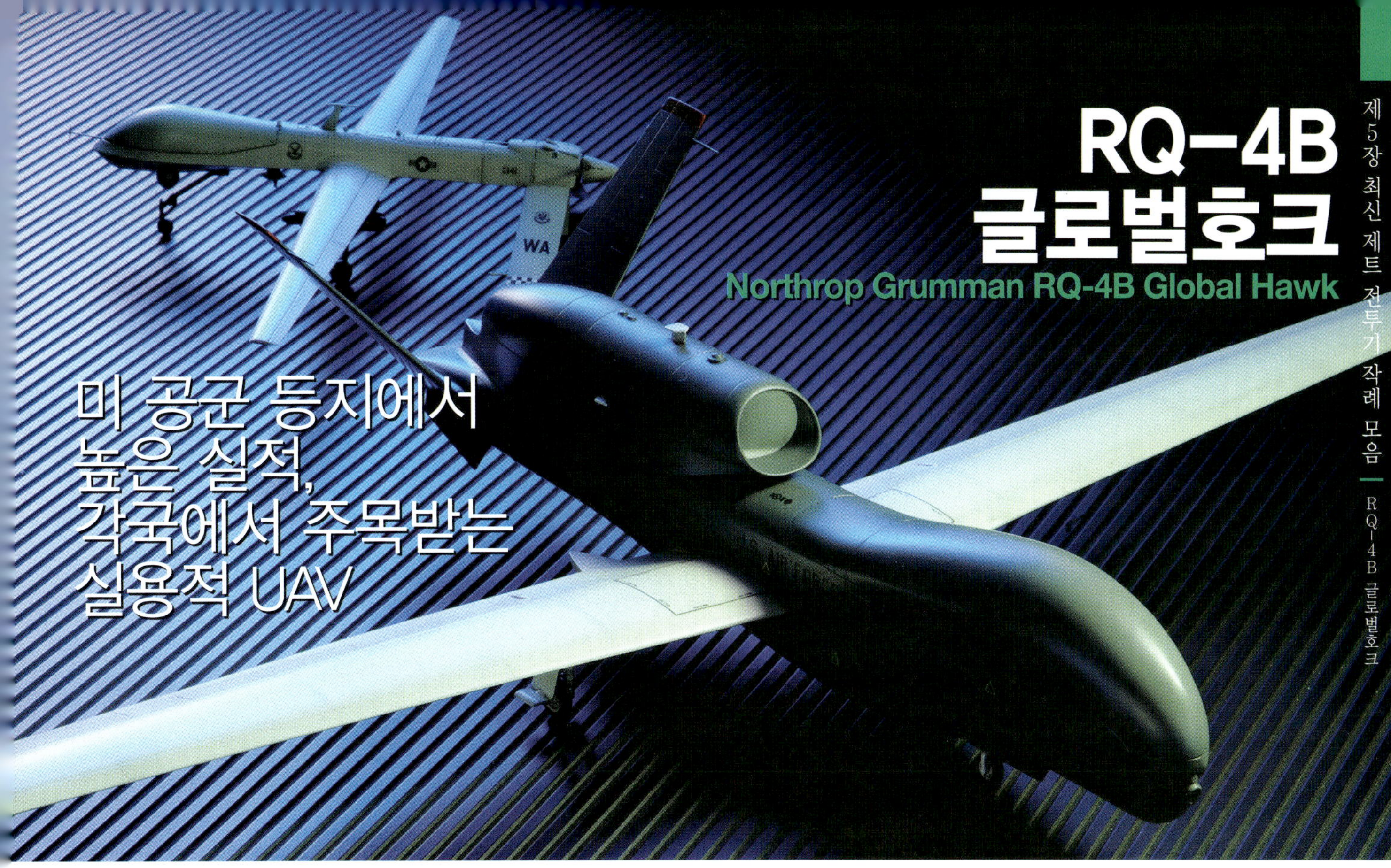

RQ-4B 글로벌호크

Northrop Grumman RQ-4B Global Hawk

미 공군 등지에서 높은 실적, 각국에서 주목받는 실용적 UAV

RQ-4B 글로벌호크 Block20 (공군용)
●발매원/플라츠 ●3990엔, 발매 중
●플라스틱 키트 ●1/72, 전체 길이 약 18.8cm

PLATZ 1/72 scale plastic kit
RQ-4B Global Hawk
modeled by Noriyuki KUBO

노스롭그러먼이 개발한 무인 정찰기 RQ-4는 본격적인 군용기로서 성능을 높인 대형 UAV이다. 고고도에서 장시간 정찰 비행하기 위해 글라이더처럼 가늘고 긴 날개 형상을 하고 있으며, 위성 통신용 대형 안테나를 기수에 장비, 그리고 터보팬 엔진을 탑재하고 있는 것이 특징. 2001년부터 미 공군에서 운용을 개시하여 이라크 전쟁으로 실전 참가, 2011년의 토호쿠 대지진 때도 후쿠시마 제1 원전을 조사하기도 했다. 미 해군 및 NASA에서도 채택했으며, 일본, 독일, 한국 등지에서 도입을 계획하고 있는 등, 현재 가장 실용적인 UAV라 해도 과언은 아니다.

플라츠 1/72 스케일 플라스틱 키트

RQ-4B 글로벌호크 Block20 (공군형)

제작 · 글/**쿠보 노리유키**
(모형공방A-Z : http://www.mokeikoboa-z.com)

■제작

플라츠는 2010년에 가장 먼저 RQ-4B를 1/72로 모형화했습니다. 2011년에는 해군형 RQ-4N을 발매, 그리고 2013년에는 동체 외장 패널을 떼어낸 「메인터넌스 버전」도 발매 예정하고 있습니다. 플라츠의 MQ/RZ-1 프레데터와 비슷한 크기를 이미지하고 있었기에 키트를 봤을 때 그 크기에 놀라고 말았습니다. 이번에는 조립설명서, 데칼도 없는 테스트샷 상태로 제작했기 때문에 도색 이외에 다소 다른 부분이 있는 것에 양해해 주시길 바랍니다.

키트는 크기치고는 부품 수가 적어서 스트레스 없이 조립할 수 있습니다. 장대한 주날개는 뒷전이 아주 얇게 성형되었고, 동체와 접합할 때도 래치 모양의 축받이 부품(게다가 나사 고정)이 있어서 아주 튼튼히 고정할 수 있습니다. 기수에는 엉덩방아 방지용으로 추를 넣어주도록 합니다. 수직꼬리날개의 피토관은 금속선으로 교체해 줬습니다.

도색은, 동체는 GSI크레오스의 Mr.컬러 C305 그레이 FS36118, 주날개는 C316 그레이 FS17875를 선택. 기본색은 조금 밝게 조색했습니다. 이후에 검은색을 가미한 어두운 색을 패널 라인에, 흰색을 더한 밝은 색을 패널에 뿌리는 도색의 정석을 따릅니다. 데칼은 자작 데칼을 붙인 것이라 참고 정도로만 삼아주시길.

완성하면 전폭 약 50cm로 1/48 4발 폭격기급 크기입니다. 정면에서 보면 에일리언 유충 모습을 쏙 빼닮기도 했고, 한 세대 전의 SF 만화에 나왔을 법한 기체입니다.

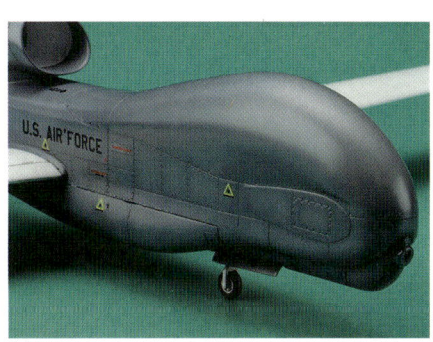

▲위성 통신용 안테나를 장비한 기수는 어두운 그레이 조색이 더해지니 에일리언 유충을 방불케 하는 기분 나쁜 조형.

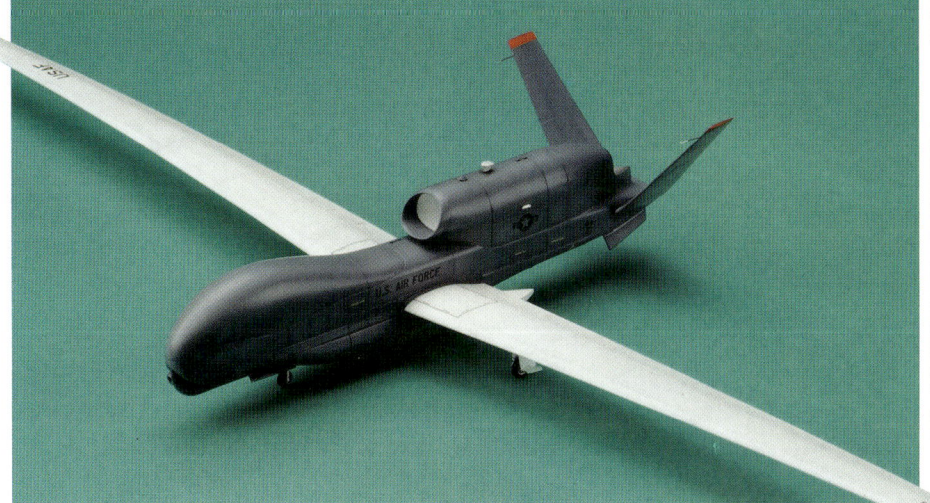

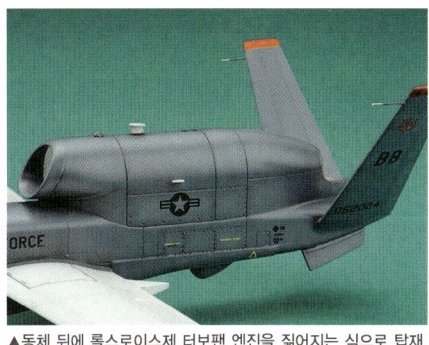

▲동체 뒤에 롤스로이스제 터보팬 엔진을 짊어지는 식으로 탑재. V자 수직꼬리날개의 피토관은 금속선으로 바꿔주었다.

무인 정찰기 RQ-1 프레데터
RQ-1 Predator

무인기 가운데 가장 유명한 기체는 MQ/RQ-1 프레데터일 것이다. 제너럴아트믹스가 개발, 1995년에 무인 정찰기 RQ-1으로 제식 채택되면서 보스니아, 아프가니스탄 등지에서 실전을 겪으며 공격 능력을 추가한 MQ-1으로 발전. 현재까지 총생산수 250기 이상이며 누적 비행 시간은 30만 시간 이상으로, 프레데터는 가장 성공한 무인기가 되었다.

RQ-1 무인 정찰기 프레데터
- 발매원/플라츠 ●1890엔, 발매 중 ●플라스틱 키트
- 1/72, 전체 길이 약 11.4cm

PLATZ 1/72 scale plastic kit
RQ-1 Predator
modeled by Noriyuki KUBO

고공을 배회하는 무인 닌자

플라츠 1/72 스케일 플라스틱 키트
RQ-1 무인 정찰기 프레데터
제작·글/쿠보 노리유키
(모형공방A-Z : http://www.mokeikoboa-z.com)

RQ-1 프레데터는 플라츠에서 처음으로 1/72 키트화했습니다. 무인기 치고는 WWII 단좌 전투기급 사이즈가 의외이긴 한데, 콕피트가 없으므로 부품 수도 적어서 스트레스 없이 조립할 수 있습니다. 이번에는 테스트샷으로 제작했는데, 손을 댄 곳은 기수의 피토관(?)을 0.3mm 양은선으로 교체해 준 정도. 마킹은 미 공군을 비롯해 풍부하게 마련되어 있지만 NASA 사용기 같은 경우에는 개조가 필요한 부분이 있습니다. 도색은 미 공군 사양을 선택. GSI크레오스의 Mr.컬러 C338 그레이 FS36495 단색을 썼으며, 단조롭지 않도록 흰색·검정색을 각각 더한 색으로 패널마다 뿌려주었습니다.

▲기수 하면에 장비된 컬러 TV 카메라 내장 터릿. 경량화 때문인지 랜딩기어 3개는 모두 아주 가늘다.

▲동력은 프로펠러 추진이며 최고 속도는 약 220km/h 정도. 마킹은 미 공군 외에 NASA 사용기 등도 마련되어 있다.

키트는 정찰형 RQ-1A를 베이스로 동체하면, 헬파이어, 상면에 증설된 안테나 등의 차이점을 신규 부품으로 교체한 사양입니다. 또한 「MQ-1A 무장 프레데터」와는 안테나 관계만 다른 사양입니다.

심플한 키트라서 1DAY 작업만으로도 충분히 완성. 수직꼬리날개에 붙은 피토관을 부러뜨리지 않도록 주의하는 정도면 되고, 키트에 파손 방지를 위해 들어 있는 두꺼운 종이를 반으로 잘라 피토관을 감싸서 조립 중에 보호해 주면 좋습니다. 작례는 양은선과 황동 파이프로 프로펠러를 회전 가능하게 해줬는데, 초소형 모터를 넣어 구동시키는 기믹도 재밌을 것 같습니다. 도색은 GSI크레오스의 Mr.컬러 C315 그레이 FS36440 단색, 패널 라인에 맞춰 밝고 어두운 색을 뿌려서 단조로워 보이지 않게 처리해 줬습니다.

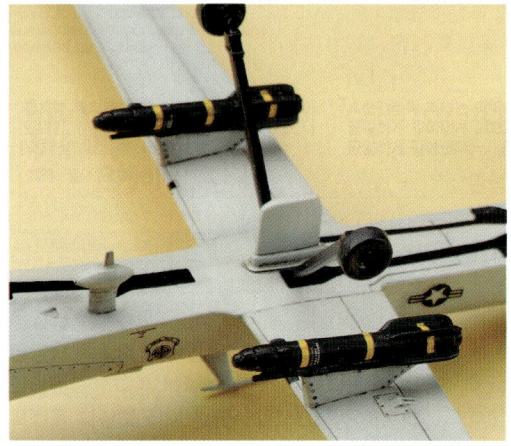
▲주날개를 강화해서 헬파이어 대전차 미사일을 2발 장비 가능하게 해준 것이 MQ-1의 특징. 그 밖에 안테나류도 증설되어 있다.

무인 공격기 MQ-1B(L) 무장 프레데터
MQ-1B(L) Predator

플라츠 1/72 스케일 플라스틱 키트
무인 공격기 MQ-1 무장 프레데터
제작·글/쿠보 노리유키
(모형공방A-Z : http://www.mokeikoboa-z.com)

대 테러 활동에 종사하는 핀포인트 공격형 UAV

무인 정찰기 RQ-1A에 무장을 탑재하여 공격 임무에 특화시킨 것이 MQ-1B 프레데터이다. 2곳의 하드포인트에 AMG-114C 헬파이어를 장비하고 기수 하면 터릿의 타깃 시스템으로 핀포인트 공격이 가능해서 대 테러 활동에서 큰 성과를 거두고 있다. 플라츠에선 MQ-1A, MQ-1B 두 종류의 무장 프레데터를 발매, 신금형 부품으로 각각의 특징을 재현하고 있다.

무인 공격기 MQ-1B(L) 무장 프레데터
- 발매원/플라츠
- 1890엔, 발매 중
- 플라스틱 키트
- 1/72, 전체 길이 약 11.4cm

PLATZ 1/72 scale plastic kit
USAF Unmanned Aerial Vehicle MQ-1B(L) Predator
modeled by Noriyuki KUBO

최신 현용 전투기 모형 카탈로그
2013년판

- 가격 표기는 모두 소비세 포함입니다.
- 해외 제품의 가격은 대리점에 따라 약간 다른 경우가 있습니다.
- 현재 유통 재고분만 있는 키트도 포함되어 있습니다.

여기서는 각 메이커별로 각기 다른 스케일로 키트화된, 5세대 전투기로 분류되어 있는 키트를 간단히 소개하는데, 편의상 4.5세대나 4세대+로 분류되고 있는 기체도 아울러 다루었다.

■타미야
- 발매원/타미야
- 플라스틱 키트
- 타미야

1/32 스케일

보잉 F-15E 스트라이크 이글 "벙커버스터"
- 13020엔
- 1/32 에어크래프트 시리즈 No.12

실기가 워낙 대형인 탓에 이 스케일은 완성하면 단연코 여타의 것을 압도하는 사이즈가 된다. 동체 하면에는 견고한 표적 파괴에 쓰이는 벙커버스터를 장착할 수 있으며, 컨포멀 탱크에 탑재하는 기타 폭탄류와 함께 박력 만점을 선사하는 키트다. D형과의 차이를 올바르게 재현하고 있다.

1/72 스케일

F-15E 스트라이크 이글
- 1575엔
- 1/72 워버드 콜렉션 No.83

타미야 브랜드이지만 키트 자체는 이탈레리 것으로, 복좌형 키트에 컨포멀 탱크나 전용 계기판 등을 추가한 사양이다. 캐노피와 에어 브레이크는 선택식. 유도 폭탄이나 클러스터 폭탄, 건포드, 사이드와인더 등 무장도 풍부하게 세트.

미코얀 Mig-29 펄크럼
- 945엔
- 1/72 워버드 콜렉션 No.4

후발인 덕분에 하세가와 것에서 문제되었던 외형의 오류는 적고, 캐노피가 낮아 보이는 점 이외에는 무난한 모양새를 하고 있다. 캐노피는 개폐 선택식. 데칼은 소비에트 공군과 유고슬라비아 공군 기체를 세트.

유로파이터 2000
- 945엔
- 1/72 워버드 콜렉션 No.31

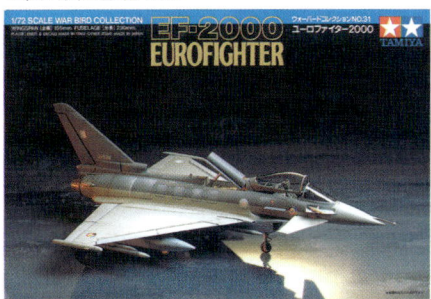

타미야가 이탈레리 키트와 데칼을 일본산 박스에 담아 판매하고 있는 워버드 콜렉션 시리즈의 일환으로, 패널 라인은 마이너스 몰드로 되어 있다. 공중 급유 프로브는 수납/전개 상태 선택식. 마킹은 시제 1호기의 독일 공군 사양을 비롯해 4개국 분이 세트되어 있다. 워버드 콜렉션은 싼 가격에 최신 전투기를 손에 넣을 수 있다는 점이 으뜸가는 매력으로, 대량으로 구입해서 콜렉션하고 싶을 정도다.

수호이 Su-34
- 1365엔
- 1/72 워버드 콜렉션 No.43

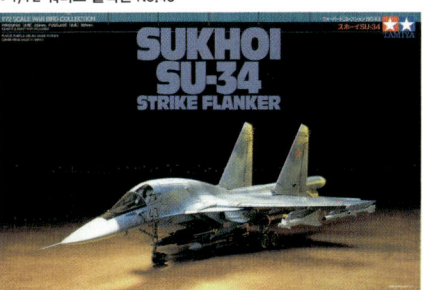

제공 전투기 Su-27을 베이스로 기수 등을 바꿔 복열 좌석식 대지 공격기로 만든 기체로, 미국의 F-15E 역할을 맡는다. 키트는 콕핏 내부도 입체감 풍부한 사양. 공대공 미사일, 공대지 미사일, 유도 폭탄 등의 무장도 풍부하게 들어 있어서, 각종 무장을 대량으로 장착하여 특이한 이미지 스타일을 즐기는 것이 베스트일 것이다. F-15E보다도 큰 대형기이면서 값까지 싸다는 점 또한 기쁠 따름이다.

Su-27 B2 시플랭커
- 1575엔
- 1/72 워버드 콜렉션 No.57

이탈레리가 전개하고 있는 Su-27 패밀리 중 하나로, 카나드를 장착한 함재기형 Su-27D를 모형화한 것인데 동체는 기본형과 같은 금형이라 일부를 절개해서 어거지로 카나드를 붙여야 하는 등 좀 전시대적인 키트다. 앞바퀴는 더블 타이어를 재현하고 있다. 착함 장치도 입체감 넘치는 모양새이며, AA-10 알라모 공대공 미사일 외 풍부한 무장 부품도 매력적. 항모 탑재 테스트기의 데칼도 포함되어 있다.

F-22 랩터
- 1575엔
- 1/72 워버드 콜렉션 No.63

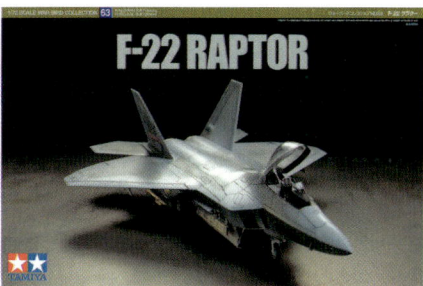

다른 워버드 시리즈 키트와 마찬가지로 이탈레리 제품이다. 이탈레리는 예전에 시제기 YF-22를 키트화한 적이 있는데 이 키트는 실기의 모습에 맞춰 완전 신금형으로 만든 제품이다. 외형은 양산형 F-22A를 무난하게 트레이스하고 있다. AIM-120이나 AIM-9 공대공 미사일, JDAM 유도 폭탄 등의 무장 부품도 들어 있다. 길이 27cm나 하는 큼지막한 키트인데도 값이 싸고 입수하기 손쉽다는 점에서, 키트 그대로 만드는 것이 베스트일 것이다.

보잉 X-32 JSF
- 945엔
- 1/72 워버드 콜렉션 No.64

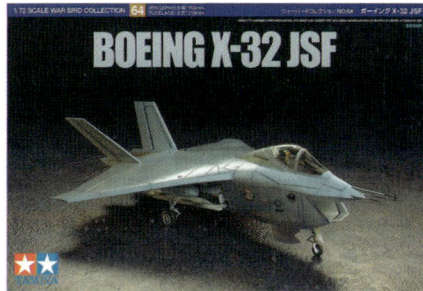

JSF(통합 지원 전투기) 계획에 뛰어든 보잉사의 제시안으로, 도무지 전투기 같아 보이지 않는 기수 하면의 커다란 인테이크와 복어 같은 독특한 스타일이 그럴듯하게 재현되어 있다. 동체 측면의 무장창은 개폐 선택식. 사이드와인더와 유도 폭탄을 장착 가능. 마킹은 X-32A 1호기 사양 데칼이 들어 있다. 서툴게 손대려 하지 말고 그냥 키트 그대로 만들어 라이벌인 X-35와 같이 놓는 것이 베스트다.

로키드 X-35 JSF
- 945엔
- 1/72 워버드 콜렉션 No.67

보잉 X-32와 경쟁을 벌인 끝에 미국과 영국 공군, 해군의 차세대 공격 전투기로 채택되어 현재 실전 배치를 목표로 테스트가 계속되는 F-35의 시제기 X-35를 키트화한 것으로, 재현도는 높다. 조종석 후방의 엔진 구동식 팬 억세스 패널은 개폐 선택식. 팬 부분이나 가변 노즐도 모두 잘 재현되어 있다. 시제기 시절의 스타일을 꾸밈없이 즐길 수 있는 키트라고 할 수 있다.

103

■하세가와
- 발매원／하세가와
- 플라스틱 키트
- 문의／하세가와

1/48 스케일

F-15E 스트라이크 이글 "타이거 미트 2005" 한정판
- 5460엔
- 품번: 07318

NEW! 이전부터 발매하고 있던 시제기 시절의 컨포멀 탱크 등의 부품을 갖춘 키트와는 다르게 컨포멀 탱크나 파일런, 각종 전자 포드 등을 신금형으로 바꿔 생산형으로 한 것이다. 랜딩기어 폭 확대에 맞춰 부푼 벌지가 추가된 랜딩기어 커버나, 후방 경계 레이더 등도 제대로 재현되어 있다.

EA-18G 그라울러 "VAQ-132 스코피언스" 한정판
- 6195엔
- 품번: 07314

NEW! 실기와 마찬가지로 이미 발매되어 있는 F/A-18F 키트를 베이스로 기체 각부에 설치된 전자전용 안테나·페어링 및 날개 밑에 탑재하는 전자전 포트 등을 추가하고 있다. 또한 동체 후부 상면의 배기구는 최신 블록의 특징을 정확히 표현하고 있다. 부품 수는 많지만, 조립 자체는 점점 좋아진다고 해야 할까. 데칼은 아츠키 기지의 CVW-5에 배치된 VAQ-129의 CAG기 마킹을 재현하고 있는데, 한정판이라 손에 넣기 어려울지도 모르겠다.

미츠비시 F-2A
- 2730엔
- 품번: PT27

F-16이 베이스이면서도 각 부분을 일본산 기술로 채워 개발한 기체인 만큼 하세가와가 키트화하는 것도 당연할 것이다. 당연하지만 F-16 부품 따윈 일절 유용하지 않았으며, 완전 신금형으로 자위대의 최신기를 재현하고 있다. 부품 수는 하세가와 치고는 조금 많은 편이지만, 신중히 가조립하면서 진행하면 어려움 없이 만들 수 있다. 하세가와의 별매 웨폰 세트를 이용하면 더욱 중후한 모습을 재현할 수 있다!

미츠비시 F-2B
- 2940엔
- 품번: PT29

일본제 지원 전투기이므로 하세가와에서 단좌형에 이어 복좌형도 키트화했다. 이 스케일에선 유일한 키트라는 점만으로도 포인트는 높지만, 최근에 나온 키트인 만큼 외형, 세부 모두 멋진 품질과 마감이라 이의 없는 결정판급 키트다. 부품 수는 조금 많은 편에 속하지만 신중히 가조립하면서 진행하면 어려움 없이 만들 수 있다. 이 키트도 별매 웨폰 세트로 무장 조합을 즐길 수 있다. 많은 기념 도장이나 마킹 등, 베리에이션이 풍부하다는 점도 마음에 든다.

F-22 랩터
- 6195엔
- 품번: PT45

독특한 실루엣을 지닌 이 기체에 걸맞게 패널 라인에 맞춰 표면에 요철을 강조한 몰드 등 이전의 제트 전투기와 다른 어프로치로 입체화, 웨폰베이나 에어 인테이크가 겹치는 구조 관계로 대형 스케일 함선 모형처럼 내부에 지지봉(프레임)을 다용하며 조립하기 쉬운 포맷을 채택하고 있으므로, 꼭 만들어보시길 바란다.

F-15E 스트라이크 이글
- 5460엔
- 품번: PT48

앞의 F-15E 타이거 미트 글에서도 잠시 다뤘지만, 최신형 컨포멀 탱크 접속 파일런이 아니라 시제형이 들어 있는 버전. 분할도 간단하고 조립하기 쉬운 타입이지만 노즐을 원통형으로 만들려면 신경을 많이 써야 한다. 타이거 미트 2005에 파일런 등이 신규 부품으로 추가되어 있으므로 양산형도 빨리 상품화되길 기대해 본다.

EA-18G 그라울러
- 6195엔
- 품번: PT52

미 해군의 주력 함재 전투기인 F/A-18F를 바탕으로 전자전기를 개발한 것이 바로 이 기체. 하세가와는 동체 일부 금형을 새로 만들어 블록 II를 재현했고, 여기에 콕피트 내부나 전자전용 포드, 센서 등의 부품을 신금형으로 추가. 원래부터 걸작이라 회자되던 F/A-18F 키트의 장점을 유지하면서도 전자전기인 이 기체의 재현도를 즐길 수도 있으니 좋은 키트가 아닐 수 없다.

1/72 스케일

F-15I 스트라이크 이글 "람 제69 비행대" 특별 사양 한정판
- 3150엔
- 품번: 02028

NEW! F-15E의 이스라엘 버전으로, 최근에 발매된 신금형 추가 키트가 베이스. 폭이 넓어진 랜딩기어, 그 때문에 부푼 랜딩기어 커버 등도 제대로 재현되어 있다. 라이트닝 포드나 항법 포드 등 액세서리도 풍부하게 들어 있으며, 스트레이트로 만들어 특유의 위장 패턴을 즐기는 것이 가장 좋을 것이다.

F-117A 나이트호크 "페어웰" 특별 사양 한정판
- 2940엔
- 품번: 02011

NEW! 세계 최초로 실용화한 스텔스 전투기 F-117A의 키트로, 스텔스라는 기술이야 어쨌건 외형만 보면 지극히 단순한 기체인 덕분에 상하 분할된 동체에 밖으로 경사진 꼬리날개를 붙이기만 해도 사실상 완성 상태에 다다른다. 딱히 문제될 곳도 없고 틈새나 단차가 생기지 않도록 조정하면서 스트레이트 조립만 해도 충분히 만족할 수 있다. 데칼은 F-117A 퇴역을 기념해 동체 하면 전체를 뒤덮은 성조기를 그대로 재현했으며, 붙이기만 해도 손쉽게 재현할 수 있다는 점 또한 좋기만 하다.

F-117A 나이트호크 "아이돌마스터 2 하기와라 유키호" 한정판
- 4410엔
- 품번: SP308
- ⓒ쿠보오카 토시유키(窪岡俊之) ⓒNBGI

NEW! 게임 「에이스 컴뱃 어설트 호라이즌」에서 다운로드 콘텐츠로 등장하는 기체. 같은 반다이남코게임스의 게임 「아이돌 마스터 2」에 등장하는 하기와라 유키호가 그려진 스페셜 컬러를 하세가와에서 재현. 캐릭터의 이미지 컬러인 흰색(기체는 하늘색 느낌이 나는 흰색)을 위주로 눈 결정이 흩뿌려져 있는 듯한 디자인. 데칼은 펄 성분이 있어서 아름답게 반짝인다. 성형색도 기체에 맞춘 특별색 사양이다.

유로파이터 타이푼 단좌형
- 3360엔
- 품번: E40

NEW! 유로파이터는 이미 이탈레리나 독일레벨에서 동일 스케일로 발매했지만 모두 다소간에 문제가 있었기 때문에 하세가와에서 키트화한다는 것이 무척 기뻤다. 품질은 하세가와 스탠더드라 할 만하며, 실기의 재현성과 모형에 걸맞는 표면 처리를 잘 조화시켰다. 콕피트나 바퀴 수납고 등의 디테일도 수준급으로 처리했다. 무엇보다도 기쁜 점은 독특한 무장류의 대부분이 들어 있다는 것으로, 다용도성을 추구하는 이 기종에서 빠뜨릴 수 없는 특징인 만큼 풀 무장으로 즐기시길 바란다.

F-15J 이글 항공자위대
- 1890엔
- 품번: E12

1980년 도입 이래 현재도 일본의 주력 전투기로서 방공을 담당하는 F-15. 그 일본 F-15를 모형화한 것이 바로 이 키트. 하세가와에선 이미 C 품번으로 F-15J(품번 C7)도 있지만 그건 부품 수가 적은 구판이고, 이 E12 품번이 훨씬 정교하고 해상도 높은 F-15J를 만들 수 있다. 아이리스판 커버가 없는 엔진 노즐의 조립이 조금 까다롭기도 하지만 전체적으로는 만들기 쉬워서 그야말로 초보자에게 딱 안성맞춤인 일품이다.

최신 현용 전투기 모형 카탈로그 2013년판

타이푼
"아이돌마스터 2 키쿠치 마코토"
한정판

- 5040엔
- 품번: SP306
- ⓒ쿠보오카 토시유키(窪岡俊之) ⓒNBGI

게임 「에이스 컴뱃 어설트 호라이즌」에서 다운로드 콘텐츠로 등장한 타이푼의 특별판. 아이돌마스터 2의 키쿠치 마코토가 기체 전면에 페인트된 버전. 키트 알맹이는 독일레벨제이며, 기체의 띠나 장미 등의 마크는 데칼로 재현하게 되어 있다.

F-15E 스트라이크 이글

- 2940엔
- 품번: E39

기존 F-15 키트에 부품을 추가해 리뉴얼 발매한 현행 최신 F-15E. 컨포멀 탱크를 기체에 붙이기 쉬워지고 제대로 된 양산형 컨포멀 탱크 파일런 부품 추가 등 전체적으로 진화한 사양이다. 그레이 단색에다 부품 형상도 아주 솔직담백하므로 초보자에게 추천.

F-117A 나이트호크

- 1575엔
- 품번: E1

하세가와는 F-117A의 실기 사진이 딱 한 장 공개되자마자 바로 키트화했는데, 아무래도 외형에 문제가 많아서 절판시키고 금형을 모두 새로 만든 신금형 키트. 이 기종의 특징인 무장 베이나 각 부분의 톱니 모양 패널 라인 등을 잘 재현하였다. 동체 상하면과 수직꼬리날개만 조립해도 반 완성 상태가 되고 부품 맞춤성도 문제없어서 단시간에 완성할 수 있다는 것은 일종의 쾌감이다.

F-22 랩터
"아이돌마스터2 아마미 하루카"
한정판

- 6090엔
- 품번: SP302
- ⓒ쿠보오카 토시유키(窪岡俊之) ⓒNBGI

게임 「에이스 컴뱃 어설트 호라이즌」에서 다운로드 콘텐츠를 구입하면 게임에서 조작할 수 있는 기체. 키트는 독일레벨제 F-22로, 전체를 칠하고 하세가와 특제 데칼을 붙이는 방식이다. 이전의 아이마스 아마미 하루카 랩터를 알고 있던 사람도 주목을 요함. 전작은 기체 밑면이 새까맸지만 이번엔 온통 벌겋다.

미그29 펄크럼 판보로
(무장 포함)

- 1575엔
- 품번: E11

냉전 중에 핀란드에서 처음 공개되며 그 이름을 전 세계에 널리 알린 당시 소련군의 최신예기 MiG-29를, 하세가와에서 가장 먼저 키트화했다. 표면 처리는 하세가와답고, 스케일에 어울리는 마이너스 패널 라인이 아름답다. 제품명에 쓰여 있는 대로 키트에는 각 파일런마다 공대공 미사일과 무장이 마련되고 있고, 현용기 키트치고는 부품 수도 적어서 부담 없이 조립할 수 있다. 파일럿 피규어도 들어 있으므로 완성 후의 분위기도 충분히 즐길 수 있을 것이다.

미츠비시 F-2A/B

- 1890엔
- 품번: E15

1/48과 마찬가지로 일본제 지원 전투기 F-2를 모형화. 너무 요란하지 않은 디테일과 단정한 몰드로 잘 성형되었으며 하세가와의 기합을 느낄 수 있다. 기수 부분이 분할되어 있어서 기수 교체로 단좌형(A형)과 복좌형(B형)을 선택할 수 있는 호화판이다. 필살의 대함 미사일 ASM-2도 4발 포함. 부품 수가 많아서 신중히 조립해야 한다는 점이 조립의 포인트. 현재는 해상 위장 전용 색도 나와 있으니 에어브러시가 있다면 하나쯤 시험 삼아 만들어 보길 권한다.

Su-33 플랭커 D

- 3780엔
- 품번: E35

예전에 하세가와에서 발매했던 Su-27과 아예 별개의 제품이다. Su-27의 함재기 버전인 Su-33을 모델라이즈했으며, 카나드는 물론이고 앞바퀴나 날개 접힘 부분, 커다란 착함 훅 등 함재기만의 변경 사항을 완벽히 재현하였다. 콕핏이나 바퀴 수납고 등의 디테일 재현도도 높아 Su-27 계열 키트 가운데 가장 좋은 키트에 속할 것이다.

EA-18G 그라울러

- 2310엔
- 품번: E38

EA-6B 그라울러를 대신하는 신형 전자전기로서 미 항공모함에 배치되기 시작한 기종. 얼핏 보기에는 F/A-18F에 전자전 포드만 매단 것 같기도 하지만, 실은 동체도 다르다. 동체 상부 후방에 빗살 모양의 배기구가 달려 있다는 점이 한 눈에 들어오는 특징으로, 이 제품도 당연히 동체가 신금형. 콕피트 패널은 데칼로 재현하지만 당연히 EA-18G용 콘솔 모양이다. 또한 대 레이더 미사일 HARM, AIM-9X, AIM-120과 전자전 포드 4개 등 무장도 풍부.

■후지미모형
- 발매원/후지미모형
- 플라스틱 키트
- 문의/후지미모형

1/72 스케일

F-22 랩터 (엔진 포함)

- 3990엔
- 1/72 배틀스카이 시리즈 No.1

후지미에서 1/72 현용기 플라모델로 내기 시작한 「배틀스카이」시리즈 제1탄. 랩터의 펑퍼짐한 기체 실루엣을 재현하면서 웨폰베이 안쪽까지 제대로 재현한 의욕작이기도 하다. 이 기종의 특징 중 하나인 벡터드 노즐 및 엔진도 재현되었고 따로 전시할 수 있도록 돌리도 포함되어 있는 등 부록도 풍부. 캐노피가 가동식이라 완성 후에도 개폐할 수 있는 등 다른 비행기 모형과 조금 다른 아이디어가 있어서 꽤나 볼거리가 많은 상품이다.

F-35B 라이트닝 II STOVL

- 2940엔
- 1/72 배틀스카이 시리즈 No.2

위 랩터에 바로 뒤이어 발매. 랩터와 마찬가지로 미국제 최신 스텔스 전투기인 F-35 B형을 재현한 제품. 키트는 놀랍게도 스냅핏 방식이며, 랜딩기어나 웨폰베이까지 완성 후에도 스냅으로 개폐 선택할 수 있는 드문 스타일이라 할 수 있다. 더욱이 일반 모드 엔진 외에도 특유의 아래로 꺾은 엔진 노즐이나 콕피트 후방의 리프트 팬 등도 재현되어 있어서, F-35B의 전모를 모형화했다고 해도 과언은 아닐 것이다. 2010년부터 배치되기 시작한 F-35B의 양산 1호기 마킹으로 제작 가능.

B-35B 라이트닝 II
항공자위대 사양/JASDF

- 2940엔
- 1/72 배틀스카이 시리즈 No.3

"F-35가 일본에 도입된다는데 말이지, B형을 사서 후우가에 태우면 경항모처럼 운용할 수 있거든. 나 같으면……." 등 내가 흔히 하는 망상을 후지미는 당당히 키트화해 버렸다. 그 용기를 우선 칭찬하고, 내용물도 옅은 파랑 성형색에다 데칼로 해상 위장 패턴을 재현해서 "색칠 안 해도 색상을 거의 다 재현한 상태로 완성이 가능"이라는, 그야말로 초보자를 매우 배려한 사양(물론 스냅핏)이라는 점에서 장점이 두 가지나 되는 제품. 일단 현용기를 즐기고자 한다면 이 후지미의 F-35B를 추천한다.

F-35B 라이트닝 II 항공자위대 제공 위장
- 2940엔
- 1/72 배틀스카이 시리즈 No.5

일본의 차기 전투기 도입 계획에서 F-35 도입이 결정되자, 이전의 망상적인 해상 위장 패턴 F-35B보다는 훨씬 현실적인 제공 위장 패턴으로 시프트한 내용물. 스냅핏 방식이라 만들기 쉬운 특성은 여전하지만, 현재 자위대에서 전투기를 운용하는 부대들의 마크가 풍부하게 들어 있어서 해상 위장판과 마찬가지로 자신만의 1기를 창조한다는 즐거움을 누릴 수 있는 등 말로 다할 수 없는 매력을 갖고 있다. 그렇다고는 해도 일본에 도입될 것은 수직이착륙 장치가 있는 B형이 아니라 일반적인 A형이므로 이 B형 키트는 아무 생각 말고 그냥 있는 그대로 즐기자.

■아카데미
- 발매원/아카데미, 판매원/GSI크레오스
- 플라스틱 키트
- ㉿ GSI크레오스

1/48 스케일

F-22A 랩터
- 5880엔
- 품번: AM12212

모형제작/요코치 다이스케

2008년에 1/48 F-22(양산형) 모형화에서 1등으로 나온 것이 이 제품. 1등에 있기 마련인 오류도 딱히 없고, 기체의 특징이나 실루엣도 놓치지 않은 우수품이다. 웨폰베이는 개폐 선택식이며 론처도 사출 형태와 격납 형태 2종이 들어 있는 등 서비스도 만점. 재미있는 점으로는 대개 격납되어 감춰지는 어레스팅 훅도 전개 상태로 할 수 있다는 것. 더욱이 카르토그라프제 대형 데칼이 들어 있어서 발매 당시에 배치되어 있던 거의 모든 랩터의 마킹을 재현할 수 있다는 점도 매력의 하나.

F-15K 한국 공군 슬램 이글
- 3780엔
- 품번: AM12213

한국 공군이 도입한 F-15E 베이스의 전투기. 한국 메이커인 아카데미는 당연히 이 최신 전투기를 모형화. 이 F-15K는 다른 F-15 계열과 달리 제트 노즐에 아이리스판 커버가 붙어 있다는 점(이 밖에 F-15D도 이런 형태이다)이 포인트이며, 키트도 원통형 노즐을 재현한 타입이다. 또한 F-15 키트로는 드물게도 가변 인테이크가 아래로 처진 상태를 재현할 수 있는 부품도 들어 있어서 인테이크 위치가 선택식이기도 하다. 데칼은 카르토그라프제.

F-15E 스트라이크 이글
- 4410엔
- 품번: AM12215

F-15K에 튀어나온 베리에이션으로 발매된 F-15E. 노즐은 아이리스판 커버 없는 부품으로 변경되었다. 이쪽도 인테이크 상하 위치 선택식. 2003년 이라크 전쟁 참전 기체를 재현하도록 되어 있으며, 그 당시 동체에 장착했던 포드나 폭탄 등의 무장을 포함. 데칼은 카르토그라프제로, 노즈아트별로 다섯 기체를 선택 재현할 수 있다. 다른 메이커에서도 F-15E계열은 잔뜩 나와 있으므로 다른 것들과 비교해보는 일도 재밌을 것이다. 아카데미는 기수가 굵어서 박력을 중시했다는 점이 특징이려나.

F-117A 나이트호크
- 3570엔
- 품번: AM12219

세계 최초의 실용 스텔스기라는 점에서 곧잘 화제가 되는 기체인 만큼 수많은 메이커에서 키트화. 아카데미도 예외는 아니다. 외형상의 특징이기도 하지만 상하 동체와 꼬리날개만 조립해도 거의 반 완성 상태가 되므로 조립은 참 쉽다. 키트의 세일즈 포인트로는 폭탄창과 내부 무장도 빠짐없이 들어 있다는 점.

Su-30MK 플랭커
- 4410엔
- 품번: AM12223

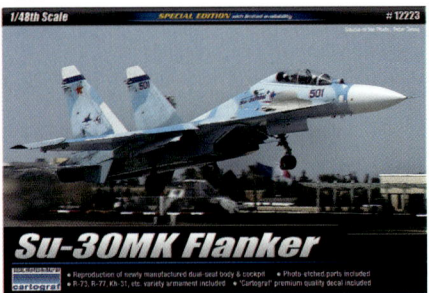

예전에 발매했던 복좌형 Su-28UB를 베이스로 공중 급유 프로브나 면적이 늘어난 수직꼬리날개 상단 등의 부품을 추가해 수출용 데모기 Su-33MK를 재현하였다. 콕피트나 사출 좌석 등도 신금형으로 바뀌었고, 패널 라인 등도 수준급 표현이다. 단, 더불어 형상이 바뀐 방향타 등이 재현되지 않았다는 점은 아쉽다. 풍부하게 들어 있는 무장은 고마울 따름.

1/72 스케일

F-22A 랩터
- 2940엔
- 품번: 12423

실기의 독특한 라인은 빈틈없이 재현하고 있지만, 인테이크 상부 형상에 오류가 있고, 인테이크 내부 단차 등도 수정이 필요하다. 하지만 웨폰베이 내부가 재현되어 있고 AIM-120C도 부품으로 들어 있으며, 카르토그라프제 데칼도 아름답다.

■미국레벨
- 발매원/미국레벨, 판매원/하세가와
- 플라스틱 키트
- ㉿ 하세가와

1/32 스케일

F-15D/E 이글
- 6825엔
- 품번: 5715

타미야와 더불어 업계의 큰손 레벨도 F-15E를 1/32로 발매하고 있지만, D형과 컨버터블이라는 점으로도 알 수 있듯이 복좌형에 컨포멀 탱크나 파일런 각종 무장만 더한 간단 버전 키트다. 그래도 애초에 B형으로 제작된 시제기를 바탕으로 모형화한 것이고 타미야처럼 E형만의 특징을 정확히 트레이스한 키트는 아니므로, 이 점은 주의를 요한다.

1/48 스케일

F-15E 스트라이크 이글
- 5565엔
- 품번: 5511

레벨의 1/48 제트기 중에서도 손꼽히는 걸작 키트, 궁극이라고도 할 수 있는 타미야의 1/32를 잘 연구해서 1/48에 담아 넣은 스타일, 제대로 잘 재현한 컨포멀 탱크와 무장 파일런 등 F-15E의 결정판격인 존재라 하겠다. 처음부터 F-15E를 시발점으로 설계했다는 요인도 있고, 형식별 베리에이션 상품을 다양하게 상품화할 때 곧잘 생기곤 해서 아무래도 눈에 거슬릴 수밖에 없는 패널 라인 오류 등의 문제로부터 해방되었다. E형만의 패널 라인이 마이너스 몰드로 정확히 재현되어 있다는 점은 마니아에겐 고마운 부분. 입수하기가 조금 어려우므로 눈에 보이면 바로 구입할 것을 추천.

1/72 스케일

F-22 랩터
- 3780엔
- 품번: 5984

모형제작/요코치 다이스케

뒤에 나올 독일레벨과 동일한 것. 패키지만 미국레벨 사양으로 바꾼 것이다. 양산형 랩터를 처음으로 재현한 키트이기도 하다. 랩터 모형의 공통되는 포인트가 적은 부품 수인데다 기수에서 주익까지 일체 성형이므로 이전의 제트기보다 조립하기 쉬운 부분도 많다. 그러면서도 파일런이나 노즐 등은 개폐를 고려하여 2종류를 넣어 주는 것도 특징의 하나.
타사의 동일 스케일 랩터와 미묘하게 다른 부분이 있어서 각각의 표현 차이가 은근히 재미있으므로 찾아보도록 하자. 수직꼬리날개 안쪽 면에 있는 부푼 곳의 표현이 조금 각져 보인다는 것이 이 레벨 랩터의 특징이라고도 할 수 있다.

■이탈레리
- 발매원/이탈레리, 판매원/타미야
- 플라스틱 키트
- ㉿ 타미야

1/48 스케일

F-22 랩터
- 2940엔
- 품번: ITEM 39850

예전에는 최신예기를 가장 먼저 키트화하던 이탈레리. 이 키트는 시제기가 등장한 직후에 발매된 제품으로, 세부 자료가 거의 없던 시절에 발매된 시제기 키트이므로 양산형을 재현한 키트들이 발매된 요즘 시점에서는 눈에 안 차는 부분이 있지만, 발매 당시에는 유일한 1/48 F-22 랩터 키트였다. 키트는 랩터의 특징 중 하나인 동체 하면의 웨폰베이 내부와 엔진 노즐 부위가 재현되어 있으며, 콕피트 내부나 랜딩기어 수납고 등은 자료가 없었던 와중에도 심플하지만 나름 확실한 표현. 데칼은 양산형 1호기의 롤아웃 마킹이 포함되어 있다.

최신 현용 전투기 모형 카탈로그 2013년판

1/72 스케일

F-22 랩터
- 1785엔
- 품번: ITEM 38007

키트 자체는 타미야 브랜드로 발매된 것과 동일하며, 이탈레리 스탠더드라고도 할 만한 분위기를 풍기는 키트. 외형은 별 탈 없이 양산형 F-22A를 재현하고 있다. 이탈레리 키트의 공통점으로, 표면이 오돌도돌한 상태라는 점이 거슬리긴 해도 웨폰베이가 재현되어 있고, 무엇보다도 사이즈에 비해 싼 가격이라는 메리트는 무시할 수 없는 장점이다.

로키드 F-117A 나이트호크 "성조기"
- 1785엔
- 품번: ITEM 38064

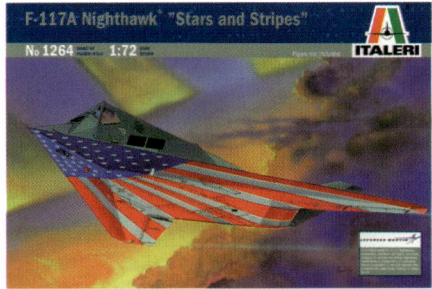

너무나도 이탈레리스러운 키트로, 전체적으로 뭉개진 몰드나 뭉드러진 패널 라인 등은 단점이지만, 기본기는 착실한 키트이므로 어설프게 디테일업이나 수정을 하겠다고 마음먹지 않는 한은 충분히 봐줄 만한 품질이다. 이런 것이 플라모델의 본질 중 하나가 아닐까. 키트는 1982년 양산기 인도 당시를 기념해 기체에 커다랗게 성조기를 그려넣은 스페셜 마킹 기체를 데칼로 재현했으며, 완성하면 콜렉션 중에서도 돋보이는 존재가 될 것이다.

유로파이터 복좌형
- 1575엔
- 품번: ITEM 39099

단좌형에 이어 이탈레리가 키트화한 복좌형. 전체적인 이미지가, 동체 하면에 각진 인테이크가 달려서 여차하면 촌스럽게 보이는 유로파이터의 스타일을 일단은 무난하게 담아내었다. 단, 굵직굵직한 패널 라인이나 둔탁한 몰드가 눈에 거슬리는 것도 사실이고 콕피트 등지의 디테일도 지나치게 간소하다는 점 또한 부정할 순 없다. 더욱이 무장도 하세가와의 충실한 것과 비교하면 조금은 애처로운 느낌이 든다.

F-15E 스트라이크 이글
- 1575엔
- 품번: ITEM 39166

F-15는 콕피트 후방 부품과 캐노피를 교체하고 후방 조종석을 더하면 간단히 단좌에서 복좌로 변신할 수 있기에 거의 모든 메이커가 단좌/복좌 두 형식을 키트화하고 있다. 그리고 컨포멀 탱크와 글라스 콕피트, 각종 파일런, 무장을 추가하면 F-15E로 변신한다는 점 때문에 이 또한 수많은 메이커에서 키트화했으며, 이탈레리 또한 예외는 아니다. 싼 가격을 살려 스트레이트로 만들자.

■에어픽스
- 발매원/에어픽스, 판매원/GSI크레오스
- 플라스틱 키트
- 문의/GSI크레오스

1/72 스케일

MIG-29 펄크럼
- 1470엔
- 품번: X4037

몇 안 되는 자료에 의존하여 개발되었던 여러 메이커의 기존 키트와 달리 처음부터 정확하게 MiG-29를 재현한 키트로, 패널 라인의 굵기나 랜딩기어 수납고 디테일 등의 부분에선 에어픽스다움도 일부 느껴지며, 발매 당시에는 가장 좋은 MiG-29 키트이기도 했다. 키트는 최초 생산형인 MiG-29(NATO명 펄크럼 A)를 모형화하고 있다.

■콘도르
- 발매원/콘도르, 판매원/바우만
- 플라스틱 키트
- 문의/바우만

1/72 스케일

소련 미그 MiG-29(9-13) 프로토타입 전투기
- 1575엔
- 품번: K07202

MiG-29(9.12)의 개량형인 MiG-29(9.13)의 모형. 외형적인 변화는 등판(스파인) 탱크 확장에 따른 동체 후방의 대형화. NATO명으로 펄크럼 C(Fulcrum-C)라고도 하는 기체다. 이 키트는 페루 공군 사양 9.13(MiG-29S)을 모형화하고 있으며, 에두아르트제 에칭 부품, 아이리스제 K-36 이젝션 시트, 아즈텍제 데칼이 포함되어 있다.

소련 미그 MiG-29SMT 펄크럼 다목적 전투기
- 1470엔
- 품번: K07203

우크라이나의 콘도르 브랜드로 발매되어 있지만 원래는 일본에도 잘 알려진 이스턴익스프레스의 키트로, 독자적으로 금형을 판 캐노피 후방 부품이 세트되어 있다는 것이 차이점이다. 캐노피 후방의 동체가 크게 부푼 SMT의 특이한 스타일이 근사하게 재현되었으며, 기본기도 확실한 키트이므로 손댈 만한 가치가 있는 키트다.

소련 미그 Mig-29UB 펄크럼 복좌형 아크로바트
- 1575엔
- 품번: K07208

콘도르의 MiG-29 베리에이션 키트. 복좌형인 UB를 모형화. 마킹은 우크라이나 공군 아크로바트 팀인 팰컨스 사양.

소련 미그 MiG-29(9-12) 프로토타입 전투기
- 1575엔
- 품번: K07210

마찬가지로 베리에이션 키트. 1977년에 처음 비행한 소련 내 수용 MiG-29(9.12) 기본형. NATO명 펄크럼 A(Fulcrum-A)로 불리는 기종을 모형화했다.

■즈베즈다
- 발매원/즈베즈다, 판매원/GSI크레오스
- 플라스틱 키트
- 문의/GSI크레오스

1/72 스케일

수호이 T-50
- 2730엔
- 품번: ZV7275

즈베즈다 키트는 적당한 부품 수라서 손쉽게 제작할 수 있다. 주날개도 샤프하고 상당한 품질이다. 일부 생략된 부분을 디테일업해 주면 좋을 것이다.

107

■독일레벨
- 발매원/독일레벨, 판매원/하세가와
- 플라스틱 키트
- 문의/하세가와

1/32 스케일

MiG-29UB 복좌형
- 9240엔
- 품번: 04751

NEW! 레벨 하면 선구적으로 1/32 키트를 시리즈화한 것으로 알려져 있고, 현재는 그 시리즈 가운데 MiG-29도 존재한다. 단좌, 복좌, 두 형식을 키트화하고 있지만 여기서는 복좌형인 UB를 소개한다. 소형이라고는 해도 F/A-18과 거의 같은 사이즈이므로 이 정도 스케일이 되면 아무래도 위풍당당해진다. 형상에 큰 문제는 없지만 크기에 비해 각 부위의 측면부의 전자 기기 등도 부품화. 무장 부품도 총 10여 종 이상 들어 있다. 조립은 기본적으로는 용이한 편이지만 인테이크 부분만큼은 맞춤성이나 틈새에 충분히 주의하며 제작하도록 하자. 계기판, 사이드 콘솔은 몰드/데칼 재현. 조립설명서는 알기 쉽지만 내부 부품의 도색 가이드는 거의 없다시피 하므로, 도색은 유로파이터사의 공식 사이트(http://www.eurofighter.com) 등을 참고할 것.

유로파이터 타이푼 w/엔진 디테일
- 15540엔
- 품번: 04783

키트는 1/32 스케일로는 유일하다고도 할 수 있는 내용을 자랑하며, 제품명대로 엔진을 내장하고 있다는 것 외에도 레이더 부분이나 기체 측면부의 전자 기기 등도 부품들도 총 10여 종 이상 들어 있다. 조립도 기본적으로는 용이한 편이지만 인테이크 부분만큼은 맞춤성이나 틈새에 충분히 주의하며 제작하도록 하자. 계기판, 사이드 콘솔은 몰드/데칼 재현. 조립설명서는 알기 쉽지만 내부 부품의 도색 가이드는 거의 없다시피 하므로, 도색은 유로파이터사의 공식 사이트(http://www.eurofighter.com) 등을 참고할 것.

1/48 스케일

다소 라팔 M
- 4725엔
- 품번: 04517

NEW! 독일레벨은 개발 연도에 따라 품질이 제각각이지만, 이 라팔 M은 그런 가운데서 정말 잘 나온 키트로, 섬세한 패널 라인과 수준급 이상의 디테일 재현 등 레벨 제품 중에서도 톱클래스로 자리매김할 수 있다. 외형 자체가 독특한 라인인 데다 재질로 인해 일부 부품에 변형이 생기기도 해서 조립 자체는 즐겁다고까지 할 수는 없지만 신중하게 작업하면 문제없이 조립된다. 무장류도 제대로 부품화되어 있으며, 자그마한 파리지엥 같은 분위기가 감도는 라팔의 결정판 키트라 하겠다.

유로파이터 타이푼 단좌형
- 5880엔
- 품번: 04568

2006년에 발매된 완전 신금형 키트. 폼, 디테일 모두 일단은 나무랄 데 없는 내용물로, 캐노피, 에어 브레이크, 공중 급유 프로브가 개폐 선택식. 액세서리는 주날개 보조 탱크×2, 동체 보조 탱크×1, 미티어×4, AIM-120×4, AIM-9L×2, GBU-24B×2, IRIS-T×2, 타우러스×2, 스톰섀도우×2, ASRAAM×2, 정찰 포드로 넘치도록 풍성하다. 데칼도 영국×3, 독일×2, 이탈리아, 스페인, 오스트리아 총 8가지로 거의 모든 도입국 마킹으로 꾸며줄 수 있으니 120% 만족할 만한 키트 사양이다.

유로파이터 타이푼 복좌형 (복좌형 부품 추가)
- 5040엔
- 품번: 04689

단좌형 키트를 베이스로 2011년에 발매. 전작의 좋은 점은 그대로이며, 동체 등의 추가 부품으로 복좌형의 특징을 재현. 캐노피, 에어 브레이크, 공중 급유 프로브 개폐 선택도 여전히 가능하며, 버라이어티하게 풍성한 무장 액세서리류도 그대로 이어지고 있다. 데칼은 영국 공군과 독일 공군 각 1종씩. 기체에 공군 무장에 이르기까지 코션 마크류도 양국 공군의 차이점을 재현하는 등 타이푼의 본토 메이드다운 디테일 재현력을 자랑한다. 단좌형도 그렇지만 영국 공군기 경우에는 PIRATE 장착용 구멍 뚫는 것을 잊지 말도록 하자.

F-117A 나이트호크
- 5040엔
- 품번: 04699

옛 모노그램 제품을 독일레벨이 2009년에 리패키지한 버전. 미국레벨에서도 재출시하고 있다. 캐노피 부품 등은 클리어 옐로로 성형. 초기에 모형화되었기에 웨폰베이 등은 재현되어 있지 않지만 그만큼 제작은 용이하다. 콕피트 내부 만듦새는 아주 좋다. 마킹은 샤크투스가 그려진 9FS "플라잉 나이츠" 등 2종이 들어 있다.

1/72 스케일

수호이 T-50
- 3780엔
- 품번: 04664

NEW! 즈베즈다(품번 7275) 키트에 독일레벨에서 신규 조립설명서, 데칼 등을 넣어 2012년에 발매한 제품. 독일레벨은 라이벌인 F-22도 1/72로 모형화하고 있다. 조립설명서는 도색 지시도 명쾌하고 데칼도 기번 51~53 3종에 코션 마크도 완비하고 있어서, 선발인 즈베즈다 키트와 비교해도 충분히 경쟁력 있는 사양일 것이다.

유로파이터 타이푼 단좌형
- 3780엔
- 품번: 04317

정밀한 디테일과 실기 재현도로 2007년 발매 당시에 고퀄리티를 발휘하던 혁명아. 걸작 키트인 1/48을 이어받은 걸출한 모형. 인테이크 부분이 짜맞추기 어렵지만 이것만 넘어서면 완성도 금방이다. 각국 언어로 표기된 초고밀도 데칼은 그야말로 압권. 로비지도 포함된 선명한 코션 마크들은 입 벌린 채 경탄할 지경.

유로파이터 타이푼 복좌형
- 3780엔
- 품번: 04338

단좌형보다 이른 2004년에 발매된 키트. 단좌형과는 동체와 뒷좌석 관련 부품이 다른 점 외에도, 단좌형에 추가된 미티어 등의 무장 러너는 없다. 사양은 단좌형과 거의 비슷하며 에어 브레이크, 공중 급유 프로브를 개폐 선택할 수 있다. 액세서리는 보조 탱크×2, 미티어×4, AIM-120×4, AIM-9×2. 마킹은 독일, 영국, 스페인 3종. 단좌형과 합쳐서 즐기고픈 제품이다.

F-22 랩터
- 4830엔
- 품번: 04386

1등으로 F-22 양산형을 재현한 영예의 키트. 당시 최신예 전투기로서 기밀의 베일에 싸여 있던 랩터의 궁금하기 짝이 없는 웨폰베이 안이나 그 펑퍼짐한 기체 형상 등을 입체 모형으로 상세히 보여주었던 명작. 동일 스케일로 수많은 후발 키트가 발매되고 있지만 이 키트는 지금도 충분히 통하는 품질이다.

1/144 스케일

F-15E 이글
- 1155엔
- 품번: 03996

2011년 발매. 제품명은 이글이지만, 내용물은 제대로 된 F-15E 스트라이크 이글. 독일레벨 금형이며, 측면의 컨포멀 탱크나 파일런, 벌지가 있는 수납고 도어, 탄창 벌지 같은 특징도 빠짐없이 재현되어 있다. 무장 부품은 보조 탱크×2, AIM-120×2, AIM-9×4로 E형치고는 조금 성에 차지 않지만, 마킹은 타이거 미트 아메리카 2005의 화려한 것이 들어 있다.

수호이 S-37 베르쿠트
- 1050엔
- 품번: 04000

전진익과 카나드를 조합한 러시아제 5세대 전투기로 등장했지만, 스텔스 등의 문제로 T-50 PAK-FA에 자리를 넘긴 수호이 S-37의 1/144 키트. 1/144로는 트럼페터도 발매(품번 01324)하고 있다. 부품 수 약 30개에 데칼도 프로토타입기의 1종뿐으로 심플한 키트지만, 미래지향적인 스타일링은 너무도 매력적이고 가치도 결코 낮지 않다.

MiG-29 더 스위프트
- 1050엔
- 품번: 04007

모스크바 근교의 쿠빙카 기지에 주둔하는 러시아 공군 MiG-29 아크로바트 팀 「스위프트」의 기체를 재현한 1/144 키트. 키트는 아주 심플하고 자료가 희귀했던 시절에 개발됐기에 전체 형태나 세부 디테일은 현재 관점에선 단점도 있지만, 컬러풀한 마킹은 단점을 메우고도 남는다. 키트 자체는 일반기가 베이스라서 미사일 등의 무장 부품도 그대로 붙일 수 있으므로 러시아 공군기 등을 제작해도 재미있을 것이다.

다소 라팔 M
- 1050엔
- 품번: 04033

4세대 전투기 가운데 유달리 평가가 높은 프랑스제 전투기의 1/144 스케일 키트. 데뷔 초기에 발매된 키트로, 첫 양산형인 해군형 라팔 M을 재현. 키트는 전혀 모자란 곳이 없는 만듦새이며, 기수 앞부분은 IRST 등의 유무를 선택할 수 있다. 무장류는 보조 탱크×3, MICA×4, MAGIC×2로, 1/144에선 귀중한 프랑스군 미사일을 갖추고 있다. 마킹은 프랑스 해군의 라팔 M과 시제기 M02 두 가지 중 선택 사양.

F-117 스텔스 파이터
- 1050엔
- 품번: 04037

1982년에 취역하여 최초의 실용 스텔스 전투기로서 등장한 미 공군기의, 아마도 유일한 1/144 스케일 키트. 총 36개 부품의 심플한 키트로, 형상 표현은 조금 오버스럽게 보인다. 콕피트는 물론 웨폰베이 내부도 재현되었으며, 미사일 론처도 발사/수납 상태를 선택할 수 있는 등 어지간한 것은 다 갖추고 있다. 계기판이나 사이드 콘솔, 재질이 다른 기체 각 부분의 패널은 데칼로 재현. 도색 예시는 1종뿐이다.

유로파이터 타이푼 (단좌)
- 1260엔
- 품번: 04282

유로파이터 참가국 메이커이기도 해서인지 타이푼을 1/32부터 1/144까지 제패한 곳은 독일레벨뿐. 키트는 오리지널 금형이며 품질은 어디 하나 모자란 곳이 없다. 액세서리는 100리터 보조 탱크×2, 미티어×2, AIM-120B×4, AIM-9L×2, IRIS-T×2, ASRAAM×2, 영국 공군용 ASRAAM×2로 유럽계 무장도 한가득. 데칼은 독일 공군 및 영국 공군 2종이며, 무장 및 파일런에도 상세한 마킹이 따른다.

■드래건
- 발매원/드래건, 판매원/아오시마문화교재사
- 플라스틱 키트
- 문의/아오시마문화교재사

1/144 스케일

EA-18G 그라울러 VAQ-111 「섀도우호크스」 & VX-9 「뱀파이어스」
- 1145엔
- 1/144 WARBIRDS No.4623

기존에 발매되어 있던 F/A-18F형 키트를 베이스로 전자전 포드 등을 추가하여 EA-6B의 후계기가 된 전자전형을 키트화하였다. 최근작이니만큼 품질이 준수하고 콕피트 등도 나름 괜찮은 수준이므로, 이 스케일에서는 스트레이트로 만들어도 충분히 만족할 것이다. 단, 세부적으로 추가된 각종 페어링 등은 생각이 심하므로 추가 공작해주면 더욱 업그레이드될 것이다. 애초에 손바닥만한 사이즈이니만큼 가타부타 따지지 말고 그대로 만드는 것이 베스트다.

최신 현용 전투기 모형 카탈로그 2013년판

J-20 중국 공군 스텔스 전투기
- 998엔
- 1/144 WARBIRDS No.4625

중국 공군의 최신 스텔스 전투기로 주목을 모으는 J-20을 드래곤이 곧바로 1/144 스케일로 키트화했다. 주날개와 콕피트를 일체화한 동체 상면에 하면을 붙이고 여기에 꼬리날개나 랜딩 기어 같은 짜투리 부품을 붙이면 완성이라는 이지 스타일이지만, 스케일을 생각하면 이것으로도 충분할 것이다. F-35와 비슷하기 때문인지 그닥 크다는 느낌을 받지는 않지만 공표된 제원으로 따져보면 F-15를 웃도는 대형 기체로, 그런 부분이 올바르게 재현되어 있다. 단, 이 공표된 제원이 틀린 것이라면 본전도 못 찾는 상황으로……

J-15 중국 해군 함재 전투기 "플라잉 샤크"
- 998엔
- 1/144 WARBIRDS No.4627

중국은 우크라이나에서 구입한 쿠즈네초프급 항모 2번함 와리야그를 독자적으로 완공했는데, 그 함재기로 개발한 것이 바로 이 J-15다. 애초에 러시아에서 이전에 구입했던 Su-33 시제기를 역설계한 끝에 자국에서 생산하고 있는 J-11B(원형은 Su-27SK)에 착함 훅이나 주날개 접이 장치 같은 소형의 함재용 장비를 더해서 완성한 것이라 치면 불법 카피품이라고도 할 수 있다. 키트는 동체 및 날개, 카나드 날개 같은 함재기형의 특징을 재현하고 있고 상당 부분이 원형인 Su-27과 다른 신제품이다. 트럼페터에서 발매한 항모 랴오닝과 같이 콜렉션하면 그 의미도 전해지리라 본다.

X-29
- 998엔
- 1/144 WARBIRDS No.4643

그러면 X-29는 F-5A 프리덤파이터의 동체에 33° 전진익 및 카나드를 붙인 연구기로, 1984년부터 1991년에 걸쳐 2기를 제작해서 국방고등연구설계국(DARPA)에서 테스트를 수행하였다. 일본에서는 만화「에어리어 88」등장기로도 유명. 키트는 완전 신금형으로, 동체와 주날개는 각기 일체 성형품이라 양자를 결합하는 것만으로도 바로 기체의 형태가 나온다. 최대 특징인 주날개는 물론이고 인테이크 옆의 카나드도 샤프하게 성형되어 있어 1/144면서도 보기에 선진성이 감도는 스타일을 훌륭히 재현하였다. 캐노피는 개폐 선택 가능하고 승강용 사다리도 포함. 랜딩기어도 비행/주기 상태를 선택할 수 있도록 되어 있다.

■트럼페터
- 발매원/트럼페터, 판매원/인터얼라이드
- 플라스틱 키트
- ⓘ 인터얼라이드

1/32 스케일

러시아군 수호이 Su-27 플랭커 B
- 15540엔
- 품번: 02224

트럼페터에서는 1/32 스케일로 각종 Su-27 시리즈를 키트화하고 있는데, 이 키트는 그중에서도 맨 처음에 내놓은 것으로 1994년 발매. 대형 스케일이라는 점을 살려 배기 노즐을 2중식으로 하는 등 의욕도 느낄 수 있지만, F-15를 웃도는 크기에다 전체적으로 조립 자체가 결코 즐겁다고는 할 수 없다.

러시아군 MiG-29M 펄크럼 M형
- 14490엔
- 품번: 02238

MiG-29 펄크럼은 MiG-21의 후계기로서 개발된 기체로, 현재까지 수많은 베리에이션이 생산되었으며, 러시아 공군과 해군 외에 우즈베키스탄, 말레이시아, 인도, 북한 등 각국 공군에서 제1선 기체로 사용되고 있는 걸작기. 트럼페터의 이 키트는 다른 제품과 마찬가지로 콕피트와 엔진 등이 세밀히 재현되어 있으며 1/32 키트 중에서는 거의 결정판이다. 웨폰은 공대공 미사일 외 로켓탄 포드, 일반형 폭탄 등이 풍성하게 들어 있다.

MiG-29K 펄크럼 K형
- 14490엔
- 품번: 02239

근대화 개수를 거친 MiG-29M의 함재기형이 러시아 해군의 MiG-29K로, 항모「아드미랄 쿠즈네초프」에 탑재하기 위해 주날개에 접이 기능이 추가된 것 외에도 동체 하면에는 어레스팅 훅도 장비되어 있다. 컬러링은 공군이 그레이와 라이트 그레이계 위장 패턴을 채택한 데 비해 해군형인 MiG-29K는 블루 그레이계 위장 패턴이 칠해져 있어서 완전히 다른 기체라는 이미지가 있다. 제품에 딸린 웨폰류는 MiG-29M과 동일한 구성이다.

러시아군 수호이 Su-29UB 플랭커 C
- 17640엔
- 품번: 02270

2004년에 발매된 단좌형 Su-27의 베리에이션 키트로, 동체 상면이나 콕피트, 수직꼬리날개 등을 신금형으로 추가해 복좌형 Su-27UB를 재현하고 있다. 실용 제트 전투기로서는 최대급 사이즈인 만큼 그에 걸맞게 부품 수가 많고 분할 자체도 꽤 세밀해서 결코 쉽게 조립할 수 있다고는 할 수 없다. 외형은 일단 실기의 라인을 재현하고 있다. 기체 전체에 리벳이 무수히 찍혀 있다.

Su-30MKK 플랭커 C
- 13440엔
- 품번: 02271

1/32로 단좌형 Su-27, 복좌형 Su-27UB를 시리즈화했던 트럼페터가 2009년에 발매한 최신작으로, 중국 공군과 해군이 채택한 다용도 지원 전투기형을 모델라이즈. 키트는 전작인 UB를 베이스로 삼고 있지만, 면적이 늘어난 수직꼬리날개나 기수 좌측에 신설된 공중 급유 프로브 등 실기의 변경점에 대해 금형을 새로 파서 재현하고 있다. 주날개와 동체 하면에 장착하는 각종 무장은 거의 대부분을 포함하고 있으며, 그 때문에 부품 수도 무려 450개를 넘는다.

EF-2000 유로파이터 타이푼
- 20790엔
- 품번: 02278

유로파이터 타이푼은 영국, 서독(당시), 스페인, 이탈리아 4개국이 공동 개발한 다목적 전투기로, 현재는 항공자위대의 F-4EJ 카이의 후계기 후보로도 거론되는 기종이다. 하이스피드로 신제품을 발매하고 있는 중국의 트럼페터에서는 빅 사이즈 타이푼도 발매하였다. F-15 이글 등과 비교하면 조금 소형 전투기지만 1/32급이 되면 볼륨은 상상 이상! 대형 키트를 장기로 삼는 트럼페터 제품이므로 콕피트나 완성 후에는 보이지 않게 될 에어 인테이크 덕트와 엔진 등도 재현되어 있고, 기수의 레이더나 전자기기실까지도 재현되어 있다. 웨폰은 공대공 미사일, 레이저 유도 폭탄 등이 들어 있다.

EF-2000B 유로파이터 타이푼 복좌
- 14490엔
- 품번: 02279

단좌형 타이푼의 버전업으로 복좌형 타이푼도 발매되어 있다. 이전 키트는 단좌형과 복좌형을 재현하기 위해 동체 부품이 앞뒤로 분할되어 있었지만, 이 키트의 동체 및 콕피트 캐노피 등은 완전 신금형이므로 동체의 앞뒤 분할은 없다. 단좌형과 마찬가지로 콕피트나 엔진 등이 상세히 재현된 키트에서 공대공 미사일이나 레이저 유도 폭탄, 센서 같은 웨폰류도 풍성하게 들어 있다. 복좌형이므로 콕피트 주변 스타일이 변화했기 때문에 단좌형보다도 볼륨이 증가해서, 완성하면 단좌형과 비교해 다른 인상을 받게 된다.

EA-18G 그라울러
- 23940엔
- 품번: 03206

단좌형 F/A-18E, 복좌형 FA-18F 슈퍼호넷에 이어 EA-6B 그라울러의 후계기인 EA-18G 그라울러도 발매. 복좌형 F/A-18F를 베이스로 주날개 앞쪽 론처 부위에 전술 방해 장치를 내장한 포드, 동체 각 부위에 센서류가 추가된 제품이다. 주날개 하면의 파일런에도 전술 방해 포드를 장착 가능한 전술 전자전기로, 미 해군에서는 EA-6B와 교체 중이다. 키트는 콕피트 외에도 인테이크와 엔진까지 재현된 호화 사양으로, 주날개는 접은 상태도 재현할 수 있다. 단, 분할이 조금 복잡해서 완성할 때까지 다소 시간을 잡아먹을 각오를 다지고 제작에 들어갈 것을 권한다.

1/48 스케일

중국 공군 J-10 전투기 "비고러스 드래건"
- 5040엔
- 품번: 02841

카피가 주특기인 중국(?)이 독자적으로 개발했다는 4세대 전투기가 J-10으로, 원래는 이스라엘이 개발한 라비와 마찬가지로 동체 앞부분에는 카나드 날개, 단발 엔진, 게다가 F-16과 비슷한 인테이크 배치를 보이는데도 중국은 독자적으로 개발했다고 주장한다. J-10은 개발에 조금 시간이 걸렸지만 2005년 무렵부터 부대 배치가 이루어지고 있다. 개발국인 중국의 메이커답게 콕피트나 독특한 에어 인테이크 주변, 엔진 노즐 등 각 부분의 디테일이 확실히 재현되어 있다. 아직도 베일에 싸인 중국의 최신 예기 키트를 발매하는 트럼페터는 대단하다.

중국 공군 J-10S 복좌 전투기 "비고러스 드래건 S"
- 5040엔
- 품번: 02842

단좌형 전투기 타입은 J-10A로 불리는데 복좌형은 J-10S로 불린다. 이 키트는 단좌형 부품을 유용하며 복좌형 J-10S를 재현하기 위해 동체, 콕피트, 캐노피 등의 부품은 신금형으로 변경되어 있지만 기본적인 부품 구성은 단좌형과 동일. 좌석에는 에칭제 시트 벨트가 들어가기도 하고, 인테이크의 섬세한 몰드도 에칭으로 재현. 카나드 날개나 앞전 슬랫, 플랩 같은 조종면은 분할되어 있지만 부품 수는 비교적 적은 편으로 제작은 대체로 간단. F-16이나 타이푼과 같이 놓고 보면 스타일 차이가 한 눈에 들어오는 것이 재밌기도 하다.

중국 공군 J-10B 전투기 "비고러스 드래건 2"
- 5040엔
- 품번: 02848

동체 밑의 인테이크가 칸막이 없는 다이버터리스 인렛으로 바뀐 신규 버전. 미국도 F-16 등에 테스트는 해왔지만 도입한 것은 F-35부터인데, 중국도 F-35와 거의 같은 실루엣의 기체를 만든 것을 보면, 모방하고 있는 계보 가운데 하나라고 할 수 있겠다. 어쨌건 간에 트럼페터는 자국 병기라면 뭐든 모형화하겠다는 기세로 플라모델을 내고 있으니 무시무시하다. 내용물도 J-10을 쇄신하여, 동체는 완전 신규 부품을 넣어준 호판화. 디테일도 농밀하고 무장도 넘쳐흐를 정도로 무척 만드는 보람이 있는 구성이다. 마킹도 일반 항공 위장 패턴 외에도, 개발 당시의 시제기에 적용됐던 황색이나 연녹색의 「거의 다 만들었음·시제 운용」판으로도 꾸밀 수 있다.

중국 공군 J-10AY 전투기 "81 비행표연대"
- 5040엔
- 품번: 02857

단좌형은 J-10A로 불리는데 중국 공군 "81 비행표연대"에서 사용하고 있는 타입은 J-10AY로 불리고 있다. 키트는 기본적으로는 단좌형 J-10과 같으며, 주날개 하면의 스모크 발생 장치 부품이 신금형으로 추가되어 있다. 컬러링은 블루, 화이트, 레드 3색 위주의 화려한 도장이며, 동체 뒤쪽에는 국적 표식 외에도 "중국 공군"이 자랑스럽게 적혀 있다. 컬러링 패턴 일부는 데칼로 재현되어 있지만, 도장 패턴이 거의 직선적이므로 마스킹해서 도색하는 편이 아름답게 마감될 것이다. 키트에는 공대공 미사일 부품도 들어 있는데, 곡예기이므로 스모크 발생 장치 이외에는 붙이지 않는 클린 상태를 권장한다.

1/72 스케일

Su-27 플랭커 초기형
- 2940엔
- 품번: 01661

1/72 플랭커 시리즈 최신작은 하세가와 이래로 오랫동안 기다려왔던 Su-27 단좌형. 키트는 초기형을 모형화했으며, 하드포인트가 10곳이라는 점이 외견상 큰 특징이 된다. 상면 부품은 J-11B와 공통이 아니며, 에일러론, 채프/플레어 디스펜서가 없는 테일 및 세부 패널 라인이 다른 신규 부품을 넣어주었다. 또한 수직꼬리날개도 신규 부품이며, 상부 앞전의 플래터 붙이 있는 초기 타입도 철거된 후기 타입을 선택할 수 있다. 엔진 노즐은 공통 부품. 웨폰류는 Su-27UB 플랭커 C와 동일하게 R-27R, R-27T, R-73E가 각각 6발씩. 마킹은 러시아 공군의 블루 계열 위장 패턴 2종류가 들어 있다.

중국 공군 J-11B 다용도 전투기
- 3360엔
- 품번: 01662

트럼페터의 1/72 플랭커 시리즈 제1탄 키트. J-11은 중국에서 라이센스 생산된 Su-27SK(Su-27 플랭커 B의 수출형)이며, J-11B는 애비오닉스를 중국제 기기로 바꾸고 엔진을 중국제 WS-10A로 교체하는 등 자국산화가 진행된 타입이다. 그러나 러시아는 라이센스 계약을 무시한 무단 카피라고 주장하고 있다. 키트는 부품 수가 적어 조립하기 쉬운 구성. 수직꼬리날개 및 엔진 노즐은 전용 부품이 마련되어 있다. 웨폰도 PL-12×8, PL-21×8, PL-11×4, PL-8×4, PL-10×4로 중국 공군 무장이 풍성하게 들어 있기에 귀중한 존재이기도 하다. 마킹은 중국 공군 제식 위장과 전체가 옐로 프라이머 색인 테스트 기 두 종류가 들어 있다.

중국 공군 J-10 전투기
- 2100엔
- 품번: 01611

이스라엘 쪽에서 기술을 제공받아 느닷없이 중국이 자국제 전투기를 제조했다! 고 다들 놀란 상황에서 트럼페터가 재빨리 모형화를 해낸 키트. 각인은 2004년, 해외에서 보기에는 수수께끼 투성이였던 전투기를 모형화했다는 점에서 이 키트의 가치 대부분이 있다고 해도 과언이 아니다. 부품 분할이나 조립 자체는 요즈음의 키트와 거의 동일하며, 액세서리는 공대공 미사일 PL-8과 PL-11이 각각 2발씩 들어 있다. 가장 손쉽게 조립할 수 있는 중국제 전투기로서 현재도 그 가치는 높다고 하겠다.

최신 현용 전투기 모형 카탈로그 2013년판

중국 공군 J-10S 복좌형 전투기
- 2940엔
- 품번: 01644

1/48 키트와 마찬가지로 단좌형인 J-10에 이어 복좌형인 J-10S도 발매되어 있다. 이 키트도 동체, 콕피트, 캐노피 등의 부품은 신규 금형이며, 1/32나 1/48 키트에 비해 부품 수는 생략되어 있으므로 아주 만들기 쉽다는 점이 특징이다. 최근에는 중국이 여러 가지 의미로 주목받고 있는데, 현재도 베일에 싸인 최신 전투기가 키트화되어 있다는 것은 모델러들 입장에선 환영할 만한 일이며, 미국기와 비교할 때 모든 면에서 신선하게 보이는 만큼 매력적이기도 하다. 게다가 디테일 등이 공개되어 있지 않기에 키트 그대로 만들며 즐겨도 된다는 이점도 있다. 마킹은 적, 백, 황 3색 위주로 화려한 데모기 등의 데칼이 들어 있다.

Su-27UB 플랭커 C형
- 2940엔
- 품번: 01645

트럼페터의 1/72 플랭커 시리즈 제2탄은, 이 또한 발매를 고대하던 복좌형 Su-27UB 플랭커 C. 키트는 면적이 큰 기관포 패널이나 채프/플레어 디스펜서가 달린 테일 부위 등의 특징이 있는 후기형을 재현. 일체성형된 부품이 많아 조립은 아주 용이하다. 상면 부품은 당연히 Su-27UB 전용 부품이 들어 있으며, 복좌화된 콕피트, 크게 부푼 동체 후부 등도 재현되어 있다. 수직꼬리날개는 Su-27 플랭커 초기형과 다른 전용 부품이 들어 있다. 마킹은 소련 공군 2종이 제공된다. 웨폰은 R-27R, R-27T, R-73E 공대공 미사일이 각각 6발씩 들어 있다.

Su-30MKK 플랭커 G
- 2940엔
- 품번: 01659

Su-27M 플랭커 F에서 발전한 Su-30MKK 플랭커 G는 수출용 복좌형 멀티롤 파이터로, 실질적으로는 인도 공군이 사용하는 Su-30MKI에서 카나드와 추력 편향 노즐을 제거한 것. 현재 중국 공군이 약 20기를 운용 중이며, 거의 동일 사양인 MK2가 중국 해군, 인도네시아, 베트남 등지에서도 사용되고 있다. 같은 복좌형이면서 SU-27UB와는 상면 부품이 완전히 다르며, 캐노피 전방 우측으로 오프셋된 IRST, 좌측에 추가된 공중 급유 장치, 높이를 키운 수직꼬리날개 등을 정확히 재현하고 있다. 웨폰류는 공대공 미사일로 R-27R×4, R-27T×4, R-73E×4 외에 이 키트만의 부품으로 중거리 공대공 미사일 R-77×4, 초음속 대함 미사일 Kh-31P×2가 포함된다. 마킹은 중국 공군과 중국 해군 각 1종씩.

1/144 스케일

중국 공군 J-20 전투기 "블랙 리본"
- 1890엔
- 품번: 03923

NEW!

수수께끼에 싸인 중국 스텔스 전투기의 1/72 키트를 가장 먼저 발매했던 트럼페터가 2012년에 발매한 1/144 키트. 이전의 1/72 키트와 아주 흡사한 구성으로 부품 수는 약 50개 정도. 랜딩기어 수납구, 에어 인테이크 내부도 1/72급으로 재현되어 있으며, 뒤쪽의 드래그슈트 수납통도 연 상태로 되어 있지만 웨폰베이 내부가 재현되지 않은 것 또한 1/72와 동일하다. 실기가 상당한 대형기라 1/144 스케일인데도 전체 길이가 약 15cm로 적당히 크기이기 때문에, 스텔스기 제작의 감 잡기용으로도 최적이다.

■브롱코모델
- 발매원/브롱코모델, 판매원/바우만
- 플라스틱 키트
- 바우만

1/48 스케일

중국 공군 J-10A 단좌 제트 전투기
- 4620엔
- 품번: CBF48004

중국 메이커인 만큼 자국 병기를 정력적으로 키트화하고 있는 브롱코. AFV나 군함에서도 이름을 떨치고 있는 브롱코가 공군 아이템에도 손을 대 발매하였다. 키트는 트럼페터 것과 일란성 쌍둥이 같은 내용 및 구성이다. 물론 기합이 들어간 것도 마찬가지.

중국 공군 J-10S 복좌 제트 전투기
- 4620엔
- 품번: CBF48005

이 키트가 잘 나온 제품이라는 점은 위에서도 적은대로다. 한쪽 손에 서방측 전투기를 쥐고 쌔앵 쌔앵 하며 놀 때 그 반대쪽 손에 쥐어줄 라이벌 기체로서, 고품질 설계로 태어난 이 키트에 손대보는 것도 좋을 것이다.

■하비보스
- 발매원/하비보스, 판매원/도유샤
- 플라스틱 키트
- 도유샤

1/72 스케일

Su-47(S-37) 베르쿠트
- 2310엔
- 품번: 80211

Su-47 베르쿠트는 수호이 설계국에서 1997년에 느닷없이 공표한 시제 전투기로, 전체가 블랙 컬러링에다 카나드 날개, 그리고 그러면 X-29 이래 처음인 전진익을 채택하여 참신해 보이는 디자인 덕택에 전 세계의 주목을 받았다. 닉네임은 「검독수리」를 뜻하는 베르쿠트. 수호이 설계국이 차세대 전투기 연구용으로 자체 개발한 기체라서 양산화될 일은 없겠지만, 모델러들이 딱 좋아할 법한 스타일이다. 러시아의 에어쇼에서는 데모 플라이트를 실시하고 있지만 지상 전시된 적이 없기에 세부 디테일은 불명이다. 키트는 그 독특한 스타일을 충실히 재현했으며 그밖에도 콕피트나 바퀴, 엔진 노즐, 에어 인테이크 등의 세부도 재현하고 있다. 동체는 상하 분할이며 부품 수가 적기 때문에 디테일에 연연하지 말고 독특한 스타일을 즐기기를 권한다.

러시아 공군 T-50 PAK-FA
- 5250엔
- 품번: 87257

러시아 공군의 최신예 스텔스 전투기를 가장 먼저 키트화했지만, 그 때문인지 동체 측면 웨폰베이가 부정확하고 조종면의 별도 부품화 같은 기믹도 적용되지 않았다. 그래도 콕피트 등은 수준급으로 처리되어 있어서 시트 벨트를 추가하는 정도로 충분하다. 패널 라인은 최근의 하비보스답게 섬세하게 표현되어 있으며 1호기와 2호기의 서로 다른 캐노피 형상을 선택할 수 있고 에칭 부품도 들어 있는 등 전체적인 재현성은 높다. 동체의 공무늬를 원뿔형으로 연장하거나, 성형 사출 관계상 막힌 채 찍혀 나온 수직꼬리날개 앞전의 인테이크 구멍을 뚫어주는 정도로 추가 수정 작업을 해주면 더욱 볼품이 좋아질 것이다.

비행기 모형 제작의 교과서
— 최신 제트 전투기 편 —

■STAFF

Modeling
- 타케우치 키쿠오　Kikuo Takeuchi
- 카스미 켄타로　Kentaro Kasumi
- 요코치 다이스케　Daisuke Yokochi
- 욘케이　Yonkei
- 야마다 마사유키　Masayuki Yamada
- 진 마스타로　Masutaro Jin
- 뫼비우스 3　Möbius 3
- 후지모토 토시히데　Toshihide Fujimoto
- 나가오 코자부로　Kouzaburo Nagao
- 니시타니 카즈키　Kazuki Nishitani
- 키쿠치 마사오　Masao Kikuchi
- 이시하라 하지메　Hajime Ishihara
- 쿠보 노리유키　Noriyuki Kubo

Text
- 고토 히토시　Hitoshi Goto

Photo
- 엔타냐　Entanya

Editor
- 모치즈키 류이치　Ryuichi Mochizuki
- 이시이 에이지　Eiji Ishii
- 야나카 켄지　Kenji Yanaka
- 카스미 켄타로　Kentaro Kasumi

Design
- 누쿠이 코타로(누쿠이 기획)　Koutaro Nukui(Centro Stile Nukui)

AK HOBBY BOOK
비행기 모형 제작의 교과서
최신 제트 전투기 편

초판 1쇄 인쇄 2013년 9월 15일
초판 1쇄 발행 2013년 9월 20일

저자 : HOBBY JAPAN 편집부
번역 : 장민성(ZAKURER™)

펴낸이 : 이동섭
편집·디자인 : 이민규, 고미용
영업·마케팅 : 송정환, 홍인표
관리 : 이윤미

㈜에이케이 커뮤니케이션즈
등록 1996년 7월 9일(제 032-1996-00026호)
121-842 서울시 마포구 서교동 461-29 2층
TEL : 02-702-7963~5 FAX : 02-702-7988
http://www.amusementkorea.co.kr

ISBN 978-89-6407-492-3 17630

한국어판ⓒ에이케이 커뮤니케이션즈 2013

MODERN FIGHTER MODELING TECHNIQUES
ⓒ2013 HOBBY JAPAN
Originally Published in Japan 2013
By HOBBY JAPAN Co.,Ltd.
Korea translation Copyrightⓒ2013
By AK Communications Inc

이 책의 한국어판 저작권은 일본 ㈜Hobby Japan사와의 독점계약으로
㈜에이케이 커뮤니케이션즈에 있습니다.
저작권법에 의해 한국 내에서 보호를 받는 저작물이므로 무단전재와 무단복제를 금합니다.

*잘못된 책은 구입한 곳에서 무료로 바꿔드립니다.